生物学学科
核心素养的教学与评价

吴成军◎著

华东师范大学出版社

·上海·

图书在版编目(CIP)数据

生物学学科核心素养的教学与评价/吴成军著.—上海：华东师范大学出版社,2020
ISBN 978-7-5760-0730-5

Ⅰ.①生… Ⅱ.①吴… Ⅲ.①生物课-教学研究-高中 Ⅳ.①G6333.912

中国版本图书馆 CIP 数据核字(2020)第 153173 号

生物学学科核心素养的教学与评价

著　　者　吴成军
策划编辑　倪　明
责任编辑　王　云
特约审读　卢　媛
责任校对　朱雪婷　时东明
装帧设计　卢晓红

出版发行　华东师范大学出版社
社　　址　上海市中山北路 3663 号　邮编 200062
网　　址　www.ecnupress.com.cn
电　　话　021-60821666　行政传真 021-62572105
客服电话　021-62865537　门市(邮购)电话 021-62869887
地　　址　上海市中山北路 3663 号华东师范大学校内先锋路口
网　　店　http://hdsdcbs.tmall.com

印 刷 者　昆山市亭林印刷有限责任公司
开　　本　787×1092　16 开
印　　张　21.75
字　　数　349 千字
版　　次　2020 年 9 月第 1 版
印　　次　2022 年 2 月第 3 次
印　　数　13201-16300
书　　号　ISBN 978-7-5760-0730-5
定　　价　68.00 元

出 版 人　王　焰

　　"核心素养"已成为全球范围内教育理念、教育实践和教育教学研究的重要议题,国际上一些国家和重要组织相继构建了核心素养理论框架体系。我国于 2016 年 9 月发布了"中国学生发展核心素养"总体框架,提出了"人文底蕴、科学精神、学会学习、健康生活、责任担当、实践创新"六大素养,这六大素养需要在各个学科及教学中得以具体实施,才能真正落在实处。2018 年 1 月,教育部正式发布了普通高中课程方案及各个学科的课程标准,这是落实中国学生发展核心素养的具体举措。据此,发展学生的核心素养已成为中学教育工作者的首要任务和头等大事。我国中学教育进入了"核心素养"的新时代。

　　生物学课程是高中课程体系的重要组成部分,发展学生的生物学学科核心素养是生物学学科教师的首要任务。要完成这项教育任务,就需要深刻理解和领会生物学学科核心素养的具体内涵,厘清核心素养与知识、能力和情感态度价值观之间的关系,探寻生物学学科核心素养形成和发展的途径和措施。生物学教材充分体现了生物学课程标准的基本思想,准确把握了生物学课程标准的内容要求,生物学教材是落实生物学课程目标的重要载体。因此,研读生物学教材,理解生物学教材在发展学生的生物学学科核心素养方面的设计和做法,是有效教学和发展生物学学科核心素养的关键因素。教师基于生物学学科核心素养的理论和实践,在研读教材的基础上,才能更好地开展教学活动。评价是检验教学效果的重要手段,正确的评价有利于推动教学的发展,保障教学按照发展核心素养的方向进行。

　　本书正是基于"什么是核心素养—教学如何发展核心素养—评价如何指向核心素养"的认知逻辑,构建了"界定核心素养—发展核心素养—评价核心素养"的内容体系。全书共分三篇。第一篇"凝练生物学学科核心素养",分章阐述了生命观念、科学思维、科学探究和社会责任的具体内涵,以及这些素养之间的关系;第二篇"基于生物学学科核心素养的教学",从教材在发展核心素养方面的设计和做法、教学目标的确定、情境的作用和类型、教学策略和方法的运用等方面,阐述了课堂教学如何发展学生的生物学学科核心素养,同时有针对性地精选了一些优质教学案例,从操作层面给教师以示范和借鉴;第三篇"指向生物学学科核心素养的评价",分章阐述了指向生物学学科核心素养的评价理论、评价内容、技术手段,最后确立优质生物学试题的特质,并从全国高考试题中精选出部分优质试题予以剖析。第一篇侧重阐述生物学学科核心素养,是后两篇的理论基础,第二篇侧重阐述教学的理论与实践,第三篇侧重阐述教学和学科核心素养水平的评价等。

本人在编写普通高中生物学教材的过程中进行了大量的相关研究,先后发表了一系列有关生物学概念教学和学科核心素养的文章。本书的第一篇"凝练生物学学科核心素养"是对前期研究成果和论文的补充、完善和提升;第二篇和第三篇则是对自身的学习收获、工作经历和经验的总结。本书的完成得益于众多老师的支持,感谢杨帆老师和徐连清老师的鼓励和帮助,给我提出了不少好的意见和建议;感谢柳忠烈老师帮我联系了一批优秀的中学生物学老师,我与这些老师分别讨论,打磨形成了相应的教案;感谢华东师范大学出版社的倪明老师和王云老师,是他们的信任、鼓励和支持,使我有信心和耐心完成本书的写作,使这本书得以顺利出版。

我在写第二篇和第三篇时,正值武汉暴发新型冠状病毒肺炎的特殊时期,从除夕开始到4月中旬一直都在居家隔离。在这段艰苦而又特殊的日子里,我无法为湖北特别是武汉人民抗击疫情提供直接的帮助和支持,深感缺憾。但是,我身在北京,居家工作之余,将自己对生物学学科核心素养教学的体会与思考整理出来供全国的生物学科教师阅读、讨论,也算为抗击疫情作出自己微薄的贡献。尽管有一些观点和看法不一定能得到大家的一致认同,但毕竟是个人对生物学学科核心素养的认知和总结,这个总结只要能启发大家的思考,并因此对大家的工作和实践有所裨益,我就心满意足了。

因时间和本人水平有限,书中定有不妥之处,恳请大家提出宝贵意见。

吴成军

2020 年 5 月 10 日

目　录

第一篇

凝练生物学学科核心素养

　　2014年3月，"核心素养"一词首次出现在《教育部关于全面深化课程改革 落实立德树人根本任务的意见》中，并作为"深化课程改革、落实立德树人根本任务"的依据。据此，发展学生的核心素养是进行课程改革、研制课程标准的重要依据和主要目标。

　　2016年9月，《中国学生发展核心素养》总体框架正式发布。中国学生发展核心素养，以科学性、时代性和民族性为基本原则，以培养全面发展的人为核心，分为文化基础、自主发展、社会参与三个方面。综合表现为人文底蕴、科学精神、学会学习、健康生活、责任担当、实践创新六大素养，具体细化为国家认同等十八个基本要点。根据这一总体框架，可针对学生年龄特点进一步提出各学段学生的具体表现要求。据此，发展学生的核心素养成为中小学教育教学研讨的重要主题。

2018年1月,教育部正式颁布了《普通高中课程方案和语文等学科课程标准(2017年版)》。明确指出:普通高中的培养目标是进一步提升学生综合素质,着力发展核心素养,使学生具有理想信念和社会责任感,具有科学文化素养和终身学习能力,具有自主发展能力和沟通合作能力。在关于凝练学科核心素养中指出:"中国学生发展核心素养是党的教育方针的具体化、细化。"据此,发展学生的核心素养已成为中学教育工作者的首要任务和头等大事。我国中学教育进入了"核心素养"的新时代。

随着各个学科的课程标准正式公布,各个学科将"学科核心素养"放在课程标准中的首要位置。各个学科都有着明确的学科核心素养,这些学科核心素养是从两个方面进行凝练的,一是本学科的学科本质和独特价值,如生命观念;二是各学科所共有的教育价值,如科学思维。各个学科都对凝练的学科核心素养进行了明确的阐述,并以此建立了本学科的知识体系。学习学科核心素养,理解、发展学科核心素养成为新时代学科教育教学的首要任务。

《普通高中生物学课程标准(2017年版)》(以下简称"课程标准")中指出:学科核心素养是学科育人价值的集中体现,是学生通过学科学习而逐步形成的正确价值观念、必备品格和关键能力。生物学学科核心素养包括生命观念、科学思维、科学探究和社会责任。[1]

课程标准是学科教学的指导性文件,具体落实发展学生的学科核心素养还需要三个方面的努力:一套有助于发展学生学科核心素养的教材;一套评价学生学科核心素养的评价体系;一线教师具有发展学科核心素养的理念并付诸实践。

2019年9月,按照教育部的要求,北京、天津、山东、海南、辽宁在高一年级率先使用按照课程标准编写的新教材。自此,发展学生的核心素养正式从理论走向实践,从设想走进课堂,我国高中学段开始全面学习并通过实践发展学生的核心素养。

生物学是高中教育的必修科目,生物科目高考中考查学生的生物学学科核心素养是其必然要求。为此,学习和理解生物学学科核心素养,是顺利开展生物学教育教学的关键环节,也是考试评价的必然要求。

---

[1] 中华人民共和国教育部. 普通高中生物学课程标准(2017年版)[S].北京:人民教育出版社,2018:4.

第一章

生命观念

学习生物学,最重要的目的之一是建立相应的生命观念。什么是生命观念? 如何凝练生命观念? 生命观念的内涵有哪些? 它们之间有什么关系? 这些问题需要深入的思考和系统的整理,在此基础上,再探寻建立生命观念的途径和措施,才能有效开展教学活动,达成教学目标。

第一节 什么是生命观念

什么是生命观念? 在课程标准中,生命观念是指"对观察到的生命现象及相互关系或特性进行解释后的抽象,是人们经过实证后的观点,是能够理解或解释生物学相关事件和现象的意识、观念和思想方法。"[①]解析这个定义可以看出,生命观念的形成要经过抽象,抽象的对象是生命现象及相互关系或特性,抽象的结果是形成观点、意识、观念和思想方法。而这很容易判断出,生命观念的形成方式与生物学一些重要概念的形成方式是一致的,即概念就是抽象或概括的产物,而且是对生命现象及相互关系或特性的抽象和概括。由此可见,生命观念与概念有着极为重要的联系,生命观念的形成过程与概念的形成过程有着密切的关系。

生命观念的组成要素是一些高度抽象的概念名词,这些概念名词又是由一系列概念内涵所组成,即是以概念内涵的形式表现出来的。因此,有人认为,生命观念是一种大概念。什么是大概念呢?《以大概念理念进行科学教

---

① 中华人民共和国教育部. 普通高中生物学课程标准(2017 年版)[S]. 北京:人民教育出版社,2018:4.

育》中提出①,大概念的标准包括:能够用于解释有关的大范围里的物体、事件和现象,而这些物体、事件和现象是学生在就学期间和毕业以后生活中会遇到的;对学生需要参与决策的问题,提供科学知识的基础,而这些问题会影响学生自己和他人的健康、福祉以及环境,例如能源的使用;能够对人们提出的有关自身和自然的问题做出回答,或是寻求答案,将会给学生带来欢愉和满足;具有文化上的意义,例如对人类存在带来影响的看法——对科学发展史中成就的回顾,从研究自然中获得的激励和了解人类活动对环境的影响。从以上对大概念的定义可以看出,这些大概念跨越了不同的学科,或者说模糊了学科的边界。为此提炼出的大概念有 14 个,其中包括 10 个科学知识的大概念,4 个关于科学本身的大概念。

科学知识的大概念

1. 宇宙中所有的物质都是由很小的微粒构成的。

2. 物体可以对一定距离以外的物体产生作用。

3. 改变一个物体的运动状态需要有净力作用于其上。

4. 在宇宙中能量的总量总是不变的,但是在某种事件发生的过程中,能量会从一种储存形式转化成另一种储存形式。

5. 地球的构造和它的大气圈以及在其中发生的过程,影响着地球表面的状况和气候。

6. 宇宙中存在着数量极大的星系,我们所在的太阳系只是其中一个星系——银河系中很小的一部分。

7. 生物体以细胞为基础构成,并且有一定的生命周期。

8. 生物需要能量和物质的供给,为此它们经常需要依赖于其他生物或与其他生物竞争。

9. 生物体的遗传信息会一代代地传递下去。

10. 生物的多样性、存活和灭绝都是进化的结果。

---

① [英]温·哈伦.以大概念理念进行科学教育[M].韦钰,译.北京:科学普及出版社,2016:16.

关于科学本身的大概念

11. 科学是在究其所以，或是发现自然现象的原因。

12. 科学上的解释、理论和模型都是在特定的时期内与可获得的实证最为吻合的。

13. 将科学研究中得到的知识运用于工程和技术，以创造服务于人类的产品。

14. 科学的运用常常会对伦理、社会、经济和政治产生影响。

在上述"科学知识的大概念"中，有 4 个是关于生物学的。这 4 个大概念是经过归纳、概括、抽象而形成的。如"生物体以细胞为基础构成"，就是从众多生物体是由细胞构成的这一基本事实归纳概括而形成的。在这个大概念下有一系列重要概念支撑，而支撑这些重要概念的是一般概念，一般概念则是基于事实的归纳或概括而形成的。由此可以认定，生物学中的大概念与生命观念一样，都是"对观察到的生命现象及相互关系或特性进行解释后的抽象"。因此可以认为，生物学中的大概念就是一种生命观念。

生命观念"是能够理解或解释生物学相关事件和现象的意识、观念和思想方法"，表明生命观念绝不仅仅是一种大概念，还包含"意识、观念和思想方法"，即认知观念。例如，进化观是一种重要的生命观念，它包括人类对生命的生存及发展所呈现的一系列认知结论。但进化观更是一种人类对生命的生存及发展所呈现的一种看法、一种认识，即用进化的观念和思想方法来分析所面对的生命现象，解决所面临的一些生物学问题，而这则是静态的大概念所不具备的。

由此可见，生命观念是一种高度抽象概括而形成的对生命现象和本质的认识，它既包含了一些高度抽象的大概念，也包含了人类对生命现象和本质的认知方式。生命观念是形成科学的自然观和世界观的基础。

课程标准中提到的生命观念包括结构与功能观、物质与能量观、稳态与平衡观、进化与适应观。由于课程标准没有罗列出所有的生命观念，如果有人认为生命观念只有上述 4 条，显然是没有真正理解生命观念的定义，而狭义地认为生命观念只是一些高度抽象的大概念。这种认识显然是偏颇的。

由此可见,凝练生命观念,是生物学教师理解生命观念及其具体内涵的重要环节。

第二节 凝练生命观念的两个维度

如何凝练生命观念？显然不同的人有不同的看法,但是有一个共同的观点肯定能得到大家的认同,即只有深刻认识和理解了生命的本质,才能形成真正意义上的生命观念。另外,生命是一个有机的系统,而不是简单的物质的堆积,因此从系统的视角来凝练生命观念也是可行的。

维度一：从生命的本质凝练生命观念

如果从字面意思理解,需要弄清楚什么是"生命"和什么是"观念",只有清楚了"生命"和"观念"的本质特征,将其有效地联系起来,才能真正理解生命的本质,并建立起生命观念的框架体系。由此可见,凝练生命观念并不是简单地列举有哪些生命观念,而重在建构生命观念的过程,即理解生命的本质的过程。生命观念不是具体的知识,而是指在深刻理解概念的基础上,经过进一步的提炼和升华,内化在人脑中的对生命本质的理解而产生的意识、观念和思想方法,是对生命的本质及其活动规律的价值判断。生命观念可以为我们指明解决生物学问题的思路和方法。

我们十分重视概念的建构,其中一个重要的原因就是通过建构概念可以深入理解概念的内涵。同样的道理,我们可以把生命观念作为一个重要概念来建构,这就是凝练生命观念的途径。

生命观念是人们对生命本质的认识。深入理解生命的本质,是凝练生命观念的重要途径。对生命本质的认识是一个古老而又常新的问题,不少学者对此进行了大量的探讨。恩格斯在《自然辩证法》一书中提出了著名的生命的定义：生命是蛋白体的存在方式,这个存在方式的基本因素在于和它周围的外部自然界的不断的新陈代谢,而且这种新陈代谢一旦停止,生命就随之停止,结果便是蛋白质的分解。[1] 恩格斯的定义显然具有一定的时代局限性,主要受限于当时的生物学发展水平,认为蛋白质是生命的遗传物质,但是恩格斯

---

[1] 恩格斯.自然辩证法[M].北京：人民出版社,1971：277.

把生命的本质定义为"不断的新陈代谢",这对于我们认识生命的本质仍然具有重要的指导意义。把生命看作是一种代谢,不仅仅是恩格斯持有这种看法,还有著名的物理学家薛定谔,他在《生命是什么》的著名小册子中指出:"负熵"是生命赖以存在的根据,生命系统是准稳态的开放系统,它必须通过同化和异化,通过代谢作用,不断地与外界交换物质和能量,不断地从外界引入"负熵",建立并维持"有序"状态。① 薛定谔的定义也有其局限性,因为许多具有代谢作用的物体并不都是活的生命,甚至有些根本与生命毫不相干,典型的例子是蜡烛燃烧有代谢作用,但它不是生命。

到底什么是生命呢? 人工生命研究学者认为生命的主要特征是自复制、进化、自适应。人工生命研究学者的生命定义是从复杂性科学和系统科学的视角探讨生命的本质,着重探讨了生命的功能和信息特性,使生命定义既有坚实的自然科学基础,又有较大的抽象概括性,为我们进一步探索生命的本质提供了科学的前提和哲学的基础。②

对于生命的理解,不同学段的学生可能会有不同的观点,如初中生可以从宏观(可观察)的角度认识生命,认为生命一般具有由细胞构成、需要营养、能对外界刺激作出反应、能排出体内废物、能遗传等特征;在高中阶段,随着对生命的理解更加深刻,认为生命可以超越具体的活动而存在,生命能进行新陈代谢、具有稳态等。不管在什么学段,对于生命的理解,都必须回答生命的存在、表现和延续这三个关键问题。

- 生命是如何存在的?
- 生命是如何表现出来的?
- 生命是如何延续下去的?

回答第一个问题,可以看出生命的物质性和结构性。生命是物质的,不是虚无存在的。构成生命的物质由化学元素和化合物组成,而且构成生命的物质主要是大分子的蛋白质和核酸等。与自然界中非生命物质的组成不同,蛋

① Schrodinger E. What is life? [M] Cambridge: Cambrige University Press, 1969: 74 - 75.
② 任晓明. 生命本质辨析[J]. 天津:南开学报(哲学社会科学版),2003(2): 94.

白质是生命活动的主要承担者;核酸是细胞内的遗传物质,在生物体的遗传、变异和蛋白质的合成中具有极其重要的作用。生命的物质性是生命观念的基础,但仅有物质性显然是不够的。构成生命的物质必须形成严整的结构,表现出结构性特征,这样才能表现出生命的其他特征。

回答第二个问题,可以概括出生命的功能性、信息性和稳定性。生命是物质的和具有一定结构的,在结构的基础上再表现出一定的功能,即生命的存在必须表现出生存所需的功能,不同结构发挥其相应的功能,如草履虫的觅食行为;人类所表现出来的各种生理特征和社会行为,以及各个器官所表现出来的各种功能。信息性是生命存在的显著特征,生命个体存在于一定的环境中,对外界的信息所作出的相应反应,是一种适应现象;生命自身有序地行使功能,离不开信息的作用。稳定性是生命存在的基础,没有稳定性,生命就无法适应环境,更不会持久存在。

回答第三个问题,可以概括出生命必须具有遗传性和进化性。个体的生命不可能长盛不衰,要延续下去靠的是遗传,表现为将自己的遗传物质传递给下一代,代代相传的生物生活在自然环境中,而环境并不是一成不变的,当环境发生变化时,适应环境的生物就会生存下来,不适应者就会被淘汰,这就是达尔文的"适者生存理论"。适者之所以生存,从表面来看,是适者适应环境的结果,但从遗传的角度看,是基因发生了改变,这些改变的基因所表达的性状和功能,能够较好地适应环境。因环境的改变生物不断地变化,这就是生物不断进化的根本原因。

围绕生命的存在、表现和延续这三个问题,可以概括出生命的重要特征:物质性、结构性、功能性、信息性、稳定性、遗传性和进化性。这些特性就是生命观念,形成这些特性的过程就是凝练生命观念的过程。

维度二:从系统的视角凝练生命观念

"系统"一词早已深入生活、生产和社会的各个方面,如自然系统、社会系统、生态系统、网络系统、运输系统等,人们用系统的观念解释各种现象,解决各种问题,形成各种认识。系统是自然界和人类社会存在的基本方式,人类以社会系统作为生存和相互联系的纽带。从中文字面上看,系统中"系"是指关系、联系,"统"是指有机统一,"系统"则指有机联系和统一。关于系统的定义和系统特征的描述,目前还没有统一规范的定论。贝塔朗菲把系统定义为:

处于一定的相互关系中并与环境发生关系的各组成部分(要素)的总体(集)。[①]钱学森则指出：把极其复杂的研究对象称为系统，即相互作用和相互依赖的若干组成部分结合成的具有特定功能的有机整体，而且这个系统本身又是它所从属的一个更大系统的组成部分。[②] 不管哪种定义，都离不开对系统结构的认识，即系统是指彼此相互作用、相互依赖的组分有规律地结合而形成的整体。

系统应满足以下三个条件：系统是由一些要素结合而形成的整体，这些要素可能是单个的事物，也可能是一群事物组成的子系统；组成系统的各要素之间存在着相互作用、相互依存的有机联系，这是系统与一群彼此无关的事物的重要区别；任何系统都有其特定的功能，这种功能是由系统内部各要素之间的有机联系及其结构所确定的、与各要素的功能不同的新功能。

最早提出"生命是一个系统"的观点的是美国生物学家贝塔朗菲，他创立了一般系统论。他认为生命是整体和动态结构的，具有能动性和组织等级，生命本身是一个系统，同时它又是一个开放的系统，与环境一起组成一个大系统。

生命的存在形式复杂多样，但又各具系统，从最简单的单细胞生物来看，它也是一个系统。第一，细胞是一个整体，由细胞膜、细胞质和细胞核组成，这些结构相互作用、相互依存，细胞膜可以控制物质进出细胞，接受外来信息，并将这些信息传递给细胞核中的基因作出相应的表达；第二，细胞作为一个独立的个体，能完成各种各样的生命活动，具有各种各样的生理功能，如单细胞的草履虫，能完成摄食、消化、运动、排泄、作出反应等多种生命活动；第三，细胞完成各种生命活动依赖于整体，即各个组成部分的分工与合作，即使是多细胞生物，也需要依赖于已经分化的各种细胞，完成各种复杂的生命活动。由此可见，细胞就是一个生命系统，而且是一个基本的生命系统，在此基础上由细胞所形成的组织、器官、系统、个体，都可以看成是不同层次的生命系统。除此之外，由个体形成的种群和群落，及其与无机环境一起构成的生态系统都是系统，最大的生态系统是生物圈(图 1-1)。

---

① 魏宏森. 辩证唯物主义系统观初探[J]. 中国社会科学,1984(1): 19.
② 魏宏森. 钱学森构建系统论的基本设想[J]. 系统科学学报,2013,21(1): 5.

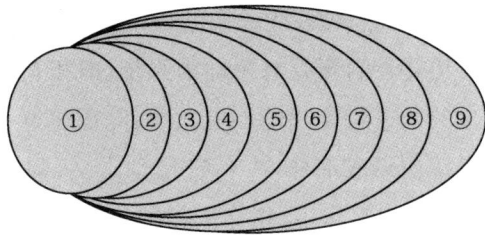

① 细胞　② 组织　③ 器官　④ 系统　⑤ 个体
⑥ 种群　⑦ 群落　⑧ 生态系统　⑨ 生物圈
图 1-1　生命系统的层次

任何系统都有其组成、结构和功能,作为一个系统,也有着自己的运行规律,系统不可能永远不变,发展变化也是系统的特征。基于生命可以作为一个系统——生命系统进行研究,那么也可以按照这个逻辑从中凝练生命观念。因此,可以认为:生命观念是指对生命的组成、结构、功能、运行规律及发展变化的本质特征进行抽象和概括后所形成的一种对生命现象、事实的认识结论和认知方式。[①]

依据生命系统的定义凝练生命观念,可以从生命系统的组成、结构、功能、运行和发展的视角来进行。因而可以认为生命观念具有以下内涵:生命的物质观,结构与功能观,物质、能量和信息观,稳态与调节观,适应与进化观等。另外,人类所生存的环境就是一个生命系统——生态系统,人是生态系统的组成部分,也是生态系统的主体,人如何看待自身与其他生物,以及与无机环境的关系,也是一个重要的生命观念,因此,依据主体与环境的关系等特点来审视生命系统,可以形成生态观。下页图呈现了以生命系统的视角和特点凝练生命观念的结构组成(图 1-2)。

生命系统不同于物理系统和社会系统,有其物质组成的独特性、结构和功能的特殊性、运行的规律性和调节机制的复杂性等特点,系统内部不同结构之间及系统与外界环境之间进行着物质、能量和信息的交换,具有一定的开放性。因此,从系统的视角认识生命系统,分析生命系统的特点,有助于正确理解生命观念的基本内涵,建立现代科学的思维方式和形成辩证唯物主义观点。

[①] 吴成军. 以生命系统的视角提炼生命观念[J]. 中学生物学教学,2017(10):4.

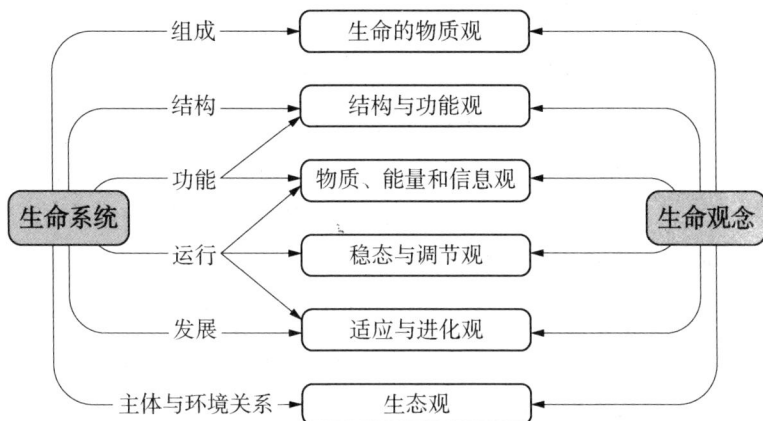

图 1-2 以生命系统的视角和特点凝练的生命观念①

第三节 生命观念的基本内涵

尽管从生命的本质观和从系统的视角两个不同维度凝练生命观念,但凝练的生命观念具有很大的共性。总体来看,生命观念主要包括以下内涵。

生命的系统观
生命的物质观
结构与功能观
物质、能量和信息观
稳态与调节观
适应与进化观
生态观

一、生命的系统观

将生命作为一个系统来进行研究,体现了生命的哲学思想,即以哲学的观

---

① 吴成军.以生命系统的视角提炼生命观念[J].中学生物学教学,2017(10):4.

点认识生命现象和生命的本质。生命的系统观有助于学生用系统的观点认识和分析各种生命现象，促进学生生命观念的形成。

生命的系统观是一个创新性观念，它让学生不再孤立地认识一个个的生命结构和现象，从而树立整体与局部论和还原论的基本观念。整体与局部论是指在研究生命现象时既要研究整体，也要研究局部，还要从整体的角度看待生命现象，即整体大于局部的观点；还原论是将事物分解，并用逻辑推理进行分析，从而寻找事物的本质规律。《分子与细胞》模块教材在介绍各种细胞器的分工与合作时体现了整体与局部论的观点，在介绍光合作用和呼吸作用等重要概念的形成时，体现了还原论的观点。

将细胞作为一个基本的生命系统构建教材体系，是《分子与细胞》模块教材的一大特色，旨在发展学生的生命的系统观。教材分别从生命系统的层次、系统的组成、系统的结构、系统的功能、系统的发展和变化来认识生命系统的基本单位——细胞。教材第 1 章《走近细胞》，先从证据和逻辑的角度分析了"细胞学说的建立过程"，然后阐明了"细胞是基本的生命系统"的原因，并呈现了从细胞到生物圈等各个层次的生命系统，让学生从宏观层面理解高中生物学将要学习的基本内容；第 2 章《组成细胞的分子》体现了系统的物质组成；第 3 章《细胞的基本结构》体现了系统的结构；第 4 章《细胞的物质输入和输出》和第 5 章《细胞的能量供应和利用》体现了系统的功能；第 6 章《细胞的生命历程》体现了系统的发展和变化。

生命的系统观主要体现在以下几个方面。

- 细胞是一个基本的生命系统。
- 生命系统有细胞、组织、器官、系统、个体、种群、群落、生态系统、生物圈等不同的层次。
- 系统有自己的组分、结构及功能特点。
- 系统的各组分既独立又相互协作，共同完成各种生命活动。
- 系统是发展变化的。

二、生命的物质观

从系统的组分来看,自然界是物质的,生命系统也是物质的,构成生命系统的物质与非生命系统的物质有着普遍的联系,又有着极大的区别。

构成生命系统的物质有其独特性,主要体现在以下几个方面。

- 生命系统有共同的物质基础。生命系统是由物质构成的,构成生命系统的物质主要是蛋白质和核酸等生物大分子,这些大分子既是生命赖以存在的物质,也是生命活动的产物。
- 构成生命系统的物质是高度有序的。蛋白质、核酸等物质在细胞中的功能是由其组成和结构决定的。
- 构成生命系统的物质的运动是有规律的。构成生命系统的物质有序转化,光合作用和呼吸作用是物质和能量转化的基础。

生命系统有共同的物质基础。首先,从物质组成来看,主要有以下特点:构成生命系统的化学元素主要是 C、H、O、N、S、P 等,它们是构成有机分子的重要元素;生命系统中含量最多的有机化合物是蛋白质,蛋白质是生命活动的主要承担者;蛋白质、核酸和多糖都是以碳元素为基本骨架形成的。其次,从生命活动共同的物质基础来看,ATP 是生命活动的能量"货币",酶是生命活动的催化剂,糖类是绝大多数生命的能源物质,核酸是生命的遗传物质,蛋白质是生命活动的主要承担者,等等。这一切都显示出构成生命系统的物质与无机环境截然不同,体现出生命物质的有机特性。

构成生命系统的物质是高度有序的,主要体现在三个方面。(1)物质本身就具有一定的结构,这种结构体现出物质的特征。例如,水分子的极性特征,使得每个水分子与周围四个水分子之间形成氢键,这样形成的氢键容易断裂,也容易形成,因而水可以固态、液态和气态的形式呈现;蛋白质分子有三级或四级结构,其结构与功能表现出高度的统一性;DNA 具有规则的双螺旋结构,是其稳定性和遗传性的基础,等等。(2)结构都是由物质构成的,相同的结构具有基本相同的物质组成,如细胞膜的磷脂双分子层结构都是由磷脂分子和蛋白质分子有规律地构成的。(3)下级结构有序形成上级结构。如由形态、结构和功能相同的细胞构成组织,由不同的组织构成器官,由各种器官形成系统,由不同的系统组成个体,在这里,每一种结构单位的组成都是有序的,并具有相应的功能。

构成生命系统的物质的运动是有规律的,即新陈代谢。光合作用和呼吸作用是生命系统最基础的两大代谢活动,电子和 H^+ 在其中传递,化合物在其中有规律地转化,与此同时,生命系统每时每刻都在进行 ATP 的合成与分解,生命的物质运动总是与能量转化相伴。"今天的你已不是昨天的你",这句话就比较形象地说明了物质是在不断变化的道理。生命的物质运动一旦停止,就意味着死亡。

生命的物质性和生命物质的特殊性,是辩证唯物主义哲学观的基石,对于学生树立正确的世界观和自然观极为重要,它可以帮助学生正确认识各种纷繁复杂的自然现象和社会现象,正确处理个人和社会事务。

三、结构与功能观

生命的物质观是结构与功能观的基础,物质组成结构,结构体现一定的功能。从系统论的观点来看,结构是指系统内部要素在空间和时间方面的耦合关系与联系方式,各要素只有通过结构才能组成为有机整体;功能则是指系统与外部环境的相互作用的关系,系统只有通过功能才能呈现出它与外界的联系方式。结构与功能分别从内部和外部反映对象的整体性质。两者之间存在着对立统一的关系。一方面结构是功能的基础,不同的结构具有不同的功能;另一方面功能是结构的外部表现,在一定的条件下反过来影响结构的变化。①

结构与功能观主要体现在以下几个方面。

- 结构决定功能,结构与功能相适应。
- 结构与功能是统一的,是适应环境的表现,是进化的必然结果。
- 生物体的各个结构既独立又相互协作,共同完成各种生命活动。
- 整体结构的功能大于局部结构的功能之和,即整体大于部分之和。

---

① 魏宏森.辩证唯物主义系统观初探[J].中国社会科学,1984(1):20.

　　从分子水平看,蛋白质和核酸是最能体现生命特性的大分子物质,它们的空间结构决定其功能特性,一旦空间结构受到破坏,其功能就无法表达。

　　蛋白质的功能依赖于其空间结构,高温、强酸或强碱破坏了蛋白质的空间结构,其功能就无法表达;DNA 的双螺旋结构决定其复制、转录以及翻译的稳定性,某些物理、化学或生物因素会影响 DNA 的结构,其功能表达就会出现变化,细胞的癌变就是原癌基因和抑癌基因突变造成的。在生命系统中,酶的空间结构变化会表达出催化化学反应的特性;载体蛋白磷酸化时会发生空间结构的变化,从而实现物质的跨膜运输,Na-K 泵的磷酸化会导致其空间结构的改变,从而实现运输 Na^+ 和 K^+ 的功能(图 1-3)。

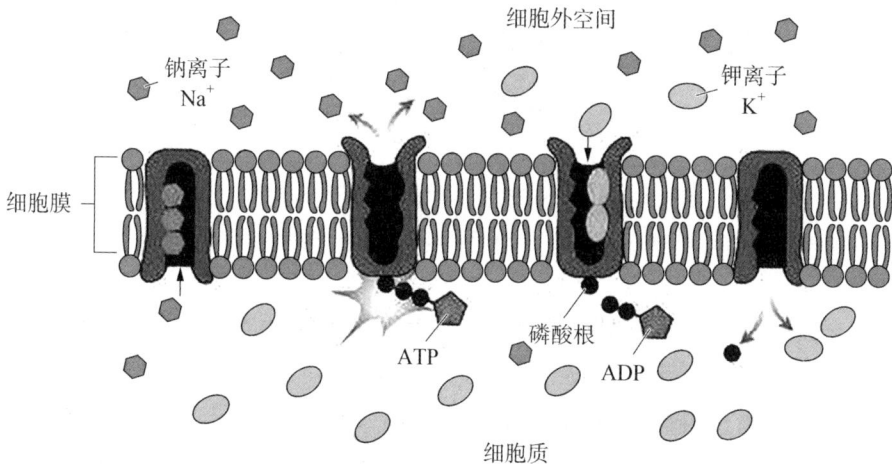

图 1-3　Na-K 泵的磷酸化导致空间结构的改变

　　ATP 是细胞的能量"货币",呼吸作用能够大量合成 ATP,光合作用也能合成 ATP。在光合作用过程中,ATP 的合成是以 ATP 合酶的空间结构发生变化而实现的。在 ATP 的合成中,ATP 合酶是关键酶,它广泛分布于线粒体内膜、叶绿体类囊体膜和细菌质膜上,是一种 ATP 驱动的质子运输体,在氧化磷酸化和光合磷酸化过程中,质子顺电化学梯度流动时催化 ADP 和 Pi 合成 ATP。ATP 合酶由膜外球形结构域 F_1 和膜内结构域 F_0 组成。F_1 部分又由 α、β、γ、δ、ε 等亚基组成,它的催化部位位于 β 亚基,α 亚基和 β 亚基交替排列成六聚体,另外三个亚基则呈不对称分布。跨膜的质子浓度梯度使 γ 亚基转动,从而带动酶上催化部位结构的变化,使其抓住底物 ADP 和 Pi,完成

ATP的合成并将其释放(图1-4)。因此,ATP的合成也是结构与功能观的直接体现。同时,ATP本身的结构与其功能也是密切相关的。

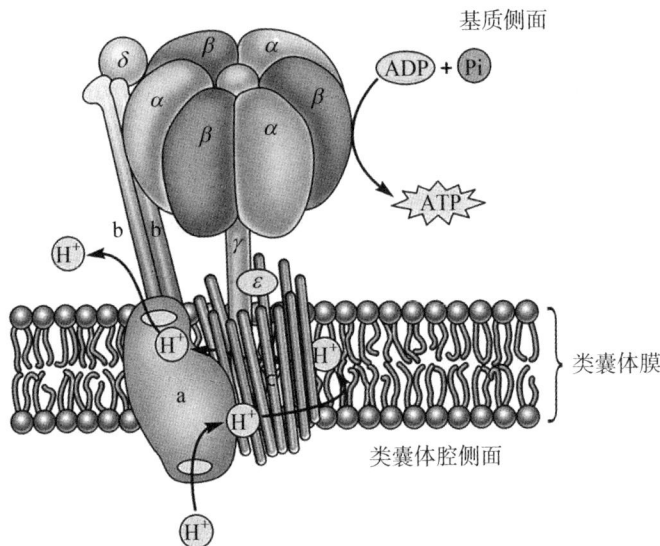

图1-4 ATP合酶结构示意图

从细胞水平看,细胞壁、细胞膜、细胞质中的细胞器、细胞核各有分工,其结构明显地体现出与功能相适应的特点。例如,植物细胞细胞壁的主要成分是纤维素和果胶,这样的细胞壁既坚固又具有透性,与细胞壁具有的支持和保护作用密切相关;细胞膜的流动镶嵌模型能够很好地实现将细胞与外界环境分隔开、控制物质进出细胞、进行细胞间的信息交流等功能;线粒体、叶绿体等细胞器的结构各具特点,与其功能密切相关,线粒体的内膜向内折叠形成嵴,嵴使内膜的表面积大大增加,嵴上附着与有氧呼吸相关联的各种酶;等等。

从个体水平看,单细胞生物既具有细胞的结构,也体现出适应环境的结构特点。如草履虫的结构与其功能相统一,使草履虫得以生存和繁衍。草履虫的体表有纤毛,纤毛的摆动可以辅助运动,口沟是食物进入的通道,口沟中的纤毛摆动可以将食物送到体内;草履虫的体内有收集管和伸缩泡,可以控制渗透压等。多细胞生物的结构更为复杂,表现出多样性的特点,对生物进行分类就是依据生物的各种结构特征。例如,鱼生活在水中,体表常有鳞片覆盖,用鳃呼吸,通过尾部和躯干部的摆动以及鳍的协调作用游泳;鸟的体表覆盖有羽,前肢变成翼,有喙无齿,有气囊辅助肺呼吸;人类自身的身体结构与功能之间有着天然的一致性,不同器官的结构不同,执行着各种特定的功能。

基于结构阐释其功能,基于功能理解、推测其结构,是诠释结构与功能观的基本思路。从结构的特点来认识和推测其功能。例如,从鱼鳃的结构特点推测其在水中进行气体交换的功能;基于 DNA 的结构特点,推测 DNA 的半保留复制。从结构所表现的功能来理解或推测结构特点。例如,达尔文曾发现一种兰花具有细长的花距,花距底部储存的花蜜可为传粉昆虫提供食物,他推测一定存在一种具有细长口器的昆虫可以从花距中吸到花蜜。这就是运用了基于功能来理解、推测其结构的原理。

"整体大于部分之和"是系统论的核心思想,生命系统的结构与功能观也体现了这种思想。以细胞为例,细胞中的各个结构有机组合并形成了一个统一的整体,如分泌蛋白的合成是核糖体、内质网、高尔基体密切合作的结果,离开了细胞这一整体结构,细胞器是不能单独实现其功能的;同理,组织、器官、系统都是相互协调,共同合作,才能完成个体各种复杂的功能;组成生态系统的各种结构和成分相互协调,才能完成生态系统的整体功能,一旦生态系统崩溃,其结构和成分就不复存在。总之,在理解生命系统的结构与功能观时,既要有局部的分析,也要有整体的综合,才能从局部与整体的高度认识各种复杂的生命现象。

四、物质、能量和信息观

世界是由物质、能量和信息三大要素组成的。对于生命系统来说,物质是本原的存在,能量是运动的存在,信息是联系的存在;物质与能量相伴而生,物质是能量的载体,能量是物质变化的动力;信息以物质和能量为媒介,穿越时间和空间进行传递。任何一个生命系统都是物质、能量和信息的统一体,它们相互依存、相互制约。系统的自组织理论认为,一个远离平衡的开放系统,通过与环境进行物质、能量和信息的交换,即通过物质、能量和信息的耗散,从而就可能自发组织起来,实现从无序到有序的转变,形成具有一定组织和秩序的动态结构。① 由此可见,物质、能量和信息是生命系统的重要特征。

生命的存在过程就是物质代谢、能量转化和信息调控的对立统一过程。生命系统的能量来自于太阳能,通过光合作用进行物质合成与转化,并储存能量。从物质的角度看,光合作用将无机物转化为有机物;从能量的角度看,将光能转化为电能,电能转化为化学能;从信息的角度看,光本身就是一种信息分子,可以激活叶绿体类囊体膜上的色素分子进行电子的跃迁和转移。与光合作用对应的是呼吸作用,两者受遗传信息和生理信息的调控,是两个统一的基础的生命活动。在细胞中,哪些基因表达,什么时候表达,表达的程度如何,都是遗传信息调控的产物,基因的表达出现异常,就会出现相应的病理变化。激素分子是一种信息分子,激素发挥作用主要是通过激活基因的表达来实现的。对于个体而言,激素分子的分泌及发挥作用,神经系统对外界的感知及发生的反应,都是个体生存的基础。葵花朵朵向太阳,葵花之所以面向太阳,是因为太阳光是一种信息分子,向日葵在花盘盛开前,其花托部感受光的刺激作用,调控体内激素的分布,从而实现幼嫩花盘的向光生长,将捕获的光能转化为储存在有机物中的化学能。中心法则是物质、能量和信息统一的集中体现。基因指导蛋白质的合成,实际上是遗传信息从 DNA 流向 RNA,再从 RNA 流向蛋白质的过程。在遗传信息的流动过程中,DNA、RNA 是信息的载体,蛋白质是信息的表达产物。DNA、RNA、蛋白质本身都是物质,在此过程中,ATP 为信息的流动提供能量。生命的延续和发展,是物质、能量和信息的高度统一。物质、能量和信息的统一,在生物个体的生命活动中表现得尤为完美。

生态系统也是一种生命系统。在生态系统中,能量依托于物质,沿着食物链和食物网流动,物质在无机环境和生物群落之间进行循环。种内生物之间的交流,不同种群之间的交流,生物与环境的交流,都离不开信息传递。自然界的花开花落、鸟类迁徙、鱼类洄游、哺乳动物的发情周期、哺乳动物的季节性换毛、人类的青春期发育,等等,无不是信息调控的产物。总之,生命系统时刻与环境进行着物质、能量和信息的交换,它自身也在不断地进行物质、能量和信息的处理,以维持自身的生存和发展。

---

① 曾国屏. 系统进化观与可持续发展[J]. 清华大学学报(哲学社会科学版),1996,11(2):25.

物质、能量和信息观主要体现在以下几个方面。

- 细胞的生存需要物质和能量。
- 物质和能量是相伴相随的,物质的合成与分解总是伴随着能量的储存和释放,光合作用和呼吸作用是最基础的物质代谢和能量代谢。
- ATP是生命活动的直接能源物质,是生命系统中物质和能量的直观体现。
- 能量可以推动物质的转化、运动和空间结构的变化,也可以推动信息的产生、加工和传递。
- 物质和能量的变化离不开信息的驱动,细胞中的各种化学反应都需要信息的调控,如遗传信息、生理信息和神经感知、传导和传递信息等,离开这些信息,生命就会变得无序而死亡。
- 中心法则是物质、能量和信息统一的集中体现。

五、稳态与调节观

自组织是系统的显著特征,是指系统在特定的内外条件下,从混沌到有序,从有序程度低到有序程度高,并稳定在一定有序程度上的自我完成过程。生命系统的自组织行为表现为自稳定、自修复、自适应、自学习等行为。[1] 用生物学专业术语表述,自组织主要表现为生命系统的稳态观。

稳态是有序、平衡且不断变化的,是生命系统最基础的特征之一。现代生命科学已从分子、细胞、器官、个体、生态系统等各个层次阐明了生命活动中普遍存在着动态稳定,即稳态的现象。稳态既是一种状态,也是一种能力。

稳态包括以下几个要点。[2] (1)稳态的定义:稳态是生命系统维持自身相对稳定状态的特性和能力。(2)稳态的意义:"稳态是生命系统的特征,也是机体生活的条件。"生命系统稳态的意义就是使系统的组分拥有一个相对稳定适

---

[1] 计沙. 生命系统的重新认识[J]. 中国中医基础医学杂志,1998,4(1):9—10.

[2] 赵占良. 对生物学学科核心素养的理解(一)——生命观念的内涵和意义[J]. 中学生物教学,2019(6):6.

宜的环境,如人体的稳态可使机体细胞拥有稳定、有序、适宜的环境。如果人体内环境的温度、pH、渗透压等过高或过低,或者病原体在体内大量繁殖,都会危及细胞的生命活动。(3)稳态实现的机制:稳态通过自我调节实现(自稳)。在不同类型的生物、不同层次的生命系统中,调节机制多种多样。例如,人体的稳态通过神经调节、激素调节和免疫调节来实现;生态系统的稳态通过种群数量的调节来实现。(4)稳态作为生命系统的显著特征,说明生命系统的内部状态不会被动地随环境的变化而同样程度地改变,这体现了生命的自主性。

生命系统是开放的系统,它们与外界环境之间不断进行着物质交流、能量转化和信息传递,这就决定了生命系统时时刻刻处于动态变化的过程中。生命系统的动态变化都是在一定范围内进行的,否则就会解体,导致系统的崩溃。实际上任何系统的稳态都是在一定范围内波动的,如唾液淀粉酶的活性范围是 pH 6.2～7.4,人体血细胞生活的 pH 范围是 7.35～7.45,人体的体温维持在 37 ℃左右,生态系统具有抵抗力稳定性和恢复力稳定性,可以有效地保持生态系统在一定的范围内波动等。因此,稳态可以看成是一种状态、能力或特性。稳态是生命系统能够独立存在的必要条件。

稳态是通过调节来实现的,而调节依赖于生命系统对内部和外界环境的刺激所作出的各种反应。在分子水平上,存在基因表达的调节、酶活性的调节;在细胞水平上,一个细胞是分裂还是分化,是衰老还是凋亡,都是调节的结果;在器官水平上,有心脏节律的调节、激素分泌的调节、血糖和水盐平衡的调节;在个体水平上,人体稳态的调节,是通过神经—体液—免疫系统的调节而得以实现的;在群体水平上,有种群数量的调节、生态系统平衡的调节,等等。调节是实现稳态的必要手段,生命系统的稳态和对环境的适应都是调节的结果。

稳态与调节观主要体现在以下几个方面。

- 生命系统是一个整体的、开放的以及动态平衡的系统。
- 稳态是生物生存的条件,稳态由机体所有的组分共建。
- 生物个体的生命活动,通过一定的调节机制保持稳态。
- 人和高等动物的稳态由神经、体液和免疫调节共同来实现。

● 植物的生长受植物激素的调节,激素的作用有适度与平衡的特点。

● 生态系统的稳态是通过调节抵抗力稳定性和恢复力稳定性来实现的。

六、适应与进化观

生物只有适应环境才能生存。生物对环境的适应,指的是这种生物和它具有的某些遗传性状提高了它在特定环境中生存和生殖的能力。[①] 具体分析,适应是指生物的结构以及这些结构所表现出来的功能有利于生物的生存。因此,结构与功能是生物适应环境的具体表现,适应是进化的具体结果。从生命系统的视角看,系统的运行和发展体现了适应与进化观。系统的正常运行是适应的表现,正常运行时系统会随着环境的变化而进行调整,种群中的这种变化逐渐积累并朝着一定的方向发展,就是进化,进化的最终结果是形成新的物种,同时也是新适应的开始。

环境是多种多样的,也是多变的,因此适应是多种多样的,进化的方向也是多样的。例如,鱼具有鳃适应水生生活,陆地上的哺乳动物具有肺适应陆地生活,鸟则具有双重呼吸的特征适应空中飞行,这都是适应复杂环境而表现出的适应性特征,也体现出各自不同的进化方向;再如,同样营水生生活,鱼用鳃呼吸,但鲸、龟、鳖、鳄等动物却可以用肺呼吸。动物的同功器官是适应多样性的生动体现,适应的多样性正是进化的必然结果。

自然选择学说认为,适应环境的生物得以生存,而不适应环境的则被淘汰。现代生物进化理论从遗传和变异的角度进行了阐述,自然选择作用下生物的表型能否适应,由于表型是由基因控制的,基因在传递过程中可能会发生突变和基因重组,这就为自然选择提供了原材料,随着漫长的选择且方向一致,变异的表型得以保留,并最终在遗传上形成了生殖隔离,新物种的形成就是进化的阶段性体现。生物的进化包括不同物种之间的协同进化,也包括生

---

① 吴相钰,陈守良,葛明德. 陈阅增普通生物学(第 4 版)[M].北京:高等教育出版社,2014:2.

物与无机环境之间的相互影响。正如系统进化观认为,进化远远不仅是简单趋向平衡和片面适应环境,而且是适应与创造的相互作用的展开,环境本身就是一个能适应和进化的活系统[①],因此,进化就是指有机体与环境的协同进化。

适应与进化观主要体现在以下几个方面。

- 适应是普遍存在的,生物的生存是适应的结果。
- 适应是相对的,当环境发生变化时,适应就成为生存的阻碍因素。
- 适应是自然选择的结果。
- 生物的物种丰富多样,具有共同的祖先。
- 生物进化体现出由简单到复杂、由低等到高等、由水生到陆生的特征。
- 生物进化的方向多种多样,进化的结果是适应和物种的形成。

七、生态观

19 世纪以来,随着工业文明的兴起,科技与生产力迅速发展,人类在加快向自然索取的同时,产生了征服自然、主宰自然的思想。[②] 例如,"人定胜天""人是自然界的主人和所有者"。人类中心主义将人与自然的关系视为征服者与被征服者,对自然资源进行了掠夺式的开发和利用,因而造成了各种各样的生态问题,如大气污染、温室效应、水土流失等。这个时期的生态观以人类为中心,因而导致了一系列的社会问题,并严重影响到人类社会的可持续发展。

1952 年,我国生态学家马世骏认为生态学的实质就是协调生物与环境或个体与整体之间的辩证关系,协调的实质是综合,是平衡,是和谐,是对立的统一。20 世纪 80 年代初,我国学者余谋昌提出了"生态系统的整体观"[③],即仅从自然生态系统的视角认识和理解生态观。

随着人们认识的不断深入,生态观上升到哲学世界观的范畴,认为生态观

---

① 曾国屏. 系统进化观与可持续发展[J]. 清华大学学报(哲学社会科学版),1996,11(2):26.
② 李素清,张金屯. 浅谈人类生态观的演进与可持续发展[J]. 山西大学学报(哲学社会科学版),2003, 26(5):123.
③ 余谋昌. 生态观与生态方法[J]. 生态学杂志,1982(1):40—43.

是建立在生态科学所提供的基本概念、基本原理和基本规律的基础上,并在人类—自然全球生态系统层次上用以指导人类认识和改造自然的基本思想。这时候的生态观强调了生态观对人类活动的指导作用。目前,生态观又有了进一步的发展,拓展到政治、经济和文化等多个领域,认为生态观是指人们在处理人与自然、人与社会关系中形成的一套对生态环境在政治、经济、文化和社会发展中所起作用的基本观点和看法。

　　生态观的构成可分为三个层次(图1-5)。第一层是规律认知,即由一系列反映人与自然之间的关系,以及自然生态系统中各组分之间关系的基本规律组成,它构成了生态观的基础;第二层是价值认同,即人类对生态价值的基本判断,它是生态观价值的重要体现;第三层是责任担当,即人类对生态保护的行为措施,它是生态观的表现形式。这三个层次是逐层递进的关系:基本规律是基础,只有理解和掌握了基本规律,才会正确认识生态的重要价值,正确确定人与自然的关系,从而正确对待自然;只有在正确的价值认同的指导下,才会形成保护自然、保护环境的责任意识。人与自然和谐共生,才会做到人与自然的可持续发展。

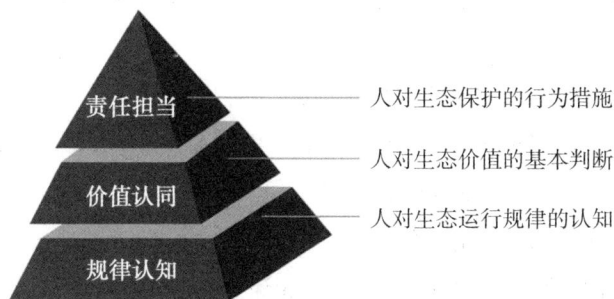

图1-5　生态观的构成要素及其关系

基本规律——人类对生态运行规律的认知

　　基本规律是形成正确而完整的生态观的必备基础。生态观的基本规律包括人类对自然生态系统运行机制的认识;生态系统实现自我稳定机制的认识;人与自然生态系统关系的认识。这三大认识再细分,就会形成一系列的概念和规律。

人类对自然生态系统运行机制的认识,是指种群是自然生态系统中物种存续的基本单位,不同种群在长期适应环境和彼此相互适应的过程中形成动态的生物群落,生物群落与环境构成了一个动态发展的生态系统。

生态系统实现自我稳定机制的认识包括:生物群落与非生物的环境因素相互作用形成多样性的生态系统,完成物质循环、能量流动和信息传递;生态系统通过自我调节抵御和消除一定限度的外来干扰,保持或恢复自身结构和功能的相对稳定。

人与自然生态系统关系的认识包括:人既是生态系统中的一员,又是生态系统的研究者;人的行为影响其他生物种群和生态系统的稳定。

价值认同——人类对生态价值的基本判断

人在自然生态系统中处于怎样的位置? 是高高在上,还是与其他生物平等? 不同的认知观决定了人类的行为和对生态价值的认知。

"尊重自然,顺应自然,与自然和谐共生"是人与自然关系的本质定位。在自然生态系统中,生物与生物之间、生物与环境之间遵循一定的自然法则,形成你中有我、我中有你的一种相对稳定的状态。人作为生态系统中的一员,也需要遵循自然法则,不能因为人的特殊性,而将人放在生态系统的核心位置,不能不顾自然法则,对生态系统中的其他生物和环境进行随意处置、随意利用。

"每一种生物都有其独特的价值"是人对生态价值的基本判断。表面上看,地球上的生物多种多样、千差万别,很多与人类没有多大的关系,事实上,这种认识是错误的。多种多样的生物不仅具有直接的应用价值,还具有调节生态系统的功能等方面的间接价值,另外,生物多样性目前还具有许多人类尚不太清楚的潜在价值。例如,人们对苍蝇深恶痛绝,但苍蝇真的没有任何价值可言吗? 显然是不对的。传播疾病、惹人讨厌的苍蝇是自然生态系统中食物链的一环,它们扮演了分解者的角色,加速有机物的分解,为自然界的物质循环作出了贡献。苍蝇还具有嗅觉灵敏、味觉和视觉强大、飞行结构和飞行调节独特、免疫力强等特点,已经在仿生学中得到了较为广泛的应用。

"绿水青山就是金山银山"反映了人类对生态价值的认知和取向。"绿水青山"是自然界中具有良好功能的生态系统,而"金山银山"则是财富的象征,能够满足人们对美好生活的向往。"绿水青山"和"金山银山"是在不同层面的论述,但为什么能很好地结合呢？首先,"绿水青山"不只是具有良好生态功能的客体存在,它本身就是一种财富,这种财富表现在三个方面:一是提供丰富的物质资源,如生物多样性的直接价值。二是作为良好的自然环境,为人类提供了适宜的生存、生活条件。人类的生存需要清洁的空气、洁净的水源和相对肥沃的土地,"绿水青山"是实现这些条件的保证,没有生态系统的物质循环和能量流动的有序性,就不会有良好的宜居条件,"绿水青山"对人类的健康和生活起到了积极作用。三是"绿水青山"作为一种社会经济价值观念,使人们在绿水青山之下安居乐业、心情愉悦,投资、旅游得以发展,从而促进了"山青水秀"的自然意识,创造出更大的"金山银山"财富。习近平总书记指出:"要树立自然价值和自然资本的理念,自然生态是有价值的,保护自然就是增值自然价值和自然资本的过程。"

责任担当——人类对生态保护的行为措施

良好的生态是人类及其他生物赖以生存的基础,**因此,尊重自然、保护生态**,就成为人类对待生态应该具有的重要责任意识。

保护生态就是保护文明。习近平总书记深刻认识到人类文明发展规律,提出"生态兴则文明兴,生态衰则文明衰"的重要论断。将生态与文明结合在一起来看文明的发展,是对人类历史的深刻洞察,是对人类发展的方向性决策。"人与自然是生命共同体,人类必须尊重自然、顺应自然、保护自然"。[①] 当人类面对自然资源时,要做到合理开发利用,保护自然环境,与自然和谐共生;如果人类自私无度、索取无度,粗暴地掠夺自然资源,将会遭受惨痛的教训。如某地区原本植被茂盛、环境优美,但由于大肆砍伐、开垦和破坏,从而形成了今天沟壑交错、水土流失严重的戈壁荒滩。破坏环境对人类的影响没有国界,水是流动的,空气亦是如此,人类是真正的同呼吸、共命运,只有共同行动起来,才能创造美好的家园。

良好的生态是可持续发展的基础。可持续发展强调人与自然相互依存,要求人在不破坏自然界再生能力的前提下向自然界适量索取自然资源,而同时又尽量少地向自然环境排放超过其自净能力的废弃物。可持续发展包括生态的可持续发展,生态的可持续发展是资源、经济、社会可持续发展的基础。

---

① 习近平.生态兴则文明兴——推进生态建设 打造"绿色浙江"[J].求是,2003(13):42—44.

生态系统各部分的功能如果能在较长时间里处于相互适应、相互协调的生态平衡中,就相当于提高了生产力,人类就可以实现可持续发展。[①]

法律是维护良好生态的保障。习近平总书记指出:只有实行最严格的制度、最严密的法制,才能为生态文明建设提供可靠保障[②]。生态文明集中体现了生态观中的责任担当。保护生态环境,合理利用自然资源,仅依靠人类的自觉行为远远不够,要通过法律为生态文明建设建立长效机制,这才是有效的生态环境保护机制。

由此可以看出,对生态观的认识是一个整体,其中基本规律是基石,价值认同和责任担当是生态观的核心。图1-6呈现了生态观的规律认知、价值认同和责任担当所具有的内涵,以及三个层次之间的关系。

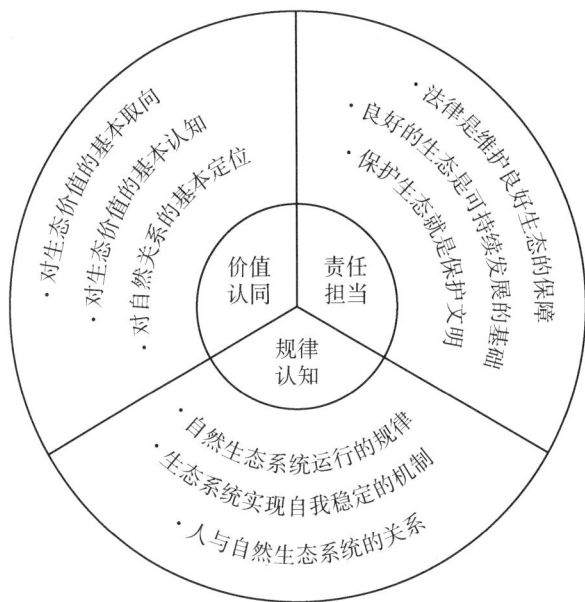

图1-6　生态观的三个层次和基本内涵

中学层面的生态观主要体现在以下几个方面(表1-1)。

---

① 习近平.决胜全面建成小康社会　夺取新时代中国特色社会主义伟大胜利——在中国共产党第十九次全国代表大会上的报告[J].实践(党的教育版),2017(11):16.
② 习近平.习近平谈治国理政[M].北京:外文出版社,2014:210.

表 1-1　中学层面的生态观的主要内涵

生态观	具　体　内　涵	
规律认知	自然生态系统运行的机制	相互作用,普遍联系
		结构与功能相适应
		物质、能量和信息的统一
		发展变化、动态平衡
		协同进化
	生态系统实现自我稳定的机制	稳态与调节
	人与自然生态系统的关系	事物之间存在因果关系
价值认同	对自然关系的基本定位	人与自然和谐共生
	对生态价值的基本认知	保护濒危动植物
		生物多样性及其保护
	对生态价值的基本取向	绿水青山就是金山银山
责任担当	保护生态就是保护文明	退耕还林、还草、还湖
		保护生物多样性
	良好的生态是可持续发展的基础	改善生态环境,建设生态文明
		实施生态工程,建设美丽家园
	法律是维护良好生态的保障	增强法律意识

第四节　生命观念各要素之间的关系

　　生命观念包括生命的系统观,生命的物质观,结构与功能观,物质、能量和信息观,稳态与调节观,适应与进化观,生态观等。这些生命观念都是孤立而单独存在的吗? 显然不是,从第二节中凝练生命观念的两个维度来看,生命观念各要素之间有着必然的联系。

　　从生命本质的维度凝练的生命观念,体现了这些生命观念之间的紧密联系。

　　生命的物质观是所有生命观念的基础,因为只有认同生命是物质的,才能从辩证唯物主义的思想出发,正确凝练其他生命观念。有了生命的物质观是远远不够的,物质必须形成有序的结构,而结构又得表现出一定的功能,这样才具备生命活动的基础。因此,结构与功能观是建立在生命的物质观基础上的。有了结构基础,生命才能表现出一系列的生命活动,如物质的输入和输出、物质和能量的转化、信息的传递和表达,这就体现了物质、能量和信息观。作为任何一个个体生命单位,结构与功能观、物质、能量和信息观构成了一个统一的有机整体,是生命存在的基本形式。在这个生命有机整体上,只有表现出稳态与调节观,生命才会存在和延续。总体来看,生命所具有的这些特征,是适应环境的结果,在适应不断变化的环境过程中,种群的基因频率会发生定向改变,在个体上就会表现为适者生存、不适者被淘汰的现象,即进化。因此,适应与进化观表现出生命的延续特征。生态观是一种高级的生命观念,它反映了人类对自然环境的看法,以及对人与自然环境关系的看法,是关于人类生存的基本观念。

从系统的维度看,生命的物质观构成了对系统的物质组成的认识;结构与功能观,物质、能量和信息观体现了生命系统的结构与功能;稳态与调节观反映了生命系统的运行规律和机制;适应与进化观是生命系统发展的必然结果,反映了生命系统延续及适应外界环境的基本要求;生态观则着眼于整个生态系统,强调了主体与环境的关系,是涉及人与自然关系的哲学观念。

各个生命观念之间的关系可以用图 1-7 表示。

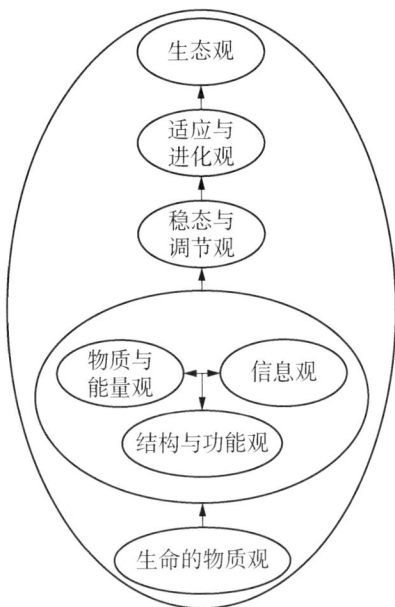

图 1-7 以系统观统领的生命观念之间的关系

　　基于生命观念的各个要素之间是相互关联的,因此,在研究和认识生命现象、探究生命活动规律时,就不能孤立地看待所建立或运用的生命观念。例如,研究生物的结构与功能的关系,可以建立"结构决定功能,结构与功能相适应"的观念;从系统的角度看,"系统的各个结构既保持一定的独立性,又相互协作,共同完成各种生命活动",这是系统观下的结构与功能观;生物之所以能够生存,能够适应不同的环境,是因为它本身"所具有的结构表达出相应的功能",这又是适应与进化观下的结构与功能观。由此可见,生命观念的建立和运用是一个相互关联的系统。

第五节　建立生命观念的途径和措施

　　生命观念是人们对生命总的观点和看法,它是由一系列概念经抽象和概括而形成的,由概念所支撑。

一、生命观念的建立是一个从事实到概念的过程

　　生命观念由概念支撑,经归纳、抽象和概括,逐步形成生命观念,因此要建立和形成生命观念,首先要建构概念,而概念的建构又是依据事实而获得,图1-8表示生命观念的形成过程。

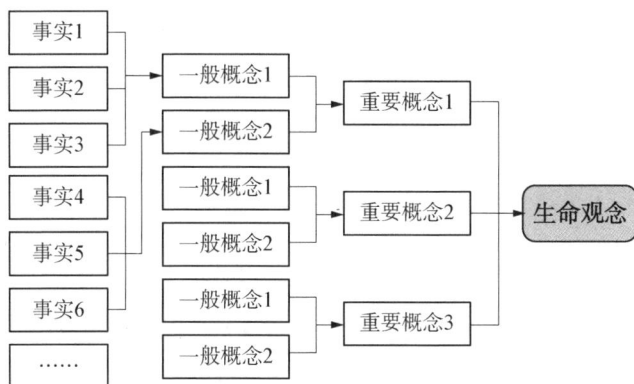

图1-8　生命观念的形成过程模式图

　　上图是一个建立生命观念的理想模型,虽生命观念的形成过程并不严格

按照这个模型进行,但基本方式是一致的。

以进化观的形成为例,表1-2展示了从事实或证据到一般概念、重要概念,并最终形成生命观念的基本过程。在这个过程中,科学思维起着重要的作用。

表1-2 进化观的形成过程

事实或证据	一般概念	重要概念	生命观念
地层中的各种化石	生物由简单到复杂、由低等到高等、由水生到陆生	当今生物具有共同祖先。生物是由原始的共同祖先经过漫长的地质年代逐渐进化而来的	生物是不断进化的
比较解剖学和胚胎学证据	人和其他脊椎动物有共同祖先		
分子和细胞水平的证据	当今生物有许多共同的特征,有共同的物质基础和结构基础;物种之间存在或远或近的亲缘关系		
生物能很好地在一定的环境中生存	适应的普遍性和相对性	适应是自然选择的结果	
基因控制生物体的性状,种群的基因频率总是在不断发生变化	自然选择使种群的基因频率发生定向改变	生物进化的实质是种群的基因频率发生定向改变	
自然界生物的生存过程中存在各种地理隔离现象	隔离阻止了生物种群间发生基因交流		
不同物种之间、生物与无机环境之间相互影响	生物与生物、生物与无机环境协同进化	生物多样性是协同进化的结果	

二、生命观念的建立是一个循序渐进的过程

从生命观念的形成过程看,生命观念的建立不是一蹴而就的,而是循序渐进、逐步形成的。先从事实开始,经归纳、概括等科学思维形成一般概念,再由众多一般概念归纳、概括形成重要概念,再将一些重要概念进行进一步的抽象、概括就形成了生命观念。由生命观念的形成过程可知,先学习的是概念,而在少数概念基础上形成的生命观念,归纳和概括的程度还不够高,形成的生

命观念可能不太稳固。随着学习内容的深入,建构的概念就会越来越多,就会逐渐加深对生命观念的理解,并能运用这些生命观念分析其他生命现象,解决生物学问题。

以结构与功能观为例,结构与功能观的建立与形成涵盖了整个中学生物学阶段。在义务教育阶段,学生初步学习了细胞的基本结构,但对这些结构所具有的功能理解不够深入。在学习植物和动物的形态结构和生理功能时,能初步建立个体水平的结构与功能观,如将植物分为藻类、苔藓、蕨类、裸子和被子植物,每类植物的特征都是根据相同植物所共有的特征经归纳和概括而形成的,这些特征就是结构特征,这些结构特征会体现出相应的功能。动物的分类更是如此,各种动物的分类就是依据结构与功能的特征而建立起来的。如两栖动物的特征:幼体生活在水中,用鳃呼吸;成体大多生活在陆地上,也可在水中游泳,用肺呼吸,皮肤可辅助呼吸。这是结构与功能相统一的特征。学习人体的组织、器官和系统时,就是以结构和功能作为重要内容。因此,学生在义务教育阶段就已建立起个体水平的结构与功能观。在普通高中阶段,《分子与细胞》模块就有众多知识内容和结构与功能观的建立相结合,分子层面的结构与功能观,如水分子、蛋白质分子、核酸分子、酶分子、ATP分子的结构与功能;细胞层面的结构与功能观,如细胞膜、各种细胞器的结构与功能。通过学习《遗传与进化》模块,进一步加深了对DNA的结构与功能的理解。通过学习《稳态与调节》模块中人体器官、系统的结构与功能,《生物与环境》模块中生态系统的结构与功能,会更深入地理解结构与功能观。

表1-3展示了结构与功能观的不同层次水平。

表1-3　结构与功能观的不同层次水平

层次水平	结构与功能观的具体体现
分子水平	水分子、蛋白质分子、核酸分子、酶分子、ATP分子
细胞水平	细胞膜、细胞器,如线粒体、叶绿体等
个体水平	植物的结构与功能、动物的结构与功能、人体的结构与功能
群体水平	群落的结构与功能
生态系统水平	生态系统的结构与功能

三、运用生命观念解决问题是学习的高级形式

建立生命观念并不是生命观念形成的终结，学会运用生命观念认识客观事物，从而分析问题和解决问题才是学习生命观念的高级形式。

运用生命观念分析问题和解决问题体现了学习的高阶层次，也是发展学生能力的需要。当学生初步建立结构与功能观时，就需要运用结构与功能观来认识生命现象。当我们面对新的学习任务情境时，要尝试从结构与功能的角度来分析事物，由结构推测其功能，由功能表现推测或理解其结构特点。在对生物进行分类时，面对陌生的动物类型，可以观察其形态结构，推测该动物有哪些生理功能；或从该动物的生理功能，推测其可能具有的结构特点。例如，当学生已从学习水分子和蛋白质分子的结构与功能中建立了结构与功能观时，就可以用这种观念来指导学习 DNA 分子，从 DNA 的功能来推测其结构特点，或者从 DNA 的结构来推测其功能。在学习细胞中其他大分子或各种结构时，同样可以用结构与功能观来指导学习。

第二章

科学思维

　　科学思维作为生物学学科核心素养的主要内容,是形成生命观念的重要途径,也是科学探究的重要组成部分。生物学中的一些重要概念,如原理、规律、定律等都是人类科学思维的产物,形成这些概念一般需要分析、比较、归纳、演绎、综合、抽象和概括等科学思维的过程和方法。科学思维既重视概念形成的结果,也关注概念形成的过程,因此,发展学生科学思维的能力和品质是生物学教学的重要目标之一。

第一节　科学思维的定义及特征

一、科学思维的定义

　　科学思维有不同的定义。胡卫平、林崇德在《青少年的科学思维能力研究》一文中这样定义:科学思维就是具有意识的人脑对自然界中事物(包括对象、过程、现象、事实等)的本质属性、内在规律及自然界中事物间的联系和相互关系的间接的、概括的和能动的反映。[1] 这个定义偏重于将思维与概念合为一体,没有准确地界定科学思维的本质特征。

　　生物学课程标准中关于科学思维的表述如下:"科学思维"是指尊重事实和证据,崇尚严谨和务实的求知态度,运用科学的思维方法认识事物、解决实际问题的思维习惯和能力。[2] 该定义认为科学思维是一种态度、习惯和能力,

---

[1] 胡卫平,林崇德.青少年的科学思维能力研究[J].教育研究,2003(12):19.
[2] 中华人民共和国教育部.普通高中生物学课程标准(2017年版)[S].北京:人民教育出版社,2018:4.

缺乏对科学思维的过程和品质的阐释。

物理课程标准中关于科学思维的表述如下："科学思维"是从物理学视角对客观事物的本质属性、内在规律及相互关系的认识方式；是基于经验事实建构物理模型的抽象概括过程；是分析综合、推理论证等方法在科学领域的具体运用；是基于事实证据和科学推理对不同观点和结论提出质疑和批判，进行检验和修正，进而提出创造性见解的能力与品格。[①] 这个定义认为科学思维是一种认识方式、过程、运用、能力与品格的统一，从心理学层面比较好地阐释了科学思维的显性特征。需要指出的是，尽管物理课程标准是从物理学科视角来界定科学思维，但所提出的科学思维的这些特征在化学、生物学等自然科学中同样存在。

基于科学思维的心理学特点，结合上述科学思维的阐述，可以认为：科学思维是指人对自然界中客观事物的一种认知行为、认知方式和认知品质的反映。中学科学教育层面的科学思维，还包含激发学生"崇尚真知，追求科学知识"的认知动机。

二、科学思维的特征

科学思维具有以下一些显性特征：

（1）崇尚真知，认同科学知识、原理和方法在解决问题中的作用（认知动机）；

（2）尊重事实和证据，以事实和证据作为科学思维的起点（认知行为）；

（3）正确的逻辑分析，运用科学思维方法认识事物的本质及事物之间的联系（认知方式）；

（4）质疑和批判，创造性地提出观点、方法，以解决具体的问题（认知品质）。

上述特征可以用下页的结构图（图1-9）表示它们之间的关系。

---

① 中华人民共和国教育部.普通高中物理学课程标准（2017年版）[S].北京：人民教育出版社，2018：4—5.

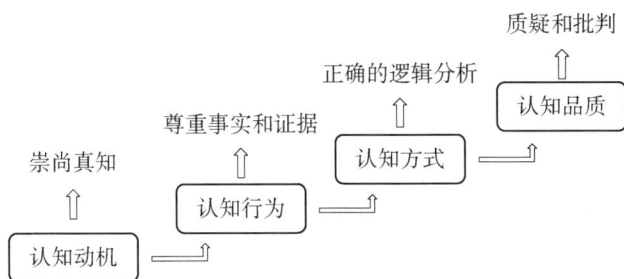

图 1-9　科学思维特征的结构①

　　"崇尚真知"是一种认知动机,是科学思维的起点;"尊重事实和证据"是认知行为,是科学思维的前提。只有在"崇尚真知,尊重事实和证据,认同科学知识、原理和方法在解决问题中的作用"的基础上,我们才会相信科学,进行科学分析。认知行为如何具体落实为认识方式呢? 进行"正确的逻辑分析"是认识事物的本质及事物之间联系的核心;在认知的过程中,需要坚持"质疑和批判"的认知品质。由此可见,认知动机、认知行为、认知方式、认知品质,是逐级提升的,体现出科学思维鲜明的逻辑层次。而认知品质又会在科学思维的全部过程中得以体现。

三、科学思维方法

　　科学思维的表现形式是科学思维方法,即认识事物的本质及事物之间的联系需要一定的方法才能得出正确的结论。科学思维方法有多种分类,其中按思维的抽象程度可以分为:动作思维(直觉)、形象思维(联想、想象)和逻辑思维(抽象)。逻辑思维是概念形成的重要方式,而科学课程的主要内容之一是形成各种概念、原理和规律,因此,逻辑思维是科学思维的主要表现形式,是科学课程中需要着重培养的思维。逻辑思维主要表现为比较与分类、归纳与演绎、分析与综合、抽象与概括等。批判性思维包括三个紧密联系、互相影响的阶段:分析思维方式阶段、评估思维方式阶段和提高思维方式阶段。② 批判性思维包含了逻辑思维的全部特点,是科学思维的高阶水平。

---

① 吴成军.试论科学思维及其在生物学科中的独特性[J].生物学教学,2018,43(11):7.
② [美]理查德·保罗,琳达·埃尔德.批判性思维工具[M].侯玉波,姜佟琳,等,译.北京:机械工业出版社,2013:绪论.

第二节　常见的科学思维方法

一、比较与分类

比较是人们根据一定的认识和实践目的,把某一事物与其他事物的属性和特征加以比较,以确定事物之间的共同点和差异点的思维方法。

比较法是生物学教学中常用的方法。例如,比较蓝细菌(蓝藻)和大肠杆菌的结构特点,从中发现原核细胞(原核生物)的共同特点,这是比较法中的求同思维;比较单子叶植物和双子叶植物的叶脉特点,这是求异思维的体现;比较植物细胞和动物细胞,找出其相同点和不同点,这是比较法中的既求同又求异思维。一般来说,在相异的对象间探求相同点,在相同的对象间探求相异点,能够更好地认识和把握事物,同时更好地训练学生的求同和求异思维。

比较时需要根据比较对象的特点和教学目的确定比较范围的大小。可进行整体或局部比较、纵向或横向比较、单项或多项比较、简单或复杂比较。例如,比较光合作用和呼吸作用可以进行整体比较,比较有丝分裂和减数分裂就可以进行局部比较。比较是深刻认识事物的重要思维方法,可以这样说,学习过程中离不开比较,人类对自然界和事物的认识离不开比较。

分类是根据对象的共同点和差异点,把对象分为不同种类的逻辑思维方法。比较是分类的基础,只有比较对象的共同点和差异点,才能进行科学的分类。分类分为"分"和"类","分"的依据是对象的不同点,"类"的依据是对象的相同点,分类体现了客观事物的共性与个性的差异,有助于人们更好地认识客观事物的本质。

依据人类对事物的认识是从现象到本质的深入过程,分类可分为现象分类和本质分类。在生物学教学时,学生往往被现象所迷惑,而没有从本质上将对象分开。例如,学生很容易将蓝细菌(蓝藻)和绿藻都看成藻类植物,因为学生只看到它们都有"藻"字,但从本质上看,前者是原核生物,后者才是真核生物中的藻类植物。动物类群的教学更是如此,从现象(表面的形态)上看是同一种生物,但从本质上看却是不同的生物。例如,鲸看起来像鱼,但本质上是哺乳动物;蝙蝠看起来像鸟,但本质上是哺乳动物;泥鳅看起来像爬行动物,但本质上是鱼。

比较和分类是生物分类的基础,由此所建立的生物分类法是人类认识生物界的基础。比较和分类在生物学教学中得到了广泛应用,掌握这两种科学思维方法,对于认识生命现象、理解生命的本质,是非常有帮助的。

二、分析与综合

分析是把研究对象的整体分解为一个个部分或局部,分别进行研究的思维方法。综合与分析相反,是从整体上去认识和把握研究对象的思维方法。分析是综合的基础,综合是分析的发展,分析之后要进行综合,综合之后要进行分析,可见,两者相互依存、相互渗透甚至相互转化。

自然科学中的任何活动都离不开分析,无论是观察与实验、比较与分类,还是归纳与演绎都离不开分析,分析是最基本的科学方法。在分析的基础上进一步综合,是思维的延伸和发展。

一些概念的形成就是分析与综合的结果。例如,分析甘氨酸、缬氨酸、丙氨酸、亮氨酸等几种不同氨基酸的结构式,从中发现这些氨基酸所共有的基本特点,从而综合得出氨基酸的结构通式,这里用到的就是分析与综合;分析细胞膜的物质组成和排列方式,可以得出细胞膜的结构特点,综合不同细胞膜的结构特点,科学家提出了细胞膜的流动镶嵌模型;孟德尔之所以选用豌豆进行杂交实验,就是分析了豌豆的优点。再如,针对森林中的植物、生长在树上的昆虫和啄木鸟,以及部分腐烂树桩上的蘑菇,分析这些生物之间的关系,以及在生态系统中所承担的角色和地位,就会得出生态系统中生物成分的类型及其作用的概念;当我们分析了光合作用的条件、场所、原料、产物等环节后,我们就会自然而然地综合出光合作用的概念。

分析与综合是常用的科学思维方法,人教版初中生物学教科书中的"观察与思考"栏目,高中生物学教科书中的"思考·讨论"栏目,其中不少问题的解答就要用到分析与综合,分析与综合是形成概念的重要途径。

三、归纳与演绎

人们对事物的认识往往是从个别开始,然后扩展到一般,再从一般进一步认识个别。归纳就是在个别中发现一般的推理形式和思维方式,演绎就是在一般中发现个别的推理形式和思维方式。归纳与演绎的实质表明,它们是两个对立的方面,是两个方向相反的思维方法,它们既是对立的又是统一的。

按照被归纳的对象是否是全部对象,可以将归纳法分为不完全归纳法和完全归纳法。一般来说,有限个体通常采用不完全归纳法,不完全归纳法又可以分为简单枚举法和科学归纳法,而在科学研究过程中,科学归纳法则是常用方法。演绎通常与推理一起称为演绎推理,演绎推理是提出科学预见的重要方法,如提出假设(假说)后,由假说推出的结论。

在认识生命现象和生物特征的过程中,首先是在个别的基础上归纳出一般的特征,然后利用一般的特征来演绎推理其他个别的特征。因此,归纳与演绎是两个不可分割的思维过程。例如,在对鲫鱼、草鱼、鲤鱼等鱼的分析基础上归纳出鱼的主要特征:生活在水中,用鳃呼吸,有鳍辅助游泳。然后,利用鱼的特征去推理其他水生生物是不是鱼,从而加深对鱼的特征的理解。

在进行归纳时不可能穷尽所有的个别,因此归纳的结论不一定是正确的,还需要演绎推理进行论证,因此,归纳和演绎是相互作用的。例如,鲫鱼的体表有鳞片覆盖,草鱼的体表有鳞片覆盖,鲤鱼的体表有鳞片覆盖;鲫鱼、草鱼、鲤鱼是鱼,所以鱼都有鳞片覆盖。这样归纳的结论显然是不全面的,也是不正确的,这正是归纳的局限性。如果归纳的结论不正确,在归纳的基础上进行演绎推理,显然演绎推理的结论也不会正确。按照上述演绎推理的结论,鳝鱼的体表没有鳞片覆盖,鳝鱼就不是鱼。如果归纳的结论正确,演绎推理的结论当然正确。因此,用演绎推理来补充或论证归纳结论的正确性是非常有必要的。

在高中生物学教学中,孟德尔发现遗传规律、摩尔根发现果蝇的伴性遗传、沃森和克里克提出 DNA 的半保留复制假说等,演绎推理的科学思维都在其中起到了重要作用。

四、抽象与概括

抽象是在观念里把事物的共同属性、本质特征抽取出来,舍弃其有所不同的、非本质特征的过程。把抽象出的共同的本质特征结合在一起就是概括的过程。

抽象与概括是两种方向不同的思维方法,抽象侧重于分析和提炼,概括侧重于归纳和综合。但两者又有着密切的关系,抽象是概括的基础,概括是抽象的发展。

生物学概念的形成一般是抽象与概括的结果。例如,被子植物的种子从形状上看,有圆形、扁形、棱形、三角形等各种形状;从颜色上看,有绿色、红色、黑色、棕色、白色等各种颜色;从大小上看,有大型、中型、微型等不同大小,这些都是种子的特征,可以通过归纳与概括而得出。但是从种子的这些众多特征中找出最本质的特征,就应用了抽象的思维,抽象思维把种子的形状、颜色、大小等不同的非本质特征去掉,找出其本质的特征,即种子是由一片还是两片子叶组成的,再根据这个特征将种子分为单子叶种子和双子叶种子,这个过程就是抽象。根据上述种子是由一片子叶或两片子叶组成的特征推广到其他被子植物的种子上,这个过程就是概括。

孟德尔在进行豌豆杂交实验时,发现纯种高茎豌豆与纯种矮茎豌豆杂交,后代只表现为高茎豌豆,再将这些高茎豌豆自交,后代中既有高茎豌豆,也有矮茎豌豆,并且比例是3∶1。用豌豆的其他6对相对性状进行杂交实验,也表现出相同的现象及比例。由此他认为“性状是由遗传因子控制的,遗传因子是成对存在的,显性遗传因子(用大写字母D表示)控制显性性状,隐性遗传因子(用小写字母d表示)控制隐性性状;成对的遗传因子在形成生殖细胞时发生分离,分别进入不同的配子中;受精时,雌雄配子的结合是随机的”。孟德尔并没有看到遗传因子,更看不到遗传因子的分离与组合,但他用到了抽象的科学思维,发现了性状分离的本质是由遗传因子控制而实现的,即从宏观现象中抽取了本质特征进行分析,并用数字和字母表示,从而准确地得出了基因的分离定律。

一般来说,相对简单的概念的形成是归纳和综合的结果,而复杂的概念的形成则多是抽象和概括的结果。例如,发现植物细胞中有DNA,动物细胞中有DNA,细菌和真菌细胞中也有DNA,于是归纳出细胞中有DNA的概念;但如果要进一步形成DNA是主要的遗传物质的概念,就得进行抽象和概括。

五、批判性思维

给批判性思维下一个准确的定义是一件比较困难的事情,因为批判性思维的定义一直在发展中,不同的人可能理解各不相同,给出的定义也是多种多样的,直到现在都没有一个统一的定义。例如,《批判性思维工具》一书中是这样定义的:批判性思维是建立在良好判断的基础上,使用恰当的评估标准对事物的真实价值进行判断和思考。①《批判性思维：多视角定义及其共识》一文中列举了大量批判性思维的定义，并得出一个总结，即无论进行广义定义或者狭义定义，批判性思维一般包括：好奇心、怀疑主义、反省和合理性以及提出和探究关于信念、主张、证据、定义、结论和行动的问题的习性②。批判性思维领域领军人物彼得·范西昂博士采纳美国哲学协会批判性思维专家的共识，将批判性思维定义为"具有目的性和反思性的判断"③，即批判性思维是有目的的思考(证明一个观点，解读事物的含义，解决一个问题)，但它可以通过合作而非竞争来达到目的。

美国哲学协会报告《批判性思维：以教育评估和教学为目的的专家联合声明》中，给出了一个专家一致认可的批判性思维的核心技能(表1-4)。

表1-4　批判性思维的核心技能④

技能	专　家　共　识	子技能
阐释	领会和表述各种经验、境况、数据、事件、判断、公约、信念、规则、程序或标准的意义或重要性	分类 破解意涵 澄清意义
分析	从陈述、问题、概念、描述，以及其他旨在表明信念、判断、经验、理由、信息或观点的各种表达形式之中，识别出所意向的或实际的推理关系	检验观点 识别论证 识别理由和主张
推理	找出并夯实得出合理结论所需的因素；形成猜测和假设；考虑相关的信息，从数据、陈述、原理、证据、判断、信念、观点、概念、描述、疑问或其他表达形式中推导出结论	寻求证据 考虑多种可能性 得出逻辑有效的或可以辩护的结论
评估	评估可信度和逻辑性，包括评估各种用于说明或描述个人的见解、经验、处境、判断、主张的陈述或其他表达形式的可信度，以及各种主张、描述、疑问或其他类似表达形式之间的实际或所意向的推理关系是否合乎逻辑	考量论断的可信度 考量论证中所用的归纳或演绎 推理的质量

① [美]理查德·保罗，琳达·埃尔德. 批判性思维工具[M]. 侯玉波，姜佟琳，等，译. 北京：机械工业出版社，2013：6.
② 武宏志. 批判性思维：多视角定义及其共识[J]. 延安大学学报(社会科学版)，2012，34(1)：9.
③ [美]彼得·范西昂. 批判性思维：它是什么，为何重要[J]. 都建颖，李琼，译. 工业和信息化教育，2015(7)：10，12，16.
④ Joe L，Kincheloe，Danny Weil. Critical Thinking and Learning. An encyclopedia for parents and teachers [M]. London：Greenwood Press，2004：379-380.

技能	专　家　共　识	子技能
解释	既要在多个层面陈述和论证自己的推理结果,顾及到证据性、概念性、方法论、标准以及背景因素;还要能以合理的论辩形式展示推理过程	陈述结果 为过程的合理性进行辩护 陈述论证
自我调整	有意识地回顾自己的认知活动、这些活动中使用的元素,以及得出的结果,特别是指将分析和评估技能用于自己的推理判断,来质疑、确认、验证或修正推理过程和结果	自我监控 自我修正

资料来源:美国哲学协会报告《批判性思维:以教育评估和教学为目的的专家联合声明》。

在上述表述中可以看出,批判性思维是其他思维的综合体现,而且具有评估、解释和自我调整等认知技能,也包括好奇、敏锐、执着求真等思维习性。

批判性思维对我们的生活、学习和工作具有重要意义,它不仅可以解放我们的思想,而且可以推动人类文明的发展。

六、科学思维之间的内在联系

科学思维方法是建构概念的重要方法,而概念是一种重要的模型,称为概念模型。概念形成的过程就是建立模型的过程,即建立模型离不开科学思维方法。如光合作用的概念就是一个概念模型,它是在一系列探索光合作用的原料、条件、场所、产物和过程的实验基础上,进行分析与综合的产物。除概念模型外,数学模型和物理模型也是认识事物的常见方式,在建立这些模型的过程中,也要用到归纳、抽象、概括等科学思维方法。

科学思维的本质是理性思维,而理性思维主要是指逻辑思维,因而科学思维主要体现在逻辑思维上。逻辑思维在概念的建构中起着重要作用。生物学中的概念有不少是通过归纳或概括形成的,某种概念的形成既可能是比较与分类、归纳与演绎的结果,也可能是分析与综合、抽象与概括的结果。学生学习有关昆虫的特征就是一个鲜活的事例。教师让学生观察各种各样的昆虫,分析这些昆虫的形态结构和生理特征,从中归纳和概括出昆虫所具有的共同特征:身体分为头、胸、腹三部分,有一对触角、三对足,一般有两对翅,在胸、腹部有呼吸用的气门。在这个过程中就使用了比较、归纳、分析、综合、抽象和概括。因此,概念的建构要用到多种逻辑思维方法,其中分析和比较是基础的逻辑思维方法,其他方法都是建立在分析、比较的基础上的。抽象程度越高的概念,用到的逻辑思维方法就越高级。图 1-10 呈现了常用的几种逻辑思维方法之间的关系。

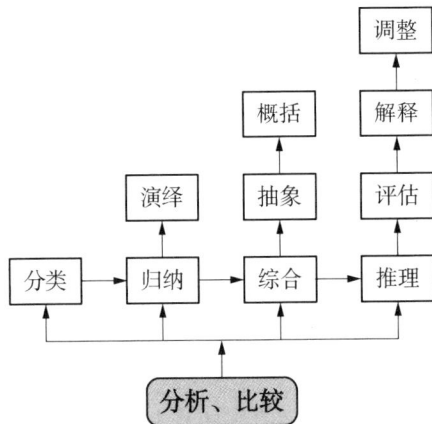

图 1-10　常用的几种逻辑思维方法之间的关系①

第三节　生物学特有的科学思维

生物学研究的对象复杂多样,因而决定了科学思维在生物学中的复杂性、灵活性和整体性。

一、生物学科学思维的复杂性、灵活性、整体性

从复杂性来看,人既是研究的主体,也是研究的对象,所有的生物都是生物学研究的对象。除病毒外,生物体结构和功能的基本单位都是细胞,其基本的物质组成大致相同,因而有着共同的物质基础和结构基础,这是研究的共性和规律。但各种生物的形态结构差异极大,生物所生存的环境各不相同,而且在同一环境中的生物也差异极大,这就决定了研究生物要有复杂性思维。例如,生活在水中的动物,要适应水生环境,必须具有鳃这一特殊结构,因此就简单地认为所有的水生动物都有鳃,这就是单一思维。事实上没有鳃的水生动物更多,低等的

---

① 吴成军. 试论科学思维及其在生物学科中的独特性[J]. 生物学教学,2018,43(11):9.

草履虫和水螅、高等的脊椎动物鲸，它们也具有相应的适应水生生活的结构。

从灵活性来看，生物及生命现象在各个层次上有着各不相同的共性，由此所形成的概念不是绝对的论述。例如，相对于其他体细胞来说，红细胞既没有细胞核，也没有相应的细胞器，不能用共性的特征来硬套所有的研究对象；又如，对于"生物是不断进化的，是由简单到复杂、由低等到高等、由水生到陆生进化的"的认知，就要以灵活的思维来分析，否则就无从解释现在的地球上为什么还有那么多的低等生物存在，而且它们还表现出对环境的适应；再如，同样的水体污染，不同的地理和人文环境决定了污染的方式各不相同，农村的水体污染可能是农田施用化肥过多所致，城市的水体污染有可能是生活污水排放所致，这就需要针对污染的周边环境与所处地理位置的不同而进行不同的考虑。

从整体性来看，看待生物及其生命现象，既要进行局部分析，更要进行整体考量。例如，分泌蛋白的合成，不能仅从合成蛋白质的最初场所核糖体来考虑，还要考虑内质网、高尔基体的作用，同时不能忘了线粒体提供的能量；研究一个生态系统的营养结构，不能过分夸大生产者的作用，不能简单地认为消费者可有可无，这就是整体思维的作用。整体思维也可以认为是系统思维的一部分，对于个体生命实现稳态来说，每一项生理功能的正常运转，都需要用整体思维来看待和分析。

二、科学思维和生命观念的关系

生命观念既是一种认知结论，也是一种认知方式；科学思维强调认知方式，是形成生命观念的重要途径。因此，科学思维和生命观念有着共同的特征，即认知方式的统一（图 1-11）。[①]例如，进化与适应是一种生命观念，是科

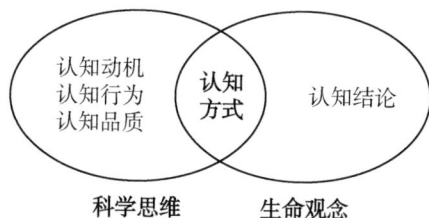

图 1-11　科学思维和生命观念的关系[①]

---

① 吴成军.试论科学思维及其在生物学科中的独特性[J].生物学教学,2018,43(11)：9.

学思维的产物,但也可以用进化与适应的思维来看待和分析一些生命现象;再如,人们经常用进化的思维来分析一些生物的结构和功能的不同之处,用适应的思维来分析一些生物所具有的结构与功能的必然联系。

三、生物学特有的科学思维

正是因为生命观念与科学思维在认知方式上的共性关系,因而极大地丰富了科学思维在生物学中的内涵。一些具有生命观念特性的科学思维就组成了生物学科学思维的独特性。

这些独特的科学思维表现为系统思维、平衡思维、多因素思维、统一性和多样性思维、进化思维、生态平衡思维,等等。

这些思维要求对事物进行多因素、多角度的客观分析,既要有逻辑推理,又要考虑到实际情况,进行综合理解,如对概念、原理和规律不能作绝对的理解,对问题的求解不过分追求非此即彼的标准答案。

以多因素思维为例进行分析。在分析生命活动规律时,既要分析影响生物的各种因素,也要从中找出最主要的因素。例如,影响光合作用的因素有光照(光照时间、光照强度、光质)、温度、湿度等;影响种子萌发的条件有温度、水分、氧气、光照等。在一个特定的情境下,有时为了弄清楚各种因素的影响程度,还需要人为地控制变量,形成单一变量以及设计对照实验进行处理。多因素思维又需要学生理解生物学中复杂的因果关系。除经典的一因一果(如一个基因产生一种酶,决定一种性状)之外,还需要学会理解和分析一因多果、多因一果、多因多果的逻辑关系。多因素思维有利于学生认识事物的复杂性,形成透过现象看本质、分清主要因素和次要因素的哲学观念,有利于学生更好地认识事物,适应复杂的社会生活。

第三章

科学探究

科学探究是人类认识现实世界的一种重要方式,也是学生获取新知、提升能力的一种学习方法。在科学探究的过程中,学生需要发现问题、解决问题,在此过程中习得重要概念,学习和运用科学方法和探究技能,形成科学态度,培养科学精神。

第一节　科学探究的本质和基本流程

生物学课程标准中关于科学探究是这样表述的:"科学探究"是指能够发现现实世界中的生物学问题,针对特定的生物学现象,进行观察、提问、实验设计、方案实施以及对结果的交流与讨论的能力。学生应在探究过程中,逐步增强对自然现象的好奇心和求知欲,掌握科学探究的基本思路和方法,提高实践能力;在探究中,乐于并善于团队合作,勇于创新。[①]

从广义来看,科学探究的本质就是提出问题并解决问题。提出的问题不一定都得通过实验或实践活动等方式解决,可以通过思维活动如分析、讨论和交流或进行逻辑推理解决,也可以通过查找资料解决,当然也可以通过实验或调查等实践活动解决,这样的科学探究主要体现在获得新知上。因此,科学探究是学习的常用方式,存在于我们的日常学习活动之中。

狭义的科学探究有一套基本的程序或流程,这就是科学家进行科学研究

[①] 中华人民共和国教育部. 普通高中生物学课程标准(2017 年版)〔S〕.北京:人民教育出版社,2018:5.

的基本流程。实际上,科学家在科学研究中,没有固定的步骤可循,每位科学家所进行的科学研究都具有独特性,但是,从他们走向成功的经历中,会发现有一些基本的规律可行,即提出问题、作出假设、制订计划、实施计划、得出结论、表达交流。其中每一步都有相关的具体内涵。

下面展示科学探究的具体内涵。

科学探究①

1. 提出问题

 (1) **发现问题**

  ① 尝试从给定的情境中发现与生物学相关的问题

  ② 尝试从日常生活、生产实际或学习中主动发现与生物学相关的问题

 (2) **表述问题**

  ① 尝试以疑问句形式对所发现的问题进行口头表述

  ② 尝试以疑问句形式对所发现的问题进行具体而明确的书面表述

 (3) **分析问题**

  ① 说出自己已知的与所发现问题有关的科学知识

  ② 描述已知科学知识与所发现问题的冲突所在

2. 作出假设

 (1) **提出假设**

  ① 针对问题,分析作出假设的必要性和可能性

  ② 应用已有的知识和经验,对问题的答案提出可能的设想

 (2) **分析假设**

  ① 估计假设的可检验性

  ② 根据假设的可检验性,对问题和假设进行必要的反思和修改

---

① 赵占良,吴成军.初中生物学学业评价标准(实验稿)[M].北京:人民教育出版社,2012:5—7.

3. 制订计划

(1) **理清大体思路**

① 明确探究的目的,如对问题的回答是定性的还是定量的,是探究事实还是分析原因等

② 针对问题或假设提出探究的途径,如观察、调查、实验、模拟实验、收集和分析资料等

(2) **制订详细计划**

① 列出所需要的材料与用具

② 对于实验探究,明确控制变量

③ 提出控制变量的方法,设计对照实验

④ 对材料和用具作出必要的补充和修改

⑤ 写出详细的探究步骤

4. 实施计划

(1) **进行探究**

① 准备并检查材料和用具

② 完成探究过程

③ 认真操作,仔细观察,爱护器具

(2) **收集数据**

① 收集数据,如实、准确、清晰地记录所获得的数据

② 在必要的情况下,设计适当的表格记录数据

(3) **评价数据**

① 从操作、观察、记录等环节分析数据的可靠性,对收集的数据是否能客观地反映真实情况作出评价

② 根据收集数据的可靠性,确定是否重新收集数据

5. 得出结论

(1) **描述现象,处理数据**

① 对观察到的现象进行准确的口头和书面描述

② 以文字、图表等形式整理数据,使之便于分析和交流

（2）**分析结果，得出结论**

① 对观察到的现象和数据进行比较、分析等，得出符合逻辑的结论

② 分析实验过程、方法与结果之间的因果关系，对实验结果作出合理的解释

③ 分析实验结果是否支持所作的假设，得出符合逻辑的结论

6. 表达交流

（1）**撰写探究报告**

① 清晰地表述探究的目的、材料用具、方法步骤

② 以文字、图表等形式清晰地展示探究的结果

③ 准确地表述探究的结论

④ 如果有必要，指出需要进一步讨论或探究的问题

（2）**交流探究过程和结论**

① 在小组内与同学一起分析探究过程和结果，共同得出结论

② 向全班口头报告自己或本小组的探究过程和结果，必要时能借助黑板、实物投影仪、电脑等工具进行更为有效的展示

③ 虚心听取其他同学的质疑，对自己或本小组的探究过程和结论进行必要的辩护、反思和修改

在实际的科学探究过程中并不一定严格遵循上述程序或流程，在课堂上进行的探究式学习，也不可能全部遵循这些程序或流程。但无论采取其中哪些步骤，只要体现了提出问题并解决问题的探究本质，就是值得提倡的科学探究活动。

第二节 科学方法和探究技能

科学教育的重要目标之一是让学生学会科学方法和探究技能。学习和掌握相应的科学方法和探究技能是进行科学探究活动的保证，更是学生进一步获得新知的必要条件。

一、科学方法

科学方法是指人们在认识和改造自然中所遵循或运用的符合科学一般原则的各种途径和手段,包括在科学活动过程中采用的思路、步骤、原则和模式等。科学方法一般分为三个层次:哲学方法、一般科学方法、专门科学方法。科学方法从本质上来讲是一种思维,方法是思维的表现方式。(在本篇的"科学思维"部分已进行了阐述。)

哲学方法是运用哲学的原理解决具体科学问题的方法,是人类认识世界和改造世界的世界观和方法论,哲学方法具有普遍意义。一般科学方法是指适用于自然科学和社会科学的一般方法,是人们认识世界的工具。关于一般科学方法,有不少分类方法,分类依据不同,各有特点,所包括的科学方法各有差异。下面的分类是其中的一种思路(图1-12),将系统思维方法与逻辑思维方法并列,是突出系统思维独有的特点。

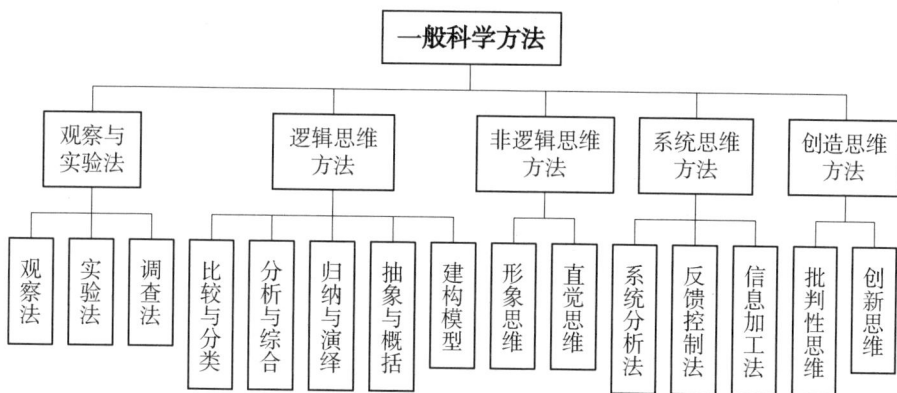

图1-12　一般科学方法体系

科学探究离不开科学方法,特别是在观察的基础上提出问题,基于问题作出假设,以及制订可行的探究计划,并从结果、现象和证据中获取新的结论,科学方法在其中起着重要作用。

专门科学方法是指某学科特有的科学方法,是该学科认识对象、发现规律的科学方法,下面是生物科学研究中一些特有的科学方法。

- 显微观察法
- 装片、切片制作法

- 细胞染色法
- 纸层析法
- 差速离心法
- 同位素标记法
- 标志重捕法
- 微生物培养法
- 杂交育种法

二、探究技能

一般认为,探究技能是指人们在认识世界的实践活动中总结出来的正确的思维方式和操作方式。[①] 探究技能是对复杂知识进行有序信息加工的、需要动作技能辅助的心智活动技能。[②] 美国科学促进会(AAAS)将探究技能分为观察、分类、测量、预测、推理、交流六项基础技能,以及控制变量、解释数据、作出假设、确定操作性定义、完成实验、建立模型六项综合技能。

从心理学的角度看,探究技能可以分为外显的操作技能和内隐的思维技能。不过,在实际的科学探究活动中,想要将这两种技能完全分开是不可行的,操作技能中有一定的思维活动,思维活动的结果必然会体现在操作技能上。也就是说,每一种探究技能既要动脑又要动手,既是学习的手段,又是学习的结果。

从技能本身的难易程度看,将探究技能分为基础技能和综合技能是合适的,有利于淡化操作和思维之间的对立,也有利于学生对技能的持续学习和逐渐掌握。表1-5列出了部分探究技能及其解析,表中的比较、分类、推理、综合也是科学思维方法,当科学思维方法应用到探究活动中时,也是一种技能。

表1-5 部分探究技能的解析或说明

探究技能	解 析 或 说 明
比较	确定不同事物(对象)之间共同点和差异点的逻辑方法
分类	根据被分类对象的共同点和差异点,将对象区分为不同种类的逻辑方法。生物分类需要考虑生物的形态结构和生理功能等方面的特征

---

① 吴成军,郝凤霞.教会学生基本的探究技能[J].中学生物教学,2015(9):4—5.
② 樊琪.科学探究技能的内隐与外显学习的比较研究[J].心理科学,2005,28(6):1375.

探究技能	解析或说明
推理	由一个或几个已知的判断(前提)推出新判断(结论)的过程
综合	在分析的基础上,把事物的各个方面在思维中综合成一个统一整体进行考察、研究的逻辑方法
区分事实和观点	事实是指事物的真实情况,观点是指观察事物所采取的态度。区分事实和观点有利于得出正确的结论
评价证据与假说	证据一定是真实的、客观存在的;假说是人为提出来的,需要用实验或实践证明是否正确,如果正确才成为理论
作出假设	在制订和实施计划前,需要根据已有的知识和经验作出相应的假设,在假设的基础上还要预测实验可能出现的结果,如果预测结果和实验结果一致,说明假设的正确性;否则,说明假设是错误的
设计对照实验	设计对照实验可以真实地观察自变量对实验结果的影响,从而正确地得出实验结论
评价实验方案	实验方案是否完善,是否遵循科学性原则、单一变量原则和可重复性原则,在实施前都需要认真评估,评价实验方案是探究活动中不可缺少的一环,关系到实验结果的可靠性
提出问题	科学探究从发现并提出值得探究的问题开始,没有问题就没有探究
分析实验结果	得出结论前需要对实验结果进行分析,从中提炼出相应的概念

三、探究技能与探究能力之间的关系

一般认为,中学层面的科学探究能力体现在探究活动的各个环节之中,即科学探究能力在提出问题、作出假设、制订计划、实施计划、得出结论、表达交流等各个环节中。当然,如果在探究环节中用到了观察能力、实验能力和创新能力,也可归属于探究能力的范畴。因此,我们可以简单地定义为:探究能力是在探究过程中所表现出的各项能力,其中包括科学知识和探究技能,即理解相应的科学知识和掌握相应的探究技能都是探究能力的重要方面。

科学知识是学生学习和掌握探究技能的前提条件,任何探究技能都需要一定的知识作基础;反之,探究技能的形成又是学生获取知识的一个不可缺少的重要条件。但是,学生获取的科学知识并不一定直接转化为探究能力,只有把知识运用于实践中,转化为相应的技能,才能形成稳定的科学探究能力。因

此,探究技能可以看成是知识转化为能力的中间环节。

例如,要让学生形成"作出假设"这一技能和能力,如果简单得出"鼠妇喜欢明亮干燥的环境"或"鼠妇喜欢阴暗潮湿的环境"这两种假设,显然是没有学会探究技能,因为它缺乏相应的科学知识作支撑。这些科学知识是对鼠妇的生活环境或捕捉鼠妇的地点进行分析,在这个基础上运用探究技能进行推理、判断:因为我们总是在阴暗潮湿的环境中捕捉到鼠妇,所以,鼠妇可能喜欢阴暗潮湿的环境。这一分析和推理就是建立在科学知识基础上的探究技能的运用,学生最终获得的是探究技能的提升和探究能力的提高。

再如,要让学生形成"原生质层相当于一层半透膜,对物质进出细胞具有选择性"这一概念,如果简单提出"原生质层相当于一层半透膜,对物质进出细胞具有选择性"或"原生质层不是一层半透膜,所有的物质都可以自由进出细胞"这两种假设,显然是没有学会"作出假设"这一探究技能的,因为假设的提出需要相应的科学知识作支撑,而不是二元对立的简单陈述。提出符合逻辑的假设需要对原生质层(细胞)的结构特点进行分析,然后结合日常生活经验进行推理、判断:当外界溶液的浓度大于细胞液的浓度时,如果原生质层相当于一层半透膜,则此时细胞会失水,植物细胞的原生质层与细胞壁会发生分离现象。这个作出假设的过程体现了"科学知识——探究技能——探究能力"的发展。原生质层(细胞)的结构特点是科学知识;通过分析和推理而作出假设,是探究技能;依据作出的假设演绎推理的过程和获得的结果,就是探究能力。

在科学探究的过程中,仅仅具有科学知识(包括科学方法)是远远不够的,还需要有熟练的探究技能,在完成相应的探究活动中提升探究能力。其中,掌握一定的科学方法是基础,运用一定的探究技能是保证。

四、科学方法与探究技能之间的关系

从操作层面来看,科学方法和探究技能相互渗透,科学方法指导探究技能的训练,探究技能强化科学方法的学习和掌握,探究技能是探究活动中所需要的科学方法的具体表现。例如,"作出假设"既是一种科学方法,也是一种探究技能。当它用作科学方法时,我们需要学习和理解"作出假设"的内涵:(1)针对问题,分析作出假设的必要性和可能性;(2)应用已有的知识和经验,对问题的答案提出可能的设想;(3)估计假设的可检验性;(4)根据假设的可检验性,

对问题和假设进行必要的反思和修改。在科学探究中,仅仅理解"作出假设"的内涵是不够的,还需要学会将这些内涵运用在具体的事例中,这就是一种探究技能。因此,可以认为科学方法是"理论",探究技能是"实践",理论需要实践来支撑,实践需要理论来指导。

总体来看,科学知识包括概念、原理、规律和学说,也包括一些学习知识过程中所需要用到的科学方法,这些科学方法不仅是习得科学知识的基础,也是训练和培养探究技能的重要基础。

第三节　科学探究在概念建构中的重要作用

科学探究在形成概念的过程中有着不可替代的作用。科学探究过程中所体现出的知识、能力、情感态度价值观是构成生物学学科核心素养的重要因素。

形成概念是学习的重要目的之一,概念的形成不能仅靠教师的讲解或逐字逐句咬文嚼字而形成,概念的形成一般是一个建构的过程,建构概念需要学生的活动,科学探究的重要功能之一就是建构概念。一般来说,重要概念的形成基本上都需要科学探究,学生在科学探究的过程中形成的概念,其认识是深刻的,而且可以从中学习和训练科学思维,为概念的应用打下基础。

实验是一种重要的科学探究。实验不仅可以训练学生的实验方法和操作技能,而且可以获得重要的结论,这些结论就是重要概念。

一、以验证性实验验证概念的正确性

先学习概念,然后通过实验验证概念的正确性。这类实验所验证的概念一般不复杂,容易理解。同时,在验证概念的过程中,还会习得一些基础知识和相应的探究技能。

例如,"检测生物组织中的糖类、脂肪和蛋白质"的实验,首先就直接呈现概念"不同的生物组织中存在糖类、脂肪或蛋白质"。要证明概念是正确的,就得开展实验进行验证。在检测众多的生物组织后,发现不同的生物材料中含有还原糖,或者脂肪,或者蛋白质,从而说明生物组织中含有糖类、脂肪或蛋白质。在这个过程中,学生习得的概念得到了巩固,实验技能得到了提升。

二、以探究性实验建构概念

需要建构的概念对学生而言是未知的,再提出问题或任务,待解决问题或完成任务后就会习得相应的概念。

例如,"比较过氧化氢在不同条件下的分解"的探究活动。在这个探究活动中按顺序进行了4组实验:1号试管常温观察,2号试管加热,3号试管加入$FeCl_3$溶液(无机催化剂),4号试管加入肝脏研磨液(酶)。观察到1号试管产生很少的气泡,说明在常温下,化学反应很难进行,或者效果不好;2号试管产生大量的气泡,说明加热(高温)能加快化学反应;3号试管产生更多的气泡,说明与2号试管相比,无机催化剂能更快地促进化学反应;4号试管相比3号试管,产生的气泡不仅更多,而且迅速,说明与无机催化剂相比,生物催化剂能更快地促进化学反应。由于催化反应实际上是降低化学反应的活化能,因此可以得出结论:与无机催化剂相比,酶降低活化能的作用更显著,催化效率更高。

上述实验的结论就是概念,概念是通过一步步建构而形成的,这样建构的概念相比通过验证性实验习得的概念,会让学生的理解更深刻。不仅如此,在建构概念的过程中,学生的思维能力和探究能力都会得到提升。

有些探究实验还需要学生提出问题、作出假设、制订计划、实施计划、得出结论、表达交流,经过这些过程所形成的概念,学生对此更是有着深刻的理解。例如,"探究植物细胞的吸水和失水"的探究活动,就经历了上述探究程序,经过完整的探究活动后,学生就会形成"植物细胞的原生质层相当于一层半透膜,植物细胞是通过渗透作用吸水和失水的"重要概念。

三、从分析科学史的探究活动中建构概念

科学研究的过程就是科学探究的过程,一般认为科学研究的结果就是概念,科学史更多地是概念形成的历史。重现科学家研究的过程、方法、现象和结果,引导学生进行分析和推理,是培养学生科学思维、学习科学方法和建构概念的重要途径。

下页表是光合作用的科学史及依托科学史而建构的概念(表1-6)。

表 1 - 6　光合作用的科学史及建构的概念

时间	事　　件	建构的概念
1642 年	比利时科学家海尔蒙特做了"柳树实验",推论植物的重量主要不是来自土壤而是来自水。但他没有发现空气中的物质也参与了有机物的形成。	水是构成植物体的主要成分。
1771 年	英国化学家普利斯特利发现植物能够更新因蜡烛燃烧或动物呼吸而变得污浊的空气;普利斯特利还发现置于密封玻璃罩内的老鼠极易窒息,但是如果移入一盆植物(薄荷),老鼠就可以苏醒。	植物可以释放蜡烛燃烧或动物呼吸所需要的气体。
1774 年	英国的普利斯特利发现绿色植物会制造、释放氧气。	植物释放的气体是氧气。
1779 年	荷兰的英格豪斯证明只有植物的绿色部分在光照下才能起使空气变"好"的作用。	植物释放的气体来自植物的绿色部分(叶片)。
1782 年	瑞士的瑟讷比埃发现,即使植物没有受到阳光照射,照样会释放二氧化碳。	植物在光照下和黑暗中都能释放二氧化碳。
1804 年	瑞士的索绪尔通过定量研究,进一步证实二氧化碳和水是植物生长的原料。	二氧化碳和水是植物生长的原料。
1845 年	德国的迈尔发现植物能把太阳能转化为化学能,首先用能量转化的观点认识植物的代谢过程。	植物体中存在把太阳能转化为化学能的结构。
1864 年	德国植物生理学家萨克斯观察到光照是叶绿体中形成淀粉的必要条件。	光照是光合作用的条件,淀粉是光合作用的产物。
1881 年	德国的恩格尔曼发现叶绿体是进行光合作用的场所。	叶绿体是进行光合作用的场所。
1883 年	德国的恩格尔曼运用三棱镜将太阳光折射出各色光,照射水绵。一段时间后放入好氧细菌,发现植物在红光与蓝紫光区释放较多氧气。	光合作用利用的光主要是红光与蓝紫光。
1931 年	荷兰科学家尼尔借由对紫硫菌的研究,推论植物光合作用产生的氧来自水而非二氧化碳,光合作用的实质是光启动的转氢机制,供氢体被氧化,CO_2 被还原。	光合作用可以将水分解成氧气,其过程是供氢体被氧化,CO_2 被还原。
1937 年	英国生化学家希尔开创性地破碎植物细胞,对离体叶绿体进行探索。希尔在叶匀浆—肌红蛋白系统中加入叶的丙酮提取液(含有 Fe^{3+}),然后照光,观察到氧合肌红蛋白的光谱变化,看到了氧气的释放。希尔对此认为,在光下:$2A+2H_2O \longrightarrow 2AH_2 + O_2$;$AH_2 + B \longrightarrow BH_2 + A$。其中,A 是	光合作用中的光反应过程:水被光解成 H^+ 和 O_2,H^+ 与受氢体结合形成还原性物质。

时间	事　件	建构的概念
	植物体内的物质，A 是受氢体；B 是外源氧化剂（如 Fe^{3+}）。 后来，植物生理学家又发现了 $NADP^+$ 这一重要的受氢体。	
1941 年	美国科学家鲁宾用放射性 C 作为标记原子，证明光合作用中的 CO_2 被固定。卡门继续鲁宾的工作，用小球藻作为实验材料，用 ^{16}O 的同位素 ^{18}O 分别标记 H_2O 和 CO_2，使它们分别变成 $H_2^{18}O$ 和 $C^{18}O_2$。然后，进行两组实验：第一组给植物提供 H_2O 和 $C^{18}O_2$，第二组给同种植物提供 $H_2^{18}O$ 和 CO_2。在其他条件都相同的情况下，第一组释放的氧气都是 O_2，第二组释放的都是 $^{18}O_2$。	CO_2 参与了光合作用的暗反应过程；光合作用过程中释放的 O_2 来自 H_2O。
1951 年	美国科学家发现，当偶联合适的酶，照光叶绿体和叶绿体碎片可还原辅酶Ⅰ和辅酶Ⅱ。通过这两种辅酶，把叶绿体的光合放氧和许多酶促反应连接起来了。	光合作用的光反应阶段与酶促反应的暗反应阶段之间有密切的联系。
1954 年	美国科学家阿尔农发现，在光照下，叶绿体可合成 ATP。他发现这一过程总是与水的光解相伴随。	光合作用过程中会产生 ATP，ATP 的合成与水的光解相联系。
1955 年	美国生物化学家阿尔农通过实验发现，离体叶绿体既能固定 CO_2，又能进行光合磷酸化。	
1961 年	米契尔发表化学渗透理论，解释光反应中 ATP 的生成。	

　　总体来看，光合作用概念(包括光合作用的生理机制，生理机制也可以认为是概念)的形成经历了 300 多年，是一代代科学家在前人研究的基础上，进一步研究发现的。每一位科学家的研究都会有新的发现，这些发现就是一个个次级概念，对次级概念进行归纳、综合、概括，就会形成上级概念。从 1642 年开始到 1881 年，科学家逐步发现光合作用的条件、场所、原料和产物，从中归纳、综合、概括形成光合作用的宏观概念：绿色植物通过叶绿体，利用光能，将二氧化碳和水转化为储存着能量的有机物，并且释放氧气的过程。从 1930 年开始到 1961 年，科学家逐步发现光合作用的生理机制，即对光反应和暗反应的生化反应机制，经归纳、综合、概括形成光合作用的微观概念：光合作用是将光能转化为化学能，将无机物转化为有机物的过程；光合作用的过程可以

分为光反应阶段和暗反应阶段,光反应阶段包括水的光解、ATP 和 NADPH 的形成,暗反应阶段是一个循环过程,包括二氧化碳的固定和三碳化合物还原形成糖类。这两个概念正好是学生在初中和高中阶段要建构的光合作用的重要概念。对于上表中光合作用的科学史,可根据教学实际有选择地使用。关于科学探究在概念建构中的重要作用的论述,在后续的章节中会反复提到。

第四章

社会责任

　　人不仅是一个独立的个体,还与其他人有着这样或那样的关系,与生存的环境有着密切的联系,人既是自然人,又是社会人。作为社会人,需要承担一定的责任;作为学科教育与教学,建立和提升学生与生物学有关的社会责任是发展生物学学科核心素养的重要方面,是立德树人在生物学学科教育中的重要体现。

第一节　社会责任的内涵

　　社会责任在个体中的表现有三个递进的层次:情感、理念和行动。情感是人朴素心理的内在反映,理念是情感的升华,而行动是情感和理念的外在表现。教育的重要意义,就在于培养具有高尚的情感、正确的理念和社会责任意识的现代公民。

一、社会主义核心价值观中的社会责任

　　社会主义核心价值观由"富强、民主、文明、和谐;自由、平等、公正、法治;爱国、敬业、诚信、友善"共 24 字组成。分别从国家层面、社会层面和个人层面规定了价值目标、价值取向和价值准则。与社会主义核心价值观相联系的社会责任看起来比较抽象,实则与各个学段各个学科的教育密切联系。在高中生物学科及其教学中,社会主义核心价值观应得到充分的体现。

　　建立"富强、民主、文明、和谐"的中国,离不开发展生物科学技术为农业、医药卫生等作出贡献;也离不开热爱并尊重自然的绿色生活方式和可持续发

展理念及行动。

实现"自由、平等、公正、法治",离不开理解退耕还田、还湖、还林、还草,依法保护环境和保护生物的多样性;离不开能明辨是非,具有规则与法治意识,积极履行公民义务。

做到"爱国、敬业、诚信、友善",离不开热爱祖国和家乡,关爱他人;离不开热心公益和志愿服务,敬业奉献,具有团队意识和互助精神。

二、中国学生发展核心素养中的社会责任

2016 年 9 月发布的《中国学生发展核心素养》总体框架中,以培养全面发展的人为核心,分为文化基础、自主发展、社会参与三个方面进行论述,社会参与包括责任担当和实践创新两个方面。其中责任担当包括社会责任、国家认同、国际理解三个方面。

在核心素养总体框架中,社会责任素养主要包括家庭责任、集体责任、国家责任和人类可持续发展等多个方面,是个体针对这些责任的认知、情感和能力的综合表现。主要包括:

自尊自律,文明礼貌,诚信友善,宽和待人;

孝亲敬长,有感恩之心;

热心公益和志愿服务,敬业奉献,具有团队意识和互助精神;

能主动作为,履职尽责,对自我和他人负责;

能明辨是非,具有规则与法治意识,积极履行公民义务,理性行使公民权利;

崇尚自由平等,能维护社会公平正义;

热爱并尊重自然,具有绿色生活方式和可持续发展理念及行动等。

三、生物学课程标准中的社会责任

生物学课程标准中关于社会责任的表述如下:"社会责任"是指基于生物学的认识,参与个人与社会事务的讨论,作出理性解释和判断,解决生产生活问题的担当和能力。[①] 在上述表述中可以看出,社会责任有三个逐渐递进的层

---

① 中华人民共和国教育部. 普通高中生物学课程标准(2017 年版)[S]. 北京:人民教育出版社,2018:5.

次：参与讨论、作出解释和判断、解决问题。这三个层次所依托的是"生物学的认识"，集中反映了生物学课程对高中学生社会责任的要求。

为进一步阐述生物学课程对学生社会责任的要求，课程标准又列出了以下具体的社会责任：

学生应能够以造福人类的态度和价值观，积极运用生物学的知识和方法，关注社会议题，参与讨论并作出理性解释，辨别迷信和伪科学；

结合本地资源开展科学实践，尝试解决现实生活问题；

树立和践行"绿水青山就是金山银山"的理念，形成生态意识，参与环境保护实践；

主动向他人宣传关爱生命的观念和知识，崇尚健康文明的生活方式，成为健康中国的促进者和实践者。

社会主义核心价值观高度概括了公民应具有的社会责任；中国学生发展核心素养中的社会责任是对社会主义核心价值观全面而具体的解读；生物学课程标准中的社会责任是将中国学生发展核心素养中的社会责任学科化。

对于生物学科及其教学来说，达成生物学课程标准中的社会责任是直接任务。

第二节　与生物学有关的社会责任

各个学科都有与本学科相联系的社会责任，各个学科的教育与教学都应帮助学生形成与本学科相关的社会责任，学校教育就是帮助学生形成一个总的社会责任。

一、将社会主义核心价值观中的社会责任教育落实在生物学科中

将社会主义核心价值观与生物学科中的社会责任联系起来，用生动具体的事例内化于心、外化为行，是生物学教育的首要任务，即将社会主义核心价值观学段化、学科化、内容化、课堂化。例如，人教版高中生物学教材中的"科学家访谈"，对结构生物学家施一公院士和"杂交水稻之父"袁隆平院士的访谈，就体现了科学家爱国、敬业和奉献，具有团队意识和互助协作精神等价值

观念;又如,在教材中尽量多地选编中国科学研究的国际性进展和中国科学家的研究成果的事例,就能激发学生的民族自豪感,从而使其努力学习,形成为国奋斗的家国情怀。

将我国科学家在世界上首次克隆成功体细胞克隆猴——中中和华华的过程和成果写进教材,供学生学习。从中可以了解完成这一科学成果需要攻克的三道难关,认识这一成果的重大意义,激发学生的民族自豪感,从而使其努力学习,拼搏奋斗,增强为国家的科学事业贡献力量的情怀和责任感。

二、生物科学知识体系与社会责任

生物科学不仅是一个结论丰富的知识体系,也包括了人类认识自然现象和规律的一些特有的思维方式和探究过程。生物科学的发展需要许多人的共同努力和不断探索。生物科学中丰富的科学史、科学实验与探究活动,可以培养学生的科学精神、科学态度和科学价值观。

在"促胰液素的发现"中,科学家斯他林和贝利斯不圄于定论,认为沃泰默的结论"小肠分泌促胰液素是一个顽固的神经反射"是错误的,从而另辟蹊径提出了新的假设:"这不是神经反射而是化学调节,是化学物质进入血液后,随血流到达胰腺,引起胰液的分泌"。为此,他们设计了一个巧妙的实验证明了假设的正确性,并最终发现了人体激素的存在,从而开启了人类发现激素的这个"宝藏的大门"。斯他林和贝利斯的行为体现了科学研究过程中不唯权威、敢于质疑、勇于创新的科学精神,这是人类追求真理精神的反映,它既是一种品质,也是一种重要的社会责任,这种责任推动着科学的发展和人类的进步。

生物科学知识体系是培养社会责任的重要载体。尊重生命,关爱他人,增进健康,是建立在对生命的理解和尊重上,生物学科的很多知识内容都与此相关。

基于神经兴奋在突触间传递的过程和生理机制,分析滥用兴奋剂和吸食毒品对人体的生理和精神危害的机制,可以让学生从科学原理上理解滥用兴奋剂和吸食毒品的危害,从而真正做到远离兴奋剂和毒品,并能积极宣传这种危害,从而达到培养和提升社会责任的目的。

社会责任与生物学知识相联系的事例在生物学教学中比比皆是。糖类、脂质的知识与身体健康密切相关,可以渗透崇尚健康生活、关爱他人的责任意识;神经—体液—免疫调节让学生懂得生命与健康的重要性,树立健康生活的理念;遗传病的遗传类型及其发生的机制,可以帮助学生建立健康生活、关爱他人的责任意识;等等。

三、进化观与社会责任

进化观是生物学的核心思想。进化观可以帮助学生认识到生物有着共同的起源,生物是不断进化的,了解现存的所有生物之间具有亲缘关系,从而正确看待人类在自然界中的位置;进化观还有助于学生理解生命的多样性和统一性,理解生物进化从量变到质变的辩证关系,进而建立辩证唯物主义的世界观。

四、生态观与社会责任

生态观可以让学生认识到人与自然和谐共生的重要性,有助于形成尊重自然、保护环境的价值观和"绿水青山就是金山银山"的生态文明观。

五、生物科学技术价值观与社会责任

生物科学及其技术的发展突飞猛进,深刻地改变着人类社会生产生活的面貌,也影响着人们的思维方式和对社会发展模式的选择。

生物科学技术对社会的影响包括以下几个方面:改善生活质量,提高健康水平;促进经济的发展和社会的进步;参与环境保护,推动社会可持续发展;提高国民素养和伦理道德水平;等等。正确的生物科学技术价值观,首先要让学生感受到生物科学技术的发展和进步所产生的正面影响,激发学生努力学习生物科学和技术;然后要让学生辩证思考如何使用这些科学技术,接受人类应具有必要的理性和必须遵循的规则和法律,理解如克隆技术、转基因技术、基因编辑技术的发展和应用所产生的伦理道德问题等。

以上从五个方面阐述了与生物学有关的社会责任。这些社会责任并不是一个层次的,总的来看分为三个层次。一是参与讨论层次。运用所学的生物学知识和方法,积极参与社会议题的讨论,理性思考,明辨是非,形成正确的价

值观念,如转基因食品的安全性讨论,形成"不盲目反对转基因食品,经过严格检测的转基因食品是安全的"的价值观念。二是作出决策层次。理性思考之后,就需要学生结合自身情况作出正确的决策,如养成控制糖的摄入、不抽烟、不酗酒、远离毒品等健康的生活方式。三是行动层次。这是最高层次的社会责任,要求学生用具体的行动来承担、履行社会责任,如帮助和关爱他人,宣传正确的生活观念和健康观念,从自身做起,节约资源、保护环境等。

三个层次社会责任的划分并不是绝对的,从行动层次来看,应该有参与讨论、作出决策层次的支持,这样的行动才会合理、合规,才会有更积极的社会意义。

第三节　培养社会责任的逻辑基础

有人认为培养社会责任就需要对学生进行宣传,告诉学生应该具有什么样的意识,如何做才算是具有社会责任,即告诉学生需要承担起什么样的社会责任。例如,对待国家,我们要爱国敬业,努力学习,为国家的发展作出贡献;对待自己、家人和他人,我们要热爱生命,崇尚健康生活,关爱他人;对待其他生物或环境,我们要保护动物,爱护环境,节约资源,与自然和谐共生;对待科学、技术与社会,我们要理解科学的发展离不开技术的支持,科学的发展可以促进技术的进步,科学技术有两面性,要正确使用科学技术,造福人类社会;对待科学实验,我们要有严谨、求实、认真、追求真理的精神,等等。至于为什么要这样做,学生不甚理解,还达不到"知其所以然"的境界。

直接告诉学生应该承担什么样的社会责任,是不具有说服力的,也不能做到以理服人,更不能让学生将社会责任内化于心、外化于行,并做到持之以恒。因为这样的社会责任缺乏认知逻辑,没有建立在科学知识和科学思维的基础上(图1-13)。

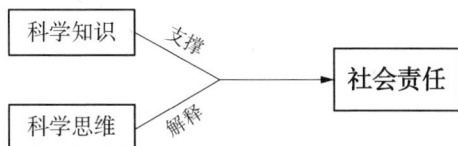

图 1-13　社会责任与科学知识和科学思维之间的关系

下面以几例培养社会责任的实例进行阐述。

为什么要健康生活？显然大家都知道应该这样做，但这样做的科学道理是什么？以糖的摄入量为例，我们知道多吃糖不利于健康，但到底为什么不利于健康呢？大多数人只将糖的摄入量与肥胖相联系，但事实上，高血压、龋齿、某些糖尿病等都直接或间接地与长期糖摄入超标有关。除了这些基本知识外，还需要了解生活中有很多种摄入糖的方式，如食品添加糖，一些碳酸饮料、乳酸菌饮料中也含有糖，而成年人和儿童每天摄入游离糖的量不应超过 50 g，最好控制在 25 g 以下。只有了解了上述科学知识，才能更好地控制糖的摄入量，并将这些科学知识传播给其他人，这才是真正的健康生活。健康生活必须建立在科学知识的基础上，才能深入人心。

为什么要关爱老年人？因为每个人都会变老，终究会变成老年人，所以从自身的发展来看，就要关爱老年人，这样当我们变老时，也有年轻一代来关爱我们。这仅仅是逻辑的一部分，是一种传承的价值观。要建立关爱老年人的责任意识，需要学习细胞衰老和个体衰老的知识及其关系，了解衰老细胞所具有的结构和功能方面的特征，知道当人老了，无论是身体机能还是精神状况都会变差，对环境、对生活的适应能力都会减弱。我们关爱他们，是因为他们不如以前能适应生活、适应社会，这就是关爱老年人的科学知识体系，是从科学知识而引导出来的关爱老年人的原因。关爱老年人还表现在一些针对性的行为和措施上。

为什么要爱护环境呢？因为环境是我们生存的基础，为我们提供了生活的资源和空间，如果过度索取资源，或污染破坏环境，损害的是人类自身的利益。试想一下，谁愿意生活在一个空气和水污染严重的地方呢？谁不想生活在一个绿水青山、环境优美的地方呢？这就是依据逻辑（科学思维）而形成的爱护环境的责任理由。

生物学科有着与自己的科学知识和科学思维相结合的独特的社会责任体系，帮助学生建立责任意识，不能泛泛而谈，应依据科学知识和科学思维而形成深刻的认知，这样的社会责任才会内化于心、外化于行、行胜于言，成为学科价值的重要体现。

第四节 生物学学科核心素养内涵之间的关系

在前文阐述生命观念、科学思维、科学探究和社会责任时,已初步涉及它们之间的关系。可以看出,生物学学科核心素养内涵的四个要素之间的关系并不是简单的线性关系,而是一个有机统一的整体。

生命观念处于生物学学科核心素养的核心位置,同时也是生物学学科核心素养的支柱;科学思维和科学探究互为倚重,科学思维是科学探究的内在本质,科学探究是科学思维的实证过程,它们共同形成生命观念;社会责任的形成主要依托于生命观念,同时,在进行科学思维和科学探究的过程中,也会相应地形成一定的社会责任。它们的关系如图 1 - 14 所示。[①]

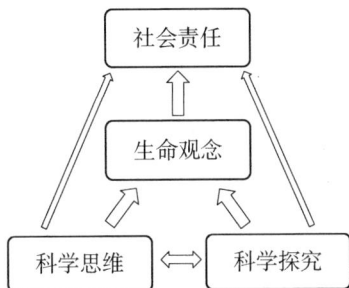

图 1 - 14 生物学核心素养四个要素之间的关系

生命观念是知识观和认知观的统一。学习生物学,最为直接的成果是获得生物学知识,建立生物学的认知观,并从生物学的视角认识和分析生命现象。初中生物学中动物的分类、植物的分类、人体生理和健康等,既是生物学知识,也是认识生物、分析生命现象的一种视角;高中的《分子与细胞》《遗传与进化》《稳态与调节》《生物与环境》模块,都围绕一个完整的知识内容构建每个模块的知识体系,而这个知识体系有助于形成相应的生命观念。也就是说,生命观念直接反映在教材的知识体系中。例如,《分子与细胞》模块中阐述了构成细胞的分子的结构和功能特点、细胞的结构和功能特点,这些知识内容有助

---

① 吴成军.基于生物学核心素养的高考命题研究[J].中国考试,2016(10):25—31.

于结构与功能观的建立。在阐述分子与细胞的结构和功能时,要么是直接分析结构,阐述其功能,这是由因至果的呈现方式;要么是先感知功能,再溯源结构,这是由果求因的呈现方式。这两种呈现方式反映的是人类认识物质科学的基本方法,是一种对事物的认知观。知识观和认知观统一成为生命观念的两大核心要素,是生物学学习的主要目标。

概念是科学思维和科学探究的结果和产物,对概念进一步的抽象和概括就会形成生命观念。因此,科学思维和科学探究是形成生命观念的重要途径。例如,形成稳态观,就要先分析人体细胞生活的环境,认识到这种环境的稳定对于细胞生存和生活的意义,并进一步认识人体的神经调节、体液调节和免疫调节是形成细胞生活环境的生理机制。在这一过程中,需要对大量的生命现象进行分析,然后进行归纳、抽象、概括等思维活动,表面的生命现象不足以从中抽象和概括出概念,需要进行相应的实验和探究(科学史充分说明概念的形成是实验和探究的结果),以达到对概念的建构或验证。因此,概念的建构和观念的形成依赖于科学思维和科学探究。

在学习生物学的过程中,很难把科学思维和科学探究分隔开。科学思维是科学探究的内在本质,为探究活动指明了方向;科学探究为科学思维提供了载体,是科学思维的实证过程,也是科学思维的外在表现。离开了科学思维的探究活动,只能称为简单技能的训练;离开了探究活动的科学思维,可能只是一种空想。

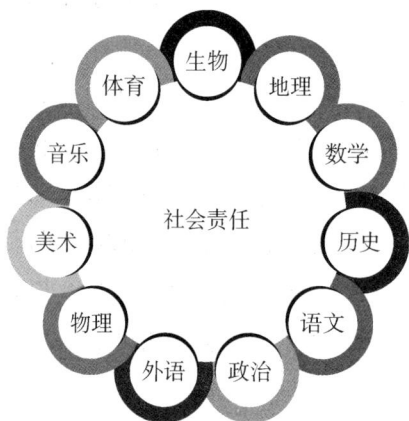

图 1-15　学科社会责任与公民社会责任

教育的目的和意义,首先在于培养有责任意识和追求的现代公民。学科教育所培养的社会责任是"有限责任",具有学科的特点,或与学科本身的内容相联系。各个学科都有与其知识内容相关的"有限"社会责任,它们融合在一起构成了公民的社会责任(图 1-15)。

社会责任的建立依赖于生物学知识和相应的认知逻辑。社会责任的知识特征在本章第一节进行了阐述,社会责任的逻辑特征在本章第三节进行了阐述,这里不再重复。总之,生物学学科中社会责任的形成离不开生命观念,也离不开科学思维。在科学探究过程中,严谨求实的科学态度、探索求真的科学精神、敢于质疑的科学品质,都是培养和践行社会责任的充分条件。

第二篇

基于生物学学科核心素养的教学

立德树人是教育的根本任务,落实立德树人根本任务的重大举措是构建中国学生发展核心素养体系,各个学科的学科核心素养是对中国学生发展核心素养体系的学科化,发展学生的生物学学科核心素养是生物学教学的重要任务,完成教学任务需要通过课堂教学来实现,而课堂教学的主体是教师,但学习的主体是学生,如何通过教师的教学理念和行为真正落实发展学生的生物学学科核心素养,是每一位生物教师都要学习和思考的重要课题。

为了达成发展学生的生物学学科核心素养的任务,生物学课程标准提出了以下7条教学建议：[①](1)高度关注生物学学科核心素养的达成；(2)组织以探究为特点的主动学习是落实生物学学科核心素养的关键；(3)通过大概念的学习，帮助学生形成生命观念；(4)加强和完善生物学实验教学；(5)落实科学、技术和社会相互关系的教育；(6)注意学科间的联系；(7)注重生物科学史和科学本质的学习。以上教学建议基本是原则性的，要具体落实，需要更深入的思考和更多的实践。

生物学教材全面落实生物学课程标准的理念和内容要求，研读生物学教材，理解教材在发展学生的生物学学科核心素养方面的设计和做法，是开展课堂教学的重要保障。

生物学课堂教学是发展学生的生物学学科核心素养的主战场。在课堂教学中，教师的理念会转化为语言和行动表现出来，而教师的语言和行动则是影响学生核心素养发展最为直接的因素。因此，首先生物学学科教师需要明确生物学课堂教学的目的是发展学生的生物学学科核心素养，即教学目标的确定要科学和准确，反映发展核心素养的要求；其次需要清楚如何施教才能达成教学目标，即有哪些教学策略和方法，运用哪些素材可以达到教学目标；最后需要通过教师的具体教学行为来实施这些策略和方法。

本篇共分五章，分别是理解教材在发展核心素养方面的设计和做法、教学目标的确定、情境的作用和类型、教学策略和方法的运用、发展生物学学科核心素养的教学案例。将第一章内容归为教学，是基于教材是教学最主要的载体，了解教材的设计和做法，可以更好地在课堂教学中用好教材，发展素养。第五章呈现了一些优秀的课堂教学案例，从中可以真实地感受到生物学学科核心素养的发展是实实在在的，是需要策略和方法的。

---

① 中华人民共和国教育部. 普通高中生物学课程标准(2017年版)［S］. 北京：人民教育出版社, 2018：56—60.

理解教材在发展核心素养方面的设计和做法

"核心素养为宗旨"是课程标准的基本理念之一,是设计课程、编写教材、审查教材的宗旨和实施教学的基本要求。生物学教材是课程标准最直接、最全面、最准确、最深刻的体现,是生物学教师教授生物学、发展学生的生物学学科核心素养最重要的教学资源之一。

研究生物学教材,挖掘教材的育人价值,厘清教材在发展学生的生物学学科核心素养方面的设计安排,对于广大教师用好生物学教材、发展学生的生物学学科核心素养至关重要。

人教版生物学教材是国家主流的生物学教材,全国绝大部分地区的学校使用人教版生物学教材。为此,本章以人教版生物学教材为例,简要阐述人教版生物学教材是如何落实发展学生的生物学学科核心素养的。

第一节　依托生物学知识建立生命观念

生命观念不是凭空出现的,不是靠背诵生命的物质观、结构与功能观、进化观、稳态观、生态观等名词就能建立的。生命观念是在理解生物学概念的基础上,经过进一步的抽象和概括而形成的,而生物学概念又是基于生物学现象和事实,通过研究生命活动规律而形成的。因此,教材在建立生命观念时,必须依托相应的生物学知识。

以生命的物质观的形成为例,生命的物质观是其他生命观念的基础,是基础的生命观念,是在学习生物学的初始阶段就该形成和建立的。要形成生命的物质观,就要有构成生命的物质的知识内容才能建立,这样的知识内容在各个模块教材中都有涉及。梳理《分子与细胞》和《遗传与进化》两本必修模块教材中构成生命的物质的知识，如下表(表 2-1)所示。

表 2-1　建立生命的物质观依托的生物学知识

模块教材	生物学知识	生命的物质观
分子与细胞	组成细胞的物质主要是糖类、脂质、蛋白质、核酸等有机化合物，以及水和无机盐等	组成细胞的物质具有特殊性，蛋白质和核酸等生物大分子是生命所特有的物质
遗传与进化	孟德尔根据豌豆杂交实验提出遗传因子(基因)的存在；摩尔根证明基因位于染色体上；艾弗里证明 DNA 是遗传物质等	遗传信息的载体是遗传物质，遗传物质是核酸

不同模块教材由于知识内容不同，依托知识内容建立的生命观念也有差别。例如，《分子与细胞》模块教材是以构成细胞的分子及细胞的结构、细胞的生命活动这两部分内容而建立不同的生命观念；而《遗传与进化》模块教材则是以遗传物质的发现及其作用，以及生物的进化这两部分内容来建立生命观念。同理，选择性必修模块教材也有不同的知识内容，建立的生命观念也有所不同。

教材的内容体系是知识内容的集中反映。各个模块教材都有自己的内容体系，依托这个内容体系就可以建立相应的生命观念。

一、《分子与细胞》模块教材建立的生命观念

《分子与细胞》模块教材的内容体系：细胞是基本的生命系统，系统是有层次、组成、结构、功能和发展的。按照这个内容体系，教材首先明确生命的系统观，将细胞作为一个基本的生命系统来看待，然后在后续的章节中，分别从系统的组成上构建生命的物质观，从系统的结构上构建结构与功能观，从系统的功能上构建物质与能量观，最后又从系统的发展上构建生命的发展观(图 2-1)。

将上述生命观念体系具体化，《分子与细胞》模块教材的每一章都侧重于某种生命观念(表 2-2)。

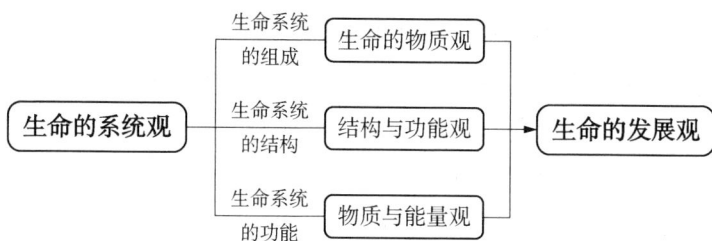

图 2-1　《分子与细胞》模块教材中的生命观念及其体系①

表 2-2　《分子与细胞》模块教材各章侧重的生命观念及其内涵

章	侧重的生命观念	侧重的生命观念的内涵
第 1 章　走近细胞	生命的系统观	细胞是基本的生命系统;细胞、组织、器官(系统)、个体、种群、群落、生态系统、生物圈,是不同层次的生命系统
第 2 章　组成细胞的分子	生命的物质观	组成细胞的物质具有特殊性,蛋白质和核酸等生物大分子是生命所特有的,它们是生命赖以存在的物质,也是生命活动的产物
第 3 章　细胞的基本结构	结构与功能观	细胞的各部分结构与其功能相适应,基于结构诠释功能,基于功能理解结构;细胞各部分在结构和功能上是密切联系的,使细胞成为一个有机的整体;细胞器既有分工又有合作,共同完成生命活动
第 4 章　细胞的物质输入和输出	物质与能量观	细胞膜是一种选择透过性膜,物质的进出与细胞膜上的转运蛋白密切相关,主动运输、胞吞和胞吐需要消耗能量
第 5 章　细胞的能量供应和利用	物质与能量观	生命活动需要物质和能量,物质是能量的载体,能量是物质变化的动力;光合作用和呼吸作用是细胞中最重要的物质代谢和能量代谢的生理机制
第 6 章　细胞的生命历程	生命的发展观	细胞会经历生长、繁殖、分化、衰老和死亡的生命历程,体现了生命的发展观

　　这里需要特别说明的是,尽管每一章都有某一方面鲜明的生命观念,但也渗透着其他生命观念。第 1 章《走近细胞》除了让学生初步形成细胞是基本的生命系统的观念,认识生命系统的结构层次,也对结构与功能观有着初步渗

① 吴成军. 发展学科核心素养　全面落实育人价值——人教版《分子与细胞》模块教材的编写介绍和说明[J]. 中学生物教学,2019(8):5.

透,如将细胞分为原核细胞和真核细胞就是从细胞的结构上进行比较和区别的;在阐述细胞是基本的生命系统时,也以细胞的功能和结构之间的关系进行阐述,还初步渗透了进化观。教材提及细胞学说的要点之一"新细胞是由老细胞分裂产生的""新细胞由老细胞产生,老细胞由更老的细胞产生,如此上溯,现代生物的细胞都是远古生物细胞的后代,小小的细胞内部,凝聚着数十亿年基因的继承和改变",这些论述为后续学习和理解进化观奠定了一定的基础。第2章《组成细胞的分子》除生命的物质观外,还对结构与功能观作了明确的阐述,如在说明水的作用时,讲到"水是细胞内良好的溶剂",水分子的这种特性"是由它的分子结构所决定的",具体介绍了水分子之间所形成的特殊的氢键;在介绍蛋白质时,以蛋白质的功能来源于它所具有的特殊结构引导学生学习和讨论,呈现蛋白质的四级结构以及每级结构所具有的特点,还讨论了蛋白质的空间结构与其功能之间的关系。第3章《细胞的基本结构》除了体现结构与功能观,还对细胞这一基本的生命系统进行了阐述:细胞膜是系统的边界;细胞器之间的分工合作体现了系统各组分之间的分工合作;细胞核是系统的控制中心。第4章《细胞的物质输入和输出》除了体现物质与能量观,还对结构与功能观有着比较明显的渗透,如载体蛋白和水通道蛋白的结构与其转运物质关系的阐述。第5章《细胞的能量供应和利用》主要体现了物质与能量观,但在酶、ATP的结构与功能,线粒体、叶绿体的结构与功能上,对结构与功能观有所体现。第6章《细胞的生命历程》中的细胞分裂、分化、衰老和凋亡,体现了细胞的发展观,也体现了生命的发展观。从生命活动的本质来看细胞的生命历程,都是围绕着遗传物质的复制、传递、表达而展开,遗传物质是表象,遗传信息才是核心,生命的延续传下来的主要是信息,因此,本章也隐含了生命的物质观、生命的信息观。本章注重描述细胞的形态变化,特别是分裂和衰老时的形态、结构及功能变化,渗透了结构与功能观。总之,每一章都有显性的、重要的生命观念的建构,也结合知识内容渗透了其他次要的生命观念。这样做既符合客观事实,也厘清了主次生命观念。

二、《遗传与进化》模块教材建立的生命观念

《遗传与进化》模块教材的内容体系是按照人类对基因的认识历程(科学的发展历程)安排教材内容的,这一内容体系的逻辑是:人类认识到基因的存在,基因在哪里,基因是什么,基因怎样行使功能,基因在传递过程中怎样变化,生物进化过程中基因频率发生了怎样的变化。这一认识历程可以帮助学生建立相应的生命观念(表2-3)。

表2-3 《遗传与进化》模块教材各章侧重的生命观念及其内涵

章	侧重的生命观念	侧重的生命观念的内涵
第1章 遗传因子的发现	生命的物质观	遗传物质控制生物体的性状;遗传物质位于染色体上;遗传物质的化学组成和结构有其特点,基因通常是有遗传效应的DNA片段,可以控制蛋白质的合成,进而影响生物体的性状;遗传物质的改变会对生物体的性状产生影响。
第2章 基因和染色体的关系		
第3章 基因的本质		
第4章 基因的表达	生命的信息观	生命是物质、能量和信息的统一体;生物体从亲代继承的主要是遗传信息。
第5章 基因突变及其他变异		
第6章 生物的进化	生物进化观	现存的所有生物来自共同祖先;生物的多样性和适应性是自然选择的结果。

在《遗传与进化》模块教材中,要讲DNA,必须讲到DNA的双螺旋结构,这就会渗透结构与功能观。讲到基因的表达时,同样也会渗透结构与功能观。故在本模块教材中,不仅要建立分子层面的结构与功能观,而且要运用结构与功能观来分析问题和解决问题,如由DNA的功能来探寻与功能相适应的结构特点。

三、《稳态与调节》模块教材建立的生命观念

《稳态与调节》模块教材是按照生命系统实现稳态的生理机制来构建教材体系的(图2-2)。

依据这个内容体系,所要建立的生命观念是稳态与调节观、生命的系统观、结构与功能观等。

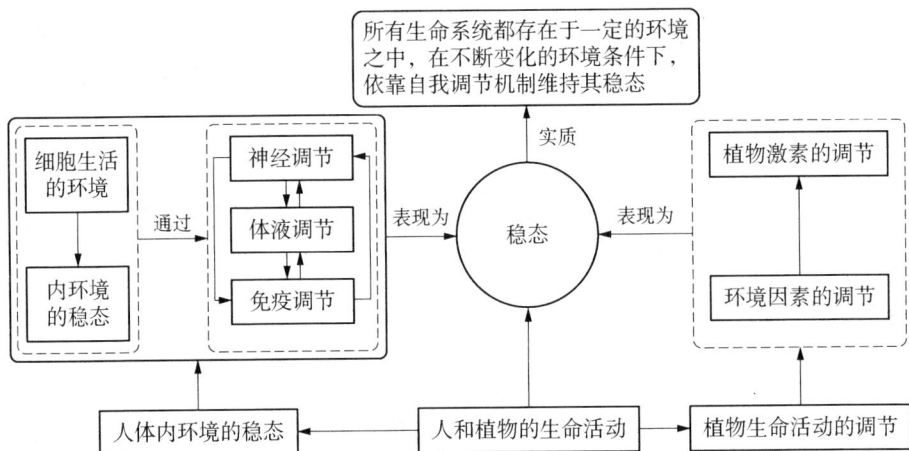

图 2-2 《稳态与调节》模块教材的内容体系①

四、其他模块教材建立的生命观念

其他模块教材也有相应的内容体系,也会根据模块的内容体系建立和渗透相应的生命观念。如在《生物与环境》模块教材中,主要建立生态观、稳态与调节观、生命的系统观,渗透结构与功能观、生命的信息观等。

第二节 建构概念是教材内容的主要呈现形式

在第一节中讲到建立生命观念需要先建构相应的概念,从另一个角度讲,生物学的概念(包括原理、规律、定律)是生物学大厦的"基石",也是生物学大厦的"结构",又是认识生命现象及其活动规律的"产物"。因此,学习生物学,主要是学习生物学概念,重在建构概念,这样才能真正理解概念的定义、内涵和外延,提升科学思维和科学探究能力,也为学习其他内容奠定基础。

生物学教材的每一节基本上都是围绕着建构概念而展开的,下面以"细胞核的结构和功能"为例说明。

本节课教材从概念的获得上看,其目的是最终获得"细胞核是遗传信息库,是细胞代谢和遗传的控制中心"这一概念。这个概念是通过建构的方式获

---

① 人民教育出版社课程教材研究所生物课程教材研究开发中心.普通高中教科书教师教学用书 生物学选择性必修1 稳态与调节[M].北京:人民教育出版社,2020.

得的,建构过程通过四个环节来实现。

环节一:初步认识细胞核在胚胎移植中的作用

问题探讨:克隆牛的性状与提供细胞核的母牛的性状保持一致。

获得初步概念:克隆牛的性状是由细胞核决定的。

环节二:思考·讨论　细胞核有什么功能

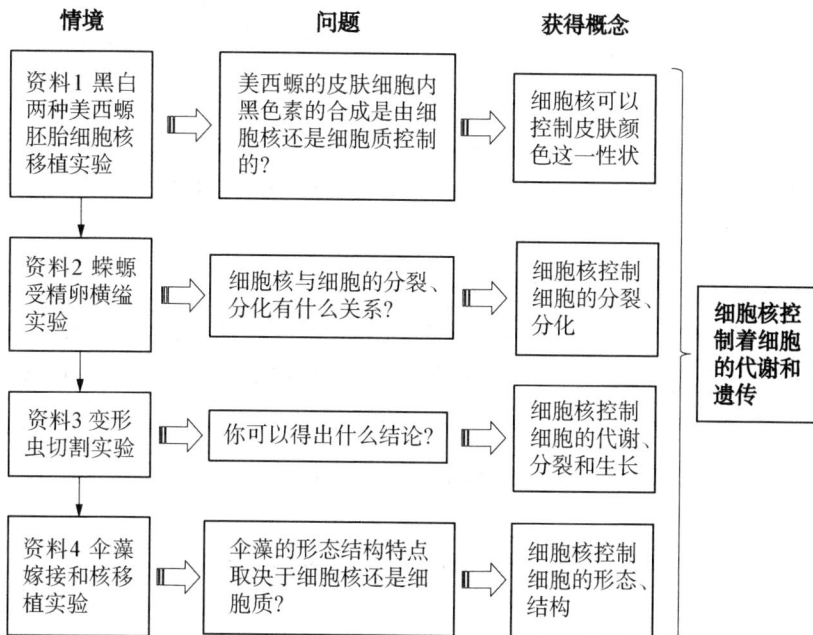

通过上述两个环节的讨论和学习,可以建构重要概念:细胞核控制着细胞的代谢和遗传。建构的基本思路:通过对每个资料进行分析,经过抽象或概括形成概念,将形成的四个次级概念再进一步概括形成重要概念。

再进一步提出问题:细胞核为什么能成为细胞的"控制中心"呢?

环节三:从结构特点上认识细胞核的功能

展示细胞核的结构模式图,认识细胞核的各个结构及其功能:核膜、核仁、染色质、核孔。阐明细胞核中有 DNA,DNA 与蛋白质紧密结合成染色质,染色质和染色体是同一物质在细胞不同时期的两种存在状态;DNA 上储存着遗传信息,可以从亲代细胞传递给子代细胞,保证了亲子代细胞在遗传性状上的一致性;遗传信息就像细胞生命活动的"蓝图",细胞依据这个"蓝图",进行物质合成、能量转化和信息交流,完成生长、发育、衰老和凋亡。在上述内容的基础上,最后再进行概括,形成细胞核功能较为全面的阐述:细胞核是遗传信息库,是细胞代谢和遗传的控制中心。

在完成第三个环节的过程中,形成了生命的物质观和结构决定功能的生命观念。

环节四:将概念转化为物理模型

本环节是应用概念制作真核细胞的三维结构模型。这一环节可以加深和巩固在环节三过程中建构的概念,同时这也是概念的应用过程,是概念建构的延伸和拓展。上述建构概念的基本模式:创设情境提出问题,由学生分析、思考和讨论,运用科学思维方法进行归纳、抽象或概括而形成概念。教材中大部分节的呈现体现了这一模式。

创设的情境可以是资料或实验,资料在大多数情况下是科学研究的发现或成果,实验是学生能够亲自完成的探究活动、实验的结论或探究的结论等,这些都是事实或证据,再由事实或证据进行逻辑推理形成概念,这种模式既是科学研究的模式,也是学习科学知识、获得概念的模式。在这个过程中,可以相应地培养或训练学生的科学思维和科学探究能力。

第三节　在建构概念中发展科学思维

在上一节中讲到了建构概念是教材内容的主要呈现形式,而且也谈到了建构概念的过程中要用到科学思维,本节通过具体的案例来阐述这一设计思想。

概念是思维的产物,科学思维是形成概念的工具和途径。教材建构概念的具体做法是:设计一系列的情境任务或活动,依据任务或活动提出相应的问题,引导学生思考、讨论,进行相应的分析、推理、判断,通过归纳、综合、抽象与概括等逻辑思维形成概念。图2-3反映了建构概念的一般思维模式。

例如,为了建立氨基酸的结构模型,教材安排了一个"氨基酸的结构特点"的"思考·讨论",引导学生通过分析和比较四种氨基酸的结构,进而归纳出"每种氨基酸至少都含有一个氨基和一个羧基,并且都有一个氨基和一个羧基连接在同一个碳原子上""各种氨基酸之间的区别在于R基的不同"的重要概念。在建构氨基酸结构概念的过程中,运用了比较、分析、归纳、综合和演绎的科学思维方法。

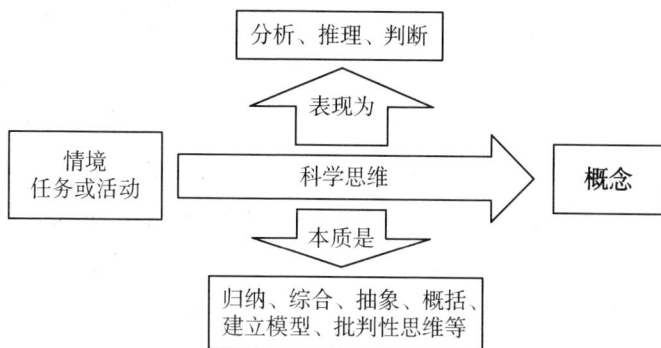

图2-3　建构概念的逻辑思维模式

　　概念的建构过程也体现了科学思维是认识事物内在规律及相互关系的一种方法,是基于科学事实建立模型的抽象与概括过程;是科学思维方法在科学研究和实践领域的具体运用。例如,在"对细胞膜成分的探索"的"思考·讨论"中提出了4个问题,分别反映了科学思维的不同侧面(表2-4),体现出科学思维的特征,一方面帮助学生学习和训练科学思维方法,培养科学思维品质;另一方面也帮助学生形成"细胞膜主要是由脂质和蛋白质组成的"重要概念。

表2-4　对细胞膜成分的探索过程中所需要的科学思维方法

问　　题	科学思维方法	科学思维的特征
1. 最初对细胞膜成分的认识,是通过对现象的推理分析,还是通过对膜成分的提取与检测?	比较、归纳	尊重事实和证据;严谨求实的态度;严密的逻辑推理
2. 根据磷脂分子的特点解释,为什么磷脂在空气—水界面上铺展成单分子层? 科学家是如何推导出"脂质在细胞膜中必然排列为连续的两层"这一结论的?	归纳、概括	
3. 磷脂分子在水中能自发地形成双分子层,你如何解释这一现象? 由此,你能否就细胞膜是由磷脂双分子层构成的原因作出分析?	类比、概括	
4. 如果将磷脂分子置于水—苯的混合溶剂中,磷脂分子将会如何分布?	抽象、演绎	

　　教材中重要概念的建构大致遵循"问题情境——科学思维——重要概念"的基本程序,这反映了学习是一个建构概念的过程,建构概念是一个科学思维

的过程。在早期建构概念的过程中,以学习和训练科学思维方法、培养思维品质为主;在后续建构概念的过程中,以运用科学思维方法、增强科学思维品质为主。例如,在《分子与细胞》模块教材第1章第1节《细胞是生命活动的基本单位》的"问题探讨"中,就以大熊猫吃冷箭竹为情境,提出让学生提供证据证明大熊猫和冷箭竹都是由细胞构成的,以及评价自己的证据是否正确。这一活动培养了学生"尊重事实和证据"的科学思维品质,同时学习了"分析和评估证据是否正确和充分"的科学思维方法。在学习细胞学说的形成过程中,让学生认识到归纳法是细胞学说建立的科学方法,归纳法是科学研究中常用的科学方法,在其后的习题中,鼓励学生自觉地将归纳法运用到日常生活和其他科学研究中。在第5章第4节《光合作用与能量转化》"探索光合作用原理的部分实验"的"思考·讨论"中,分别提出了4个问题,回答这些问题需要运用演绎、概括、归纳、综合等科学思维方法。

模块教材还特别设计了"思维训练"栏目,结合正文相关内容训练学生的科学思维品质和运用科学思维方法的能力。例如,《分子与细胞》模块教材设置了"运用证据和逻辑评价论点""运用模型作解释""分析数据"3个思维训练活动;《遗传与进化》模块教材设置了"设计实验方案""综合概括""提出假说""分析相关性"4个思维训练活动;《稳态与调节》模块教材设置了"推断假说与预期""验证假说,预测结果""评价实验设计和结论"3个思维训练活动。这些思维训练紧扣所学内容,也充分说明了思维能力的训练和提升离不开概念的道理。

第四节　重视科学探究活动

科学探究活动有两层教育意义:一是建构概念的重要途径,探究活动的结果和结论就是概念,这个概念的形成需要通过探究来建构;二是学习和训练科学方法、科学思维,培养创新精神和实践能力。

教材中的科学探究活动有两种呈现形式,一种以"思考·讨论"的形式呈现,该活动以科学史、科学研究的结果为主,以此为任务驱动,要求学生分析、讨论、交流和寻求答案。这类探究活动强调的是思维上的探究,有助于科学思维的训练和重要概念的形成,有助于对科学过程和本质的理解。例如,《分子与细胞》模块教材中"分析细胞学说建立的过程""对细胞膜成分的探索""关于酶本质的探索""探索光合作用原理的部分实验";《遗传与进化》模块教材中"DNA 结构模型的构建""证明 DNA 半保留复制的实验";《稳态与调节》模块教材中"促胰液素的发现""研究激素的方法";等等。

　　另一种是以学生操作为主的探究活动,主要以"探究·实践"的形式呈现,这类探究活动以提升学生的科学方法、操作技能为主,同时通过探究活动获得相应的重要概念。教材在落实课程标准的前提下,充分考虑探究实践本身的内容特点,以及教学的实际情况,对探究实践进行了优化。

　　下面以《分子与细胞》模块教材中的探究实践为例,介绍探究活动的设计思路。

一、调整探究实践的数量

　　删除了原教材中的 3 个探究实践:"观察 DNA 和 RNA 在细胞中的分布"(实验操作难度大,效果不理想)、"体验制备细胞膜的方法"(实验材料不易获得,操作难度大,效果不理想)、"细胞大小与物质运输的关系"(需要消耗大量实验材料,效果不理想);调整了 1 个探究实践:将"观察细胞中的叶绿体和线粒体"改为"用高倍显微镜观察叶绿体和细胞质的流动";增加了 1 个探究实践:"淀粉酶对淀粉和蔗糖的水解作用"。总体来看,全书共有 12 个探究实践,本模块教材的探究实践在数量上有所减少,但实验效果更加明显,更有利于课堂教学的开展。

二、对探究实践进行修改和完善

　　对保留的探究实践进行修改和完善,充分发挥其育人功能,是落实科学探究素养的重要举措。经对全国部分地区的生物学教师进行调查,收集各种意见和建议,以及进行可行性课题研究,对保留的探究实践在材料用具、方法步骤、结果呈现、问题讨论等方面进行了调整和修改。下面以"检测生物组织中的糖类、脂肪和蛋白质"为例予以说明。该探究实践的修改如下:(1)活动前增加了开设该探究实践理由的说明,即在探究实践前增加了一段"我们平常吃的食物也是如此。正因为不同食物中营养物质的种类和含量有很大差别,我们才需要在日常膳食中做到不同食物的合理搭配,以满足机体的营养需要。我们的食物来自各种生物组织。那么,怎样检测不同生物组织中的营养物质呢?通过下面的探究实践,你可以尝试检测不同生物组织中的糖类、脂肪和蛋白质";(2)删除了苏丹Ⅳ染液对脂肪的染色,减轻由于记忆而造成的学习负担;(3)在材料用具中删除了苹果匀浆、马铃薯匀浆,增加了葡萄匀浆、白萝卜匀浆、鸡蛋清稀释液,使实验材料更加适宜,实验效果更加明显;(4)完善了相关方法步骤;(5)增加了实验效果图,以利于学生对比观察,方便学生确认自己的实验结果是否正确,探究实践是否成功;(6)以对开排版的方式呈现,有利于学生阅读和学习。其他探究实践也围绕上述六个方面或多或少地进行了修改和完善。

三、增加科学方法的学习

科学探究中有一般的科学方法,也有专业性较强的科学方法,这些方法的学习和掌握,有利于学生自主地开展探究活动,提升其持续学习的能力。为了让常用的科学方法更加显性,引起学生的重视,教材特意在相关位置设置了"科学方法"栏目,有的还安排在探究实践中,结合学习内容让学生理解科学方法的作用和意义。这些栏目涉及的科学方法有归纳法、提出假说、分离细胞器的方法——差速离心法、同位素标记法、建构模型、控制变量和设计对照实验、对比实验等。

第五节 全面渗透社会责任意识

培养学生成为有社会责任意识的公民,是教育的首要目标。无论是从发展学生的生物学学科核心素养的角度看,还是从树立社会主义核心价值观、落实立德树人根本任务的角度看,全面系统地渗透社会责任意识,是生物学教材的必然做法。

教材分栏目、分内容,多方面地渗透了社会责任意识,在"科学家访谈"中,在正文中,在"与社会的联系"中,在相关阅读栏目中,都有意识地渗透了社会责任。

一、科学家访谈

"科学家访谈"是新教材的亮点之一,五本教材访谈的科学家分别是施一公院士、袁隆平院士、许智宏院士、方精云院士、杨焕明院士。这些院士都是各研究领域的杰出代表,所从事的科学研究与所取得的成果与各模块教材的主要内容有着密切联系。例如,施一公院士的主要研究是大分子复合物的结构与功能、细胞凋亡的分子机制等,与《分子与细胞》模块教材中蛋白质的结构与功能、细胞的凋亡等内容密切相关;袁隆平院士的主要研究是杂交水稻育种,与《遗传与进化》模块教材中的遗传学有着密切联系。科学家的研究成果和杰出贡献,以及他们的思想和言行,是青年学生学习的榜样,有利于建立家国情怀的社会责任。

"科学家访谈"最后有科学家对高中生的寄语,把访谈的落脚点放在了科学家对青年学子的希望上,提升了他们的社会责任。施一公院士的寄语是"人类社会能有今天的高度文明和现代化,靠的是科学技术的发展和进步!高中阶段的学习内容包含了人类几百年来科学研究的结晶,希望同学们沉下心来安心学习,打好基础,培养对科学的兴趣,做一个有梦想、有定力、有益于社会的人!"体现了科学家的家国情怀。袁隆平院士的寄语是一首诗:"山外青山楼外楼,自然探秘永无休。成功易使人陶醉,莫把百尺当尽头。"反映了科学家永不自满、勇于追求的科学精神。

二、正文内容

正文内容是呈现生物学知识的主体,一些正文内容所承载的知识内容与社会责任密切相关,正是培养社会责任的好材料。

《分子与细胞》模块教材中,将我国科学家 2017 年获得的世界上首例体细胞克隆猴"中中""华华"的事例写进教材正文,激发了学生的民族自豪感;结合细胞衰老和个体衰老的关系,介绍老年人的身体机能状况下降,渗透关爱老年人的社会责任意识等。

《遗传与进化》模块教材中,介绍了遗传咨询和产前诊断等手段对于有效预防遗传病的意义;讨论"基因检测的利与弊",分析恋人之间借助基因检测了解对方致病基因情况的做法是否合适等。

《稳态与调节》模块教材中,承载着大量的社会责任。例如,"分析滥用兴奋剂和吸食毒品的危害"的"思考·讨论",让学生认识到可卡因成瘾的机制及造成的危害,真正认同珍爱生命,远离毒品,向社会宣传滥用兴奋剂和吸食毒品的危害,是每个人应尽的责任和义务;对"负面情绪"进行分析及对抑郁症的阐述,说明积极建立和维系良好的人际关系、适量运动和调节压力的重要性;讲述艾滋病的主要传播途径及预防,倡导在日常生活中对待艾滋病病人应该少一份歧视,多一份关爱;"评述植物生长调节剂在生产中的应用"的"思考·讨论",要求学生分析滥用植物生长调节剂的危害;等等。

三、与社会的联系

为了加强社会责任的培养,教材设置了"与社会的联系"栏目,结合正文内容,集中渗透了健康生活、关爱他人、爱护环境的社会责任等。

以《分子与细胞》模块教材为例,表2-5反映了该模块教材"与社会的联系"栏目所渗透的社会责任。

表2-5 《分子与细胞》模块教材中"与社会的联系"栏目一览

栏 目 主 题	渗透的社会责任
采挖发菜,破坏环境	爱护环境
控制添加糖的摄入量	健康生活
吃熟食容易消化,消毒、灭菌的原理	健康生活
人工膜用于疾病的治疗	关爱他人
囊性纤维化的病因	关爱他人
痢疾内变形虫引发阿米巴痢疾	健康生活
酶解法生产葡萄糖	爱护环境
干细胞研究的新进展	健康生活
中国进入老龄化社会	关爱他人

其他模块教材中同样安排了不少"与社会的联系"栏目,这些栏目将社会责任的建立和培养显性化,以便教师更好地落实社会责任教育。

四、阅读栏目

生物科学技术的迅猛发展,对社会和经济的发展日益显现出巨大的推动作用,生物学教材要反映生物科学技术的发展,因此在一定程度上要体现生物科学发展的新成果和新进展。教材为此增加了反映生物科学新成果和新进展的介绍,突出了我国科学家的研究成果。因而教材体现了时代性,其教育意义具有鲜活性和现实性。

《分子与细胞》模块教材结合我国科学家将酿酒酵母的 16 条染色体合成为 1 条染色体的研究进展,介绍了我国科学家在"人工合成生命的探索"中的贡献;介绍了"世界上首例体细胞克隆猴的诞生",以此引导学生努力学习,培养他们的家国情怀等。

《遗传与进化》模块教材结合基因组的相关内容,介绍了我国科学家建立的"水稻功能基因组和育种信息数据库";我国科研人员在单细胞基因组测序中的贡献和应用;我国科学家在基因组编辑这个新兴领域创造的多项世界第一等。这些中国科学家的研究成果,可以激励学生增强民族自豪感,培养学生的自信,以及为国家发展作出贡献的情怀。

《稳态与调节》模块教材介绍了中国脑计划、中国在脑机接口研究中的贡献和进展、《中国遏制与防治艾滋病"十三五"行动计划》等,体现了科技的力量,展现了人文关怀,提升了学生的社会责任意识。

实际上教材中的每一章每一节都在系统地发展学生的生物学学科核心素养,而不是孤立地发展生命观念、科学思维、科学探究和社会责任中的某一方面。

不仅如此,教材开头的"科学家访谈"和章尾的"本章小结"也分别从整体上渗透和梳理了生物学学科核心素养的四个方面。例如,《分子与细胞》模块教材中的"科学家访谈",访问的是著名结构生物学家施一公院士。在这篇访谈中,施一公院士畅谈了他对生命观念、科学思维、科学探究、社会责任等方面的认识:"结构决定功能,这是所有物质科学的基本共识。从某种意义上来说,所有物质科学研究的目标都是理解结构,从而诠释功能和机理、找寻规律",渗透的是结构决定功能、结构与功能相适应的生命观念;"探索未知的科学研究尤其需要严密的逻辑……同时还要敢于挑战学术权威,因此必须有批判性的思维",渗透的是科学思维;"科学精神的本质就是求真,科学方法的训练使人拥有严密的逻辑和批判性的思维",渗透的是科学探究和科学思维;"追求个人价值的同时,在内心深处清楚而坚定地意识到自己对国家和民族义不容辞的责任,承担起中华民族实现强国梦之重任",渗透的是家国情怀的社会责任。引导学生认真阅读这篇访谈,会让学生对什么是生物学学科核心素养有比较鲜明的认识,会激发学生热爱生物学、学好生物学,成为国家栋梁之材,为国家富强而奋斗的希望和动力。

教材还在每章的"本章小结"中在发展学生的生物学学科核心素养方面进行了梳理,基本按照生命观念、科学思维、科学探究、社会责任的顺序进行总结,有利于学生学完本章后对照学习,并进一步提升。

第六节 在练习中考查和提升核心素养

习题是教学的重要组成部分。教材中的习题分为两部分,第一部分是"练习与应用",位于每节的节尾,用于巩固所学的重要概念,或者应用概念解决生产实践或生活中的实际问题;第二部分位于每章的章尾,以"复习与提高"的形式呈现,这部分习题以考查本章所学的重要概念为载体,以提升学生的生物学学科核心素养为目的。这两部分习题有着共同的特点:(1)注重巩固或考查对重要概念的理解;(2)注重生命观念、科学思维、科学探究和社会责任的考查和提升;(3)设计相应的情境,以情境为载体引导学生思考、分析和判断,从而解决实际问题。

"练习与应用"又分为"概念检测"和"拓展应用"两类习题。"概念检测"顾名思义,是对重要概念的理解和应用进行检测和提升而设置的习题,需要说明的是,对重要概念进行检测,不是检测对概念的死记硬背,因此,这类习题摒弃了直接判断概念内涵是否正确的判断题,而是设置新的情境,通过情境考查学生对概念的理解、掌握或应用,进而考查学生所形成的生命观念以及科学思维方法和能力。

下面以《分子与细胞》模块教材中的习题为例,说明习题的考查意图。

考查对概念的理解

例1 判断下列事实或证据是否支持细胞是生命活动的基本单位。

(1) 草履虫是单细胞生物,能进行运动和分裂。　　　　　　　(　　)

(2) 人体发育离不开细胞的分裂和分化。　　　　　　　　　　(　　)

(3) 离体的叶绿体在一定的条件下能释放氧气。　　　　　　　(　　)

（4）用手抓握物体需要一系列神经细胞和肌肉细胞的协调配合。（　　）

本题考查对"细胞是生命活动的基本单位"的理解，4 道小题分别设置了 4 个不同的情境，要求学生根据自己对概念的理解来判断情境中的事实或证据是否支持概念，这种考查方式与直接考查对概念的识记完全不同。

考查对结构与功能观的理解

例 2　细胞膜的特性和功能是由其结构决定的。下列相关叙述中错误的是（　　）

A．细胞膜的脂质结构使溶于脂质的物质，容易通过细胞膜

B．由于磷脂双分子层内部是疏水的，因此水分子不能通过细胞膜

C．细胞膜的蛋白质分子有物质运输功能

D．细胞的生长现象不支持细胞膜的静态结构模型

细胞膜的特性和功能是一个重要概念。本题并没有直接考查细胞膜的特性和功能的具体内涵，而是要求在理解细胞膜结构的基础上，推测细胞膜的特性和功能，从而考查学生对"细胞膜的结构决定其特性和功能"的理解程度，考查的是生命观念——结构与功能观。

"拓展应用"是在理解概念的基础上，进一步考查对概念的应用能力。这类习题着重考查科学思维，包括对科学思维方法的运用、科学精神的理解，以及对社会责任的认同。

考查科学思维和社会责任

例 3　民间有一种"吃什么补什么"的说法，如吃鱼眼能明目，喝虎骨酒可以壮筋骨。请你运用本节所学的知识对这种说法作出评价。

本题综合考查科学思维和社会责任。从科学思维看，本题考查了基于生物学事实和证据运用科学思维方法，探讨、阐释生命现象及规律，审视或论证生物学社会议题的能力；从社会责任看，本题考查了"基于生物学的认识，参与个人与社会事务的讨论，作出理性解释和判断，解决生产生活问题的担当和能力"。

考查科学探究能力

例 4　柽柳是强耐盐植物，它的叶和嫩枝可以将吸收到植物体内的无机盐排出体外。柽柳的根部吸收无机盐离子是主动运输还是被动运输？如果要设计实验加以证明，请说出实验思路。

本题给出具体事例,要求学生先结合已有的背景知识,分析柽柳根部吸收无机盐离子的方式,然后再设计实验方案,确认分析结果是否正确。本题考查了学生分析问题和解决问题的科学探究能力。

"复习与提高"是学完一章后所设置的习题,是对每一章主要知识内容的复习,并进一步提升关键能力和形成必备品格。习题按照高考题型设为"选择题"和"非选择题"。选择题主要考查对重要概念的理解和应用能力,渗透生命观念的考查;非选择题的题型多样,主要考查基于重要概念进行科学思维、解释新情境中的问题的能力(例5),以及渗透和培养社会责任意识和能力(例6)。

考查和提升对概念的理解和应用能力

例5 某同学在烈日下参加足球比赛时突然晕倒,医生根据情况判断,立即给他做静脉滴注处理。请推测,这种情况下最合理的注射液应该是 (　　)

A. 生理盐水　　　　　　　　　　　　B. 氨基酸溶液

C. 葡萄糖溶液　　　　　　　　　　　D. 葡萄糖生理盐水

考查和提升保护环境的社会责任意识

例6 有人认为:化石燃料开采和使用能升高大气CO_2浓度,这有利于提高作物光合作用速率,对农业生产是有好处的。因此,没有必要限制化石燃料使用,世界主要国家之间也没有必要签署碳减排协议。请查找资料,对此观点作简要评述。

有关生物学学科核心素养的评价在本书第三篇中有详细论述,本节只作简单说明。

第七节　创设真实的任务情境发展核心素养

教材从章引言到"复习与提高"中的习题,都在有意识、有目的地创设真实而恰当的情境,以帮助学生建构重要概念,发展生物学学科核心素养。

章首页由章引言、章题图和科学家名言(或诗歌)三部分组成,共同起到创设本章起始学习情境的作用。具体的设计思路是:章引言以科技新进展、日常生活或健康生活等激发学生阅读的兴趣,并提出相应的问题指向本章将要学习的重要内容和需要发展的核心素养;章题图指向本章将要学习的重要内容,激发学生进一步学习的兴趣;科学家名言直指学习本章内容的重要意义,凸显所学内容的价值,增加学生的先入印象。

《分子与细胞》模块教材第 1 章《走近细胞》的章首页,以"世界上首个体细胞克隆猴在我国诞生"的事例为情境,明确指出"人类已经在生物学研究中取得了巨大的成就,然而,许多未解之谜还得回到细胞中去寻找答案",再进一步提出 3 个层层递进的问题指向本章的重要内容。其他章的章首页也是如此,引言遵循"情境—问题—素养"的顺序。

"问题探讨"所创设的情境具有新颖性、趣味性和开放性,根据情境提出的问题相对宏观,不会具体到知识内容的细节,这样做的目的是激发兴趣、启迪思维,引导学生进一步学习。有的"问题探讨"中的情境旨在增强民族自豪感,体现"四个自信"。例如,大熊猫是我国的国宝,以大熊猫为情境,可以增强民族自豪感,增强保护大熊猫的责任意识;C919 大飞机的研制是我国的重大成果,以此为情境,可以增强民族自豪感,体现"道路自信"和"制度自信"。

"思考·讨论"是针对一些重要概念的建构而设置的栏目,建构概念一般遵循从事实中概括或抽象的过程。提供基本的事实或证据是思考、讨论的前提,这些基本的事实或证据一般来自科学研究的历史、科学研究的现象和结果、与生产生活密切相关的事实和材料。从事实或证据中提出相应的问题进行讨论和交流,再经科学思维形成重要概念。教材中一些重要概念都设置了相应的"思考·讨论",可以让学生在真实的情境中分析、思考、讨论,形成分析问题和解决问题的能力,培养其思维品质和意志品质,形成相应的生物学学科核心素养。

情境的创设还要尽量保持连贯性,让学生在连续递进的思维中逐步形成完整的概念。例如,《分子与细胞》模块教材第 1 章第 1 节《细胞是生命活动的基本单位》,以大熊猫和冷箭竹为问题情境引入学习内容,正文中又以大熊猫和冷箭竹为中心构建生命系统的结构层次,学习过程前后衔接,情境真实可信,建构的概念就会清晰并得到强化。再如,第 5 章第 3 节《细胞呼吸的原理和应用》以酵母菌发酵生产饮料添加剂和生产葡萄糖的操作不同为"问题探讨"引入学习内容,为正文学习细胞呼吸的方式做好铺垫,正文中安排了"探究酵母菌细胞呼吸的方式"的"探究·实践",让学生通过亲自探究认识到酵母菌能进行有氧呼吸和无氧呼吸,以及两种呼吸方式条件的差异;随后在讲解有氧

呼吸和无氧呼吸的具体过程中,明确了酵母菌的两种呼吸方式的产物不同,在
"细胞呼吸原理的应用"中,再以"利用麦芽、葡萄、粮食和酵母菌以及发酵罐
等,在控制通气的情况下,可以生产各种酒"为例,呼应了"问题探讨"中的问
题;本节的习题中还设计了将酵母菌破碎后进行离心处理的情境,让学生深入
理解酵母菌有氧呼吸和无氧呼吸的具体位置和生理过程。整节的情境创设连
贯、自然,而且逐渐加深并做到了前后呼应,让学生在建构概念的过程中强化
对概念的理解。

有关创设情境发展素养的讨论在本篇第三章中还有详细论述。

第二章

教学目标的确定

教学目标要指向学科核心素养,生物学科的教学要指向生物学学科核心素养。从三维目标转向核心素养目标,不是简单的文字上的转变,而是从教学思想、教学理念到教学行为上的真正转变。确定正确的教学目标,是保证课堂教学聚焦于发展核心素养的关键一步。

第一节 从三维目标到核心素养目标

一、三维目标和核心素养目标提出的背景

三维目标指的是"知识、能力和情感态度价值观"目标,即从知识、能力、情感态度价值观三个维度设计教学目标。

三维目标的确立是实施素质教育的要求。1999 年第三次全国教育工作会议对素质教育作出了最为明确的表述:"实施素质教育,就是全面贯彻党的教育方针,以提高国民素质为根本宗旨,以培养学生的创新精神和实践能力为重点,造就'有理想、有道德、有文化、有纪律'的、德智体美等全面发展的社会主义建设者和接班人。"从课程层面来看,就是"要改变过分强调学科体系,改变学科中心和知识中心的倾向,兼顾知识、能力和情感态度价值观"。三维目标清晰明确,很好地体现了素质教育的要求。

素质教育在生物学学科教育中的体现,就是要发展学生的生物科学素养。生物科学素养是指公民参加社会生活、经济活动、生产实践和个人决策所需的生物科学知识、探究能力以及相关的情感态度与价值观。它反映了一个人对生物科学领域中核心的基础内容的掌握和应用水平,以及在已有基础上不断

提高自身科学素养的能力。在生物科学素养中,明确地提到了在生物科学知识、探究能力和情感态度价值观三个层面上进行培养。

2012 年党的十八大提出,教育要把立德树人作为根本任务,教育部开始组织研制中国学生发展核心素养体系,解决"立什么德、树什么人"的问题。在这个基础上,各个学科都凝练了学科核心素养,使课程内容、教学和评价都聚焦于此,更加强调学科育人功能。2017 年党的十九大要求全面落实立德树人的根本任务,发展学生学科核心素养就是突出学科的育人功能,学科核心素养是学科育人价值的集中体现,是通过学科学习而逐步形成的正确价值观念、必备品格和关键能力。生物学学科核心素养包括生命观念、科学思维、科学探究和社会责任。发展学生的核心素养,教学目标要聚焦于核心素养,就应从学科核心素养的角度来设计教学目标。

二、三维目标与核心素养目标之间的关系

三维目标中的知识、能力、情感态度价值观目标并不是孤立的,而是存在很强的关联性,其形成的过程是一致的,即在学习过程中获取知识,掌握方法,形成能力,培养情感态度价值观。而核心素养要求学生应具备适应终身发展和社会发展需要的正确价值观念、必备品格和关键能力。这两者之间有什么关系呢?

从概念表述上看,三维目标与核心素养之间有一些差别,如三维目标有知识目标,而核心素养没有提到知识,是不是发展核心素养就不需要知识呢?当然不是,知识是形成能力、培养情感价值观的基础,没有知识,不可能表现出关键能力。例如,没有相应的科学知识,怎么能进行复杂的科学研究和科学发明创造呢?人的能力的发挥必须建立在一定的知识基础上,没有知识的能力,是一种低端的能力。可见,核心素养中的关键能力,对应的是三维目标中知识目标和能力目标的综合体;核心素养中的正确价值观念和必备品格对应的是三维目标中的情感态度价值观。

核心素养是三维目标的进一步地提升、提炼和有机整合。可以这样说,素养是素质的养成教育,强调素养是通过教育所形成的知识、能力、情感态度价值观的综合体现。

可以用下页的公式形象地表示素养与三维目标之间的关系。

$$素养＝（知识＋能力）^{态度}$$

我们可以从反例来说明素养与知识、能力、情感态度价值观之间的关系。例如，一个人如果没有知识，能力也不强，态度再怎么积极，也表现不出专业的素养水平；同样，知识和能力很强，但态度不积极，甚至是消极态度，所表现出的专业素养自然值得怀疑。这样的例子在当代社会表现得尤为明显，我们所从事的工作并不是单打独斗的，需要很多人的共同努力才能完成，这样就需要每个人表现出相应的素养水平。

按照三维目标的要求，围绕知识、能力和情感态度价值观设计和表述目标，在一定的教育条件下是有利的，因为在重知识和能力的教育环境下（如基础知识和基本技能等），把情感态度价值观独立呈现，有利于提醒广大教师在教学过程中，要重视情感态度价值观的培养和教育，在一定时期内有力地扭转了忽视情感态度价值观的不良倾向。在新的教育形式下，发展核心素养意味着仍然不能将知识、能力和情感态度价值观三者割裂，而应该有机整合。因为，学习是一个连续的过程，学习的内容也是一个整体，我们也很难将学习内容分割成知识内容、能力内容和情感态度价值观内容。

三维目标是一种将学习目标外显的表现，要求学生通过学习在知识、能力和情感态度价值观上达到目标，是素质的外在要求。而素养则是人的一种内在表现，是个体素质的内在秉性。教育的任务就是提升人的素养，引领人的发展，将外在要求转化为内在表现。因此，在发展学生核心素养的目标下，教学目标的设计由三维目标走向核心素养就成为必然。

第二节　基于生物学学科核心素养目标的设计

一、核心素养目标要准确体现教学的达成度

基于核心素养的目标应该是一个可以达成的，并且可以检测的结果，因此生物学课程标准中用"能够"或"能"来表示。例如，在"附录1　学科核心素养水平划分"中，对于生命观念，有这样的表述：能从分子与细胞水平认识生物体的结构与功能是相适应的，生物的适应性是长期进化的结果；对于科学思维，有这样的表述：能够认识到生物学概念都是基于科学事实经过论证形成

的,并能用这些概念解释简单的生命现象;在"附录2 教学与评价案例"中,有这样的表述:能用物质和能量的输入和输出平衡观点,认识具体生态系统的稳定性;等等。

"能够"或"能"体现了目标的可教、可学和可检测性,是合适的。但是,不是所有的素养都需要达到"能或能够"的程度,"能或能够"是一个终结性目标,而教学所形成的是一个过程性目标,每一节课的教学目标更是有限目标,是一个小阶段的任务,同时素养的形成也是一个逐步发展的过程,因此,只用"能或能够"来统领教学目标显然是不够的,也是不合适的。例如,生命观念的建立需要过程,不是一节课就能建立生命观念,生命观念的建立不是一蹴而就的,而是一个从量变到质变的过程。在第一篇第一节生命观念中已介绍了生命观念的内涵,一节课的教学只能达成生命观念的某一个内涵或者某一个层次,有时难以达到"能或能够"的程度。另外,"能或能够"窄化了生物学学科核心素养目标的达成度,也不足以表达全部生物学学科核心素养目标的达成度。

考虑到生物学学科核心素养目标达成的复杂性和可检测性,仍可采用2003年颁布的《普通高中生物课程标准(实验)》中的行为动词,以此来表达教学所要达到的目标程度(表2-6)。

表2-6　教学目标中使用的行为动词

目标领域	水平	水平内涵	行为动词
知识性目标	了解	再认或回忆知识;识别、辨认事实或证据;举出例子;描述对象的基本特征等	描述,简述,识别,列出,列举,说出,举例说出
	理解	把握内在逻辑联系;与已有知识建立联系;进行解释、推断、区分、扩展;提供证据;收集、整理信息等	说明,举例说明,概述,区别,解释,选出,收集,处理,阐明,比较
	应用	在新的情境中使用抽象的概念、原则;进行总结、推广;建立不同情境下的合理联系等	分析,得出,设计,拟定,应用,评价,撰写,总结
技能性目标	模仿	在原型示范和具体指导下完成操作	尝试,模仿
	独立操作	独立完成操作;进行调整和改进;与已有技能建立联系等	运用,使用,制作

续　表

目标领域	水平	水平内涵	行为动词
情感性 目标	经历(感受)	从事相关活动,建立感性认识	体验,参加,参与,交流,讨论
	反应(认同)	在经历基础上表达感受、态度和价值判断;做出相应反应等	关注,认同,拒绝
	领悟(内化)	具有稳定态度、一致行为和个性化的价值观念等	确立,形成,养成

上表中的行为动词分为三个层面:知识性目标、技能性目标和情感性目标。基本囊括了生物学核心素养的四个方面。行为动词的最大优点是能够确定素养所达成目标的准确度,如知识性目标中理解水平的行为动词有说明、举例说明、概述、区别、解释、选出、收集、处理、阐明、比较。这些动词能让教师明确教学目标的达成度。

二、核心素养目标要体现主体的行为过程

教学目标的达成度实际上是学生学习完成后所能达到的程度,即学生通过学习所要达到的学习结果。可见,教学目标达成度的主体是学生。

下面是一位老师写的《细胞膜的结构和功能》一节的教学目标。

> 1. 简述细胞膜的成分和功能,认同细胞膜作为系统的边界,对于细胞这个生命系统的重要意义。
> 2. 阐明流动镶嵌模型的基本内容,认同生物体结构与功能相统一的观点。

这个教学目标是有了行为结果,但行为结果是怎样达成的呢? 即学生通过什么方式、方法和活动达成这一结果呢? 基于活动设计越明确、越具体,达成结果的逻辑性、必然性越强,所达成的结果就会越符合预设。因此,教学目标的设计与表述中需要写清楚产生结果的行为过程,即通过什么方法和活动来达成行为结果。具体来说,教学目标应包含:行为主体、行为活动和行为结

果三个部分。

行为主体

教学目标是评价学生的学习结果有没有达到的依据,而不是评价教师有没有完成某一项工作的依据。[①] 因此,教学目标的主体必须是学生,从学生的角度出发,体现行为结果的典型特征。例如,"通过比较不同氨基酸的结构,求同归纳得出氨基酸的结构通式与特点",谁来"通过比较"? 谁来"求同归纳"? 当然是学生,学生是行为主体。正是因为明确了学生行为主体的特征,因此,在教学目标中可以省略行为主体"学生"不写。

行为活动

行为活动是指主体所表现出来的行为和活动,如上文中提到的"比较""求同归纳"活动,就是行为活动。行为活动通常用行为动词表示,行为动词界定了行为活动的具体方式、深入程度和活动范围。行为活动在教学目标中处于重要地位,它既指明了学生的学习行为,也指明了教师的教学行为,让教学更加精确,让学习更加有效。

行为结果

行为结果也称为表现程度,是学生通过行为活动所表现出来的学习结果,即所能达到的学习效果。如"得出氨基酸的结构通式与特点",就是行为结果。行为结果要与行为活动的表现相一致和相适应,切不可有意夸大行为结果,也不可对行为结果的要求模糊不清,如"通过比较不同氨基酸的结构,建立氨基酸的结构与功能相适应的生命观念",仅仅通过比较不同氨基酸的结构,是不可能建立结构与功能相适应的生命观念的,这里显然是夸大了行为结果。正是因为明确了行为活动,才能够合理预期学生的行为结果。

教学目标的行为主体是学生,行为活动与行为结果之间具有适切性和一致性,所以在设定教学目标时,三者应该和谐统一。

下页是《蛋白质是生命活动的主要承担者》一节的教学目标,较好地体现了行为主体的行为活动和行为结果。

---

① 崔允漷.教学目标——不该被遗忘的教学起点[J].人民教育,2004(14):18.

蛋白质是生命活动的主要承担者

1. 通过比较不同氨基酸的结构,求同归纳得出氨基酸的结构通式与特点。

2. 通过模拟活动和模型建构等活动,说明肽键的形成过程,阐明在大多数生物体内组成蛋白质的氨基酸有 21 种。

3. 通过讨论蛋白质结构多样性与功能多样性的关系,尝试解释蛋白质的结构与功能相适应,认同细胞的功能主要由蛋白质完成。

4. 通过讨论"手术缝合线""大头娃娃"等议题,认同蛋白质与人体的营养、健康等存在紧密联系。

教学目标的设计直接反映教师的教学行为,进而表现出学生的学习行为(见下图),因此,设计清楚准确的教学目标是有效教学的前提,也是课堂教学中发展学生生物学学科核心素养的关键。

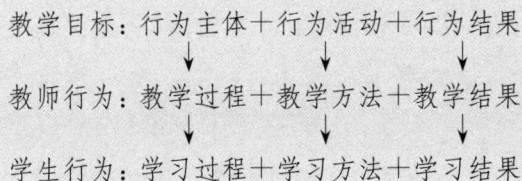

教学目标:行为主体＋行为活动＋行为结果
教师行为:教学过程＋教学方法＋教学结果
学生行为:学习过程＋学习方法＋学习结果

三、设计教学目标应遵循的基本原则

明确教学目标的构成及表述方式后,在设计教学目标时,还应遵循以下原则。

素养达成的具体性

素养往往是高度抽象后的产物,生物学学科核心素养有生命观念、科学思维、科学探究和社会责任,这些素养都有具体的内涵,不能仅仅通过一个具体的教学行为,就能帮助学生建立生命观念,也不能泛泛而谈培养学生的科学思维,更不能强行让学生树立社会责任意识。素养达成的具体性不能仅仅用四个名词要求生物学学科核心素养的达成,而是有着丰富而具体的内涵。

素养达成的渐进性

设计和确定教学目标时,有些教师往往表现出生搬硬套的设计模式。如将生命观念、科学思维、科学探究、社会责任四个方面一一呈现,样样齐全,而且无限拔高。

下面是一位生物教师设计的《细胞中的元素和化合物》一节的教学目标。

细胞中的元素和化合物

1. 通过比较构成细胞与非生命物质的元素种类与含量,**认识到**细胞和生物体的各种生命活动都有其物质基础,**形成生命观念**。

2. 通过比较组成不同细胞的元素种类及含量,归纳组成细胞的主要元素,**认识到**生命的物质基础具有统一性和特殊性,**提升科学思维**。

3. 能够运用"检测生物组织中的糖类、脂肪和蛋白质"的技能来探究不同生物组织中糖类、脂肪和蛋白质含量的差异性,**提升科学探究**。

4. 能够运用本节所掌握的知识技能对有关生物学热点问题进行理性判断,如合理膳食、食品安全,养成健康文明的生活方式,**承担一定的社会责任**。

第 1 条中,"认识到细胞和生物体的各种生命活动都有其物质基础,形成生命观念",认识有深有浅,认识到什么程度? 是了解水平、理解水平还是掌握水平? 教学目标中用"认识"一词会使预期的目标模糊不清,导致无法判断所运用的教学策略、方法是否得当,难以判断是否达成预期的目标;用"形成生命观念"表述预期的目标,因高度概括导致预期的目标模糊不清,生命观念有着丰富的内涵,包括生命的物质观、结构与功能观、物质与能量观等,到底是形成什么样的生命观念? 第 2 条中的"提升科学思维",第 3 条中的"提升科学探究",第 4 条中的"承担一定的社会责任",表面看起来是指向生物学学科核心素养,但既大又空,没有具体的内涵,好像通过这一节课就能达到全面发展学生生物学学科核心素养的目的,这样的目标难以具体实施,谈不上教学的有效性。

素养的形成是一个循序渐进的过程。例如,生命观念中的结构与功能观,应该随着教学的进度,预期目标依次表现为:初步形成、进一步形成、形成、运用,这样逐层深入的过程,同时也体现了学习不断深入的过程。

下面的教学目标就很好地体现了素养形成的渐进性。

细胞的能量"货币"ATP

1. 依据 ATP 的分子简式说出 ATP 的化学组成和特点,**进一步形成结构与功能观**。

2. 根据 ATP 与 ADP 的相互转化及其对细胞生命活动的意义,**初步形成稳态与平衡观**。

3. 通过理解 ATP 的作用和分布的相关内容,**初步形成物质与能量观**;认同 ATP 在各类生物中都起着能量"货币"的作用,可作为生物具有共同起源的证据。

在确定科学思维目标时,一定要清楚界定科学思维的特征、科学思维的方法,在教学时,让科学思维清晰化,是运用科学思维的哪种形式,还是运用科学思维的哪种方法,都要条理清晰。在确定科学探究目标时,一定不要空谈科学探究这一专有名词,要有科学探究的具体内容,是科学探究的哪种方法,是科学探究哪方面的能力,还是科学探究的哪种精神,也都要一一具体化。设计教学目标时还应注意,科学探究与科学思维一般不可分离。不能随意拔高社会责任目标,要与所学的知识内容很好地结合在一起,注重社会责任建立的逻辑性,体现具体的"有限"责任。

素养达成的多样性

生物学学科核心素养除了生命观念、科学思维、科学探究、社会责任,还有其他内容,如科学本质观。下页的教学目标就体现了科学本质观。

酶的作用和本质

1. 通过对酶催化作用具体实例的讨论，说明酶在细胞代谢中的作用。

2. 通过阅读分析"关于酶本质的探索"的资料，阐明绝大多数酶的化学本质是蛋白质的事实，认同科学是在不断的探索和争论中前进的。（**科学本质观**）

3. 通过"比较过氧化氢在不同条件下的分解"实验，学会控制自变量，观察和检测因变量，以及尝试设置对照组和重复实验。

概念的建构也是生物学学科核心素养的重要组成部分，切不可以为教学目标只能指向生命观念、科学思维、科学探究和社会责任。对概念的理解和应用是形成生命观念的重要基础，建构概念是教学目标的重要内容之一。几乎在每一节的教学中，都离不开概念的建构，有些节中可能全部进行的都是概念建构的教学。

细胞的增殖

1. 通过举例说明生命活动与细胞增殖的关系，认同细胞增殖是生物体生长、发育、繁殖、遗传的基础。（**概念**）

2. 通过观察分析细胞有丝分裂的显微图像和模式图，概述细胞有丝分裂各时期的主要特征，阐明细胞周期的概念。（**概念**）

3. 通过识图比较，区别动植物细胞有丝分裂的异同点，阐明有丝分裂对保证亲子代细胞遗传物质一致性的重要意义。（**概念**）

4. 通过制作根尖分生区组织细胞有丝分裂的临时装片，并观察处于细胞周期不同阶段的植物细胞，提升临时装片制作和显微镜操作技能。（**科学探究**）

教学不是对单一素养的培养,社会责任的形成离不开生命观念的建立,也离不开科学思维;科学思维与科学探究密不可分。因此,在目标设计中,不能也不可能只专注于单一素养,更多地是将多种素养结合起来进行培养,但培养素养的侧重点可能有所不同。

细胞的衰老和死亡

1. 通过观察图片和阅读资料,分别说出细胞衰老在形态、结构和生理功能等方面的特征,理解细胞衰老可能的机制,认同细胞衰老是一种自然的生理过程。(**生命观念**)

2. 以结构与功能观等生命观念为指导,从分子和细胞水平解释老年人出现与衰老有关的外貌特征和生理变化的原因,辩证地说明个体衰老和细胞衰老的关系。结合自身经历感受,分析人口老龄化的社会现状及其带来的问题,讨论可能的解决方法以及自身力所能及的实际行动,形成关爱老年人的情感和社会责任意识。(**生命观念+社会责任**)

3. 通过观察图片和阅读资料,比较细胞凋亡和坏死两种细胞死亡方式的区别。说出细胞凋亡发生的时期和生理意义,理解细胞凋亡是一种由基因严格控制的自然生理过程。探讨细胞衰老和死亡与人体健康的关系。(**生命观念+社会责任**)

素养达成的生成性

教学目标作为预期结果,具有很强的主观性,尽管教学目标的设计依据课程标准和教材,也对学生的情况进行了分析,但这些主观性的教学目标也很难满足全部的教学对象,同时学生之间也存在个体差异,再好的教学目标也难以达到精准。因此,在实际的课堂教学中,要根据学生的反应适时适当调整教学目标,适时生成素养目标,是非常重要的。

第三章

情境的作用和类型

发展核心素养为什么需要创设情境？如何在生物学教学活动中选择恰当的情境？在运用情境教学时需要注意哪些问题？本章将就这些问题展开讨论。

第一节　情境在发展核心素养中的作用

核心素养是指在相对复杂的情境中所表现出来的正确价值观念、必备品格和关键能力。学生在面对复杂的社会生活、生产实践时，能提出问题、分析问题，并用正确的方法、方式解决问题，以及在解决问题的过程中表现出与他人交流、沟通和合作的能力，即学生现在或将来走上社会后，会用正确的方式做人和做事。强调选择真实情境，就是要促进学生"在真实情境中解决真实的问题，促进学生真实地发展"。

一、真实情境的重要作用

为什么要强调真实情境的重要性呢？因为真实的情境能够培养学生的核心素养，也能考查学生的核心素养。例如，学习开车就是一个形象的事例。一个人要拿到机动车驾照必须经过三关，第一关是驾驶知识和理论的学习，这就是科目一的学习内容，可以通过自学和计算机考试答题通过；第二关是驾驶技能的训练，即在专门的训练场地进行开车练习，这就是科目二的学习内容；第三关是在真实的道路上开车练习，因为真实的道路上有车辆，有红绿灯，也有行人，在这种真实的环境中开车，除了训练驾驶人开车的技能、提升开车的能力外,还可以培养他对生命的尊重。只有通过这三关的学习,才可以提升驾驶素养。在这三关中,最后一关的学习和训练才能真正提升其驾驶素养。试想一下,如果只是在一个相对封闭的环境中开车,即使开得非常熟练,也不能说他具有驾驶素养,因为在封闭的环境中无论开得多么熟练,都只是一种驾驶技能,这种驾驶技能在面对真实而多变的道路环境(人、车、红绿灯、突发情况等)时,简单的技能就不能及时转化为能力,关键驾驶能力的形成需要在真实的环境中,通过开车练习才能做到珍爱生命、礼让行人。

发展学生的学科核心素养也是如此,靠讲解知识是无法真正地发展核心素养的。核心素养中最重要的是关键能力,而关键能力必须在真实的情境中,通过学生的思考、分析和探究等活动才能得到发展。

德国有一位学者做过这样一个比喻:将 15 克盐放在你的面前,无论如何你难以下咽,但将这 15 克盐放入一碗美味的汤肴中,就在你享用佳肴时,轻而易举地将这 15 克盐全部吞咽。[①] 教学情境和知识的关系就像汤和盐的关系。盐需要溶入汤中才能被吸收,而知识则需要融入情境之中,才能显示出活力和美感。因此,创设真实情境的目的,就是希望学生能够从复杂的现实情境中去获取知识,能够整理和概括信息。通过情境,让学习与生活联系起来,以生动有趣的情境来引起学生学习的兴趣,从而让学生感受到学习的快乐。

二、虚拟情境和真实情境

情境有虚拟情境和真实情境之分。虚拟情境主要是指人脑想象和抽象出的一个有典型性的状态、人物(事物)关系、场面、场景、氛围等,主要借助虚拟现实技术得以表现和传播,如电影、动画、游戏等。

虚拟情境在教学中起着重要作用,如微课、动画、电影、虚拟现实,都可以创设相应的情境。教学过程中创设虚拟情境,可以在一定程度上激发学生学习的兴趣,发展学生的学科核心素养。例如,在《基因指导蛋白质的合成》一节的教学中,某教师创设了如下的虚拟情境。

教师播放美国科幻电影《侏罗纪公园》的片段,呈现电影中巨大的霸王龙、

---

① 余文森.有效教学十讲[M].上海:华东师范大学出版社,2019:85.

飞翔的翼龙等各种各样的恐龙,并介绍说这些复活的恐龙是科学家利用提取的恐龙DNA还原而来的。由此,让学生讨论,从原理上分析,利用已灭绝生物的DNA,真的能够使它们复活吗?

微课和动画在教学中可以给学生新鲜的刺激,微课的内容和方式灵活,可以创设一些虚拟情境;动画能融合语言和图片,给学生更直观的刺激。这些虚拟情境用得好,一样可以发展学生的学科核心素养。

真实情境贵在真实,可以来源于学生的生活、学习和实践,也可以来源于科学实验和科学探究,还可以来源于科学史,真实情境因其真实性更能激发学生学习的兴趣。教学中要更多地创设真实情境,如驾驶素养的形成,如果只是通过虚拟的情境开车练习,显然是学不会在实际道路上开车的,更谈不上什么驾驶素养。

通过下面这个具体的事例,可以帮助判断真实情境在发展素养中的重要作用。

情境展示:某校学生在进行军训时,突然一位学生晕倒,脸色苍白,老师和同学十分紧张,将该同学送到医务室。医生看过之后,不慌不忙地给该同学喝了一些浓糖水,过了一会儿,该同学的症状得到了缓解。医生问他:"今天早上吃早饭了吗?"该同学回答说没有吃。医生追问:"为什么不吃早饭?"

教师提问:为何不吃早饭会出现低血糖症状?

上述情境看似是真实的,是因为提供了一个相对真实的学生经历——军训,也反映了学生在高强度军训时容易出现头晕、面色苍白等症状。这样的情境真的能激发学生的探究兴趣吗? 显然事与愿违,因为上述情境尽管立意是好的,但有过军训经历的学生显然认为是假情境。这是因为军训时,不可能因一次不吃早饭就发生晕倒,一般是因体质较弱、经受不起高强度的训练和高温环境(军训一般发生在8月底)才会发生晕倒;第二是对医生的描述过于神奇,不合逻辑。因此,读完这个情境,学生会产生一种不真实感,从而不会对教师的提问产生探究兴趣。

可以将上述情境改成如下叙述。

某学生经常不吃早饭,在一节体育课的跑步训练中突然晕倒,老师和同学十分紧张,将该同学紧急送往医院。医生询问情况并检查后给该同学静脉输注了葡萄糖溶液,过了一会儿,该学生的症状得到了缓解。

教师提问:为何经常不吃早饭会出现晕倒现象? 医生为什么给该同学静脉输注葡萄糖溶液?

情境的真实性会影响学生的认知观感。不真实的情境,特别是编造与学生的学习和生活不相符的情境,不仅起不到激发学生学习兴趣的目的,还会使学生对教师的教学能力和教学行为产生怀疑,更不要提由情境所产生的任务而激发的探究动力。

创设真实的情境要关注学生已有的认知。例如,在教学中,我们经常以SARS病毒引起的严重急性呼吸综合征(俗称非典型性肺炎)作为情境引导学生认识病毒的可怕,并要求学生讨论这种病毒是如何侵入人体的,是如何对人的呼吸系统造成破坏的? 是如何对社会造成影响的? 但事实上,从2003年发生"非典"到2020年已有17年时间,现在这批高中生的年龄在2003年只有两岁左右,根本感受不到非典暴发对社会的巨大影响,让他们去讨论这些陌生的问题,显然是不会激发兴趣的,也不会有深入的思维活动。相反,2020年1月暴发的新型冠状病毒肺炎,影响面极大,不少城市封城,要求居民居家隔离,这是学生亲身的经历,用这样的情境引入教学,引导学生讨论病毒的相关知识,显然是合适的。学生可根据已有的一些科普知识参与讨论,进而获得相应的概念和促进思维的发展。当然,随着时间的推移,新型冠状病毒肺炎的情境也可能过时,但无论是以"非典"还是新型冠状病毒肺炎为情境,都要补充相应的背景资料,再结合情境布置相关的任务,这样的情境才能发挥其良好的教学效果。

真实情境的要素

真实的情境一般包括四个要素:时间、地点、事件、问题。时间是指情境在什么时段发生的,时间让情境的发生具有真实感。地点是指情境在什么地方发生的,如孟德尔的豌豆杂交实验发生的地点是奥地利。事件是指发生了什么事情或情况,是情境的核心部分,特别是在科学研究的情境部分,介绍科学家的研究过程、研究方法和研究结论,是激发学生思考和讨论的关键环节。问题是指针对发生的事情或情况提出相应的问题或任务,以此引导学生进行思考和讨论,并开展相应的探究活动。

下页是胰岛素发现的情境。

1921 年 5 月,加拿大医生班廷和助手贝斯特在实验室进行了如下实验:①一只切除胰腺的狗出现了糖尿病的典型症状;②给狗注射胰腺提取液,几小时后狗从昏迷中苏醒过来,狗的尿液恢复至无糖,血糖也降至正常水平;③当停止注射胰腺提取液后,糖尿病症状再次出现。随后,反复的实验再次确认了胰腺提取液的疗效。问题:(1)为什么切除胰腺的狗会出现糖尿病的典型症状?(2)②和③两实验说明胰腺提取液中含有什么成分? 其作用是什么? (3)由上述实验,你得出的结论是什么?

上述情境包含了时间、地点、事件、问题四个要素。可以看出,事件和问题是情境中的关键环节,是体现情境的价值所在,由于问题能驱动学生思考和探究,因此,上述情境也可以称为问题情境。在实际教学中,创设问题情境时,不用将时间和地点都描述得十分清楚,以避免情境过于详细而显得啰嗦。下面的情境就省略了具体的时间和地点。

19 世纪末,科学界普遍认为,在光合作用中,CO_2 分子的 C 和 O 被分开,O_2 被释放,C 与 H_2O 结合成甲醛,然后甲醛分子缩合成糖。1928 年,科学家发现甲醛对植物有毒害作用,而且甲醛不能通过光合作用转化成糖。基于上述事实,你对 O_2 来源的可能性有什么初步判断?

创设情境需要注意以下几方面。

(1)教学情境必须针对教学目标、教学内容有针对性地创设,创设的教学情境必须与主题相关,最好与本节所学的重要概念联系起来,达到教学内容与教学情境的和谐统一。

(2)情境可以来源于学生的日常生活、社会生活和生产、科学进展或新闻报道等各个方面。情境应包括值得学生讨论的问题,即问题具有一定的思维含量,与学生已有的概念具有一定的冲突性。

(3)情境中的问题不宜过易或过难。容易的问题学生不感兴趣,难度过大的问题,学生又无从回答,感觉高不可攀。应在学生的"最近发展区"提出问题,才能促进学生最大限度地调动已有的相关知识来积极探究,找到新知识的"生长点",从而实现学生从"现有水平"向"未来发展水平"的迁移。

(4)情境中的事例要鲜明、突出,要具有一定的趣味性,能吸引学生的注意力和探究兴趣,能引发学生的思考,能调动学生为解决问题而形成一个合适的思维意向。有趣、真实、富有启发性是创设情境的重要特点。

第二节　生物学科中的情境类型

依据不同的标准可以将情境分成不同的类型。常用的分类依据是根据教学目标或情境的作用分类,也可以根据情境本身的特点分类。

一、根据教学目标或情境的作用分类

根据教学目标或情境的作用分类,可以将情境分为激发型、解释型和探究型。

(一) 激发型情境

激发型情境是指创设的情境可以达到激发学生学习兴趣的目的。这类情境可以是一个模型、一个故事、一个角色扮演活动,还可以是一段表演,只要活动能起到激发学生学习兴趣的作用,让学生更积极地参与到学习活动中,就达到了目的。

以恐龙复原的科普电影激发学生学习 DNA 的兴趣

恐龙曾经是地球上的霸主,统治地球大约 8 000 万年。恐龙的种类很多,体型和习性差异也大,其中最大的易碎双腔龙(图 2-4)体长可能超过 50 m,体重达 120 t;最小的恐龙近鸟龙(图 2-5)与家养的鸡大小差不多,体长在 35 cm 以下。就食性来说,有温顺的草食者和凶暴的肉食者,还有荤素都吃的杂食性恐龙。恐龙在 6 500 万年前白垩纪末突然全部消失,成为地球生物进化史上的一个谜,这个谜至今仍无人能解。美国科幻电影《侏罗纪公园》中描述了这样的情景,科学家利用提取的恐龙 DNA 还原出了各种各样的恐龙。从原

图 2-4　易碎双腔龙

图 2-5　近鸟龙

理上分析,利用已灭绝生物的DNA,真的能够使它们复活吗?

上述案例创设了一个学生特别感兴趣的情境:恐龙的复活。正是因为学生特别感兴趣,从而可以引导学生参与DNA的结构及功能的讨论和学习。

(二) 解释型情境

解释型情境是指创设的情境能够很好地帮助学生理解所学的知识、原理,有助于学生更好地达成教学目标。这类情境可以是一个模型、一个类比,还可以是一个科学实验。

以人的站立模型类比氨基酸的结构模型

在建立氨基酸的结构模型时,可以形象地把自己看作一个氨基酸模型,人立正站立,双手左右平伸,此时可以类比为:人的躯干是中心碳原子,一只手为氨基,另一只手为羧基,立正并拢的双腿为氢原子,而人的头部为R基;人的两只手可以分开与其他人的手牵在一起,这就相当于氨基酸之间形成的肽键;人与人之间的不同,可以通过头部的脸型来快速识别判断,同样类比氨基酸之间的不同,主要是因为R基的不同,R基有简单和复杂之分,一般情况下具有简单R基的氨基酸为非必需氨基酸,具有复杂R基的氨基酸为必需氨基酸。

上述情境是将一个看不见的微观结构(氨基酸的结构)与一个熟知的看得见的模型(站立的人)进行类比,可以形象地描述氨基酸的结构模型,帮助学生理解氨基酸的结构特点。在教学中使用这类模型情境非常普遍,这类模型情境大多具有类比的特点,所类比的结构内容并不严谨,但能形象地反映所要解释的客观事物,帮助学生理解所要学习的概念。图2-6、图2-7所示的教具就能很好地反映解释型情境的作用。

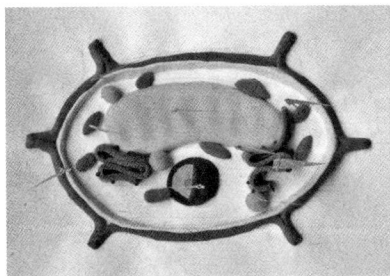

图2-6　细胞的结构模型

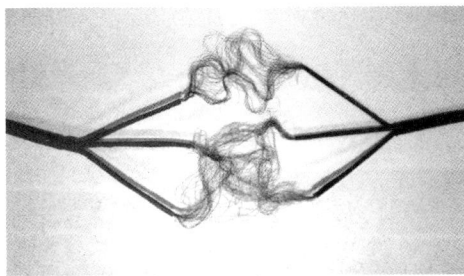

图2-7　血管类型及其联系模型

（三）探究型情境

探究型情境是指创设的情境可以引导学生开展探究活动。这样的情境可以是生活中的一个具体现象、一个探究实验，还可以是一个科学研究故事。探究型情境也能激发学生学习的兴趣，创设的情境可以引导学生深入思考，并激发学生开展探究活动。

例 1　呈现物质颜色反应的原理，引导学生开展探究活动

我们吃的食物多种多样，不同的食物含有的有机物及其含量各不相同，这些有机物主要有淀粉、葡萄糖、蛋白质和脂肪。淀粉遇碘可以变蓝；葡萄糖与斐林试剂发生反应（加热情况下）可以生成砖红色沉淀；蛋白质与双缩脲试剂发生反应可以生成紫色络合物；苏丹Ⅲ染液可以将脂肪染成红色。依据这些原理，你能对经常吃的一些食物，如米饭、馒头、豆浆、花生、梨、葡萄等进行检测，以确定这些食物中主要含有哪些有机物吗？

例 2　用科学家的研究发现激发学生开展探究活动

孟德尔在种植豌豆植株时，发现就子叶颜色和种子形状来看，包括两种类型：黄色圆粒型和绿色皱粒型。为什么黄色总是与圆粒结合在一起？绿色总是与皱粒结合在一起？能否通过杂交得到黄色皱粒和绿色圆粒的品种呢？

上述情境属于探究型情境。前者是通过对日常生活中食物成分的分析，引导学生检测食物中的主要成分，是实验操作类探究活动；后者是借助科学家的研究发现，引导学生开展思维上的探究。这些情境可以有效地激发学生的思考，并开展相应的实验与探究活动，从而在活动过程中发展学生的实验与探究能力。

激发型、解释型和探究型情境是一个粗略的分类方法，它们之间并不是绝对分开的。我们在教学时，需要根据教学目标创设不同类型的情境为教学服务。

二、根据创设情境的选材来源分类

根据创设情境的选材来源分类，可将情境分为以日常生活创设情境、以社会问题创设情境、以科学家的故事或科学史创设情境等。

（一）以日常生活创设情境

日常生活是学生的亲身经历，结合学生日常生活中的现象和问题创设情境,能很好地激发学生学习的兴趣和主动探究的热情。

例1 以食物成分创设情境

在讲授"细胞中的化合物"时,可以展示学生日常吃的米饭、馒头、鸡蛋,让学生分析讨论这些食物中含有哪些成分。有些人认为不吃肉、少吃油腻的食物就能减肥,你认为这有道理吗?

例2 以生活现象创设情境

在讲授"物质进出细胞的方式"时,可以展示"将苋菜放在热水中,过一会儿水变红"的照片及事实,让学生讨论水变红的原因是什么。

例3 以血糖平衡创设情境

在讲授"血糖平衡的调节"时,比较刚吃完早饭后的血糖水平、临近中午没吃午饭时血糖水平的不同,探讨血糖含量稳定的原因。也可以长跑过程中的血糖变化为例,引导学生讨论长跑过程中虽然大量消耗葡萄糖,但不会导致血糖含量下降的原因。

以日常生活创设的情境,会让教学变得丰富而有趣味,引导学生运用已有的知识分析问题和解决问题,也体现了学以致用的思想,会让学习变得轻松和有趣。

(二) 以社会问题创设情境

关注社会问题正是落实培育社会责任的需要。从影响社会生产生活、社会成员的身体健康、社会协调发展的现象和问题中,选取与生物学有关的创设情境,其最大的特点是真实,真实而有价值的社会问题,最能激发学生学习的兴趣,驱动其产生解决这些问题的动力。以社会问题创设情境,正是体现了学习从社会中来、到社会中去的特点。

恶性肿瘤发病与死亡人数

在学习"健康的生活方式和防癌"时,可以创设如下情境。

(1) 根据国家癌症中心发布:2015年恶性肿瘤发病约392.9万人,死亡约233.8万人。平均每天超过1万人被确诊为癌症,每分钟有7.5人被确诊为癌症。与历史数据相比,癌症呈持续上升态势。近10多年来,恶性肿瘤发病率每年保持约3.9%的增幅,死亡率每年保持2.5%的增幅(图2-8)。

(2) 展示2015年中国城市和农村主要恶性肿瘤发病前十位的数据(表2-7),说明癌症已是影响中国居民健康的重大因素,然后让学生对比分析城市和

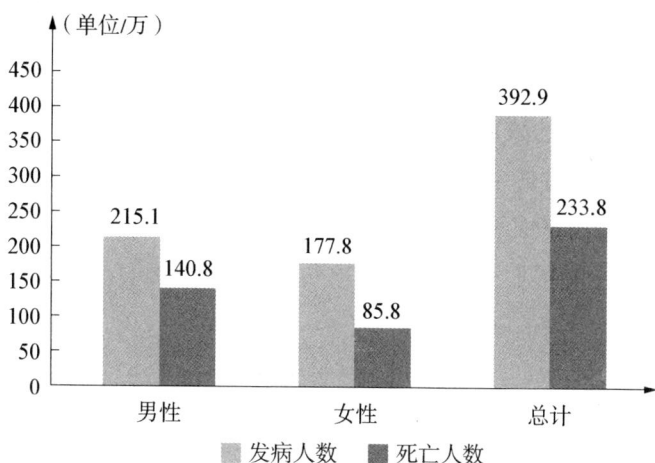

（单位/万）

图 2-8　2015 年恶性肿瘤发病与死亡人数

农村前十大恶性肿瘤的不同,试着讨论产生不同的原因,进而引导学生认识健康的生活方式与防癌的关系。

表 2-7　2015 年中国城市和农村主要恶性肿瘤发病前十位

	城市		农村	
	癌症	占比/%	癌症	占比/%
1	肺癌	19.56	乳腺癌	20.74
2	结直肠癌	10.97	肺癌	12.56
3	乳腺癌	8.80	结直肠癌	11.03
4	胃癌	8.72	甲状腺癌	9.38
5	肝癌	8.33	胃癌	8.18
6	甲状腺癌	6.42	子宫颈癌	6.34
7	食管癌	4.12	肝癌	3.17
8	子宫颈癌	2.68	食管癌	3.04
9	脑癌	2.64	子宫体癌	2.79
10	胰腺癌	2.55	脑癌	2.28

上述情境是通过癌症这一大众熟知的严重威胁人体健康的事例创设的,

用其作为导入,强烈吸引学生的注意力,激发学生探究癌症发生的原因以及增强治愈癌症的欲望,渗透关爱癌症病人的社会责任意识。

(三) 以科学家的故事或科学史创设情境

科学家的故事富含探索求真的科学精神,有着严谨求实的科学态度和严密的逻辑思维;生命科学史叙述生物科学的发展轨迹,除了有上述内涵,其本身也是科学知识,有独特的教育价值。下面的"胰岛素的发现"就是以科学家的故事或科学史创设的情境。

胰岛素的发现

糖尿病是一种慢性病,在我国发病率较高,统计数据显示,2019 年我国有 1.14 亿糖尿病患者。胰岛素是降血糖的重要激素,胰岛素是如何被发现的呢?

1889 年,德国医生胡思·梅林和俄国医生奥斯加·明科夫斯基,为了研究人体胰腺的消化功能,将一只狗的胰腺切除,结果那只被切除胰腺的狗竟然患上了糖尿病。两人敏锐地意识到,胰腺一定分泌了某种物质。而第一种动物激素——促胰液素在 1902 年才被发现,在 1889 年他们还不可能意识到胰腺一定分泌了某种激素,而糖尿病与胰腺之间必定存在某种关系,他们为此发表了论文。

30 多年后,加拿大安大略省一个小镇上的医生班廷看到论文后,非常感兴趣,他决心亲自提取胰岛的分泌物。由于小镇医院的条件非常有限,因此他准备去母校多伦多大学开展工作,那里的实验室设备先进、试剂齐全。班廷找到了他的老师麦克劳德教授。麦克劳德教授是一位不苟言笑的学者,他对解开这样一个世界医学难题毫无把握,因此婉言拒绝了班廷的要求。第二年暑假,班廷又跑到多伦多大学。这一次,麦克劳德教授碍于情面,勉强答应将实验室和一个学生研究助理贝斯特借他一个假期。班廷分析了同行失败的原因后,同贝斯特一起设计实验方案。为停止胰腺外分泌部分泌酶类,他们把胰腺里的胰管结扎,再提取胰岛的分泌物。时间一天天过去了,可实验并没有取得进展。班廷重新审查了实验设计方案和操作方法,发现了失败的原因:胰腺里的胰管结扎不紧,造成胰腺外分泌部仍在分泌酶,从而影响了提取工作。1921 年 7 月 27 日,当他把提取液注射到患有糖尿病的狗身上时,惊喜地发现狗的血液中含糖量迅速降低!他又用牛做了同样的实验,也取得了相同的结果。

这意味着确实提取到了胰岛分泌物。

等麦克劳德教授度假回来后，班廷激动地将他们取得的实验成果告诉了他。麦克劳德教授称赞班廷的实验做得巧、做得好，并表示要帮助班廷将实验进一步开展下去。1922 年 1 月 1 日，他们首次将提取出的胰岛分泌物注射到人的身上，一位年仅 14 岁的糖尿病患者接受了实验，之前他已濒临死亡，但是注射之后，他的健康状态得到了明显改善。班廷成功地提取胰岛分泌物的实验得到了医学界的承认，班廷把这种分泌物称为胰岛素。1923 年，班廷和麦克劳德教授获得了诺贝尔生理学或医学奖。

讨论：(1)德国医生胡思·梅林和俄国医生奥斯加·明科夫斯基认为胰腺一定分泌了某种物质，他们作出判断的依据是什么？(2)班廷发现胰岛素的原理是什么？(3)从班廷发现胰岛素的历程中，你得到了什么启示？

科学史是生物学的重要内容，是生物学必不可少的组成部分。在中学生物学的学习内容中，无论是细胞代谢、遗传，还是激素调节，都离不开生物学科学史，它们具有丰富的知识内容，也具有丰富的教育价值。

人教版生物学《遗传与进化》模块教材，就是以人类对基因的认识历程作为主线构建教材结构体系的。人类对基因的认识历程就是一部科学史，学生从这部科学史中，学到的不仅是遗传学知识，还有丰富的科学原理、科学方法和探索求真的科学精神以及促进社会进步的核心价值。

（四）以科学研究过程和结果创设情境

科学研究离不开科学方法、严密的逻辑思维，还有研究者严谨求实的科学态度、科学精神，这些都是学习的重要内容。重要的科学研究过程和结果有着丰富的内涵，可以科学研究过程、科学研究结果为素材创设情境。

例 1　DNA 的 转 录

1963 年马默和杜提采用侵染枯草杆菌的噬菌体 SP8(SP8 两条 DNA 链的碱基组成很不平均，其中一条链富含嘌呤，另一条链富含嘧啶，而且 mRNA 是由同一条 DNA 链转录而来的)为材料进行实验。噬菌体 DNA 的两条链在加热后可用密度梯度离心分开。实验者从被 SP8 侵染的枯草杆菌中分离出 RNA，分别与 DNA 的两条链混合并缓慢冷却。他们发现 SP8 侵染后形成的 RNA 只与其中一条 DNA 链形成 DNA - RNA 的杂合分子(图 2 - 9)。此实验说明，转录过程按照什么原则、以什么为模板合成 mRNA？

SP8 DNA

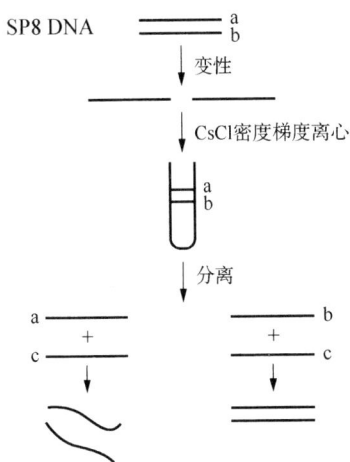

图 2-9 SP8 形成 DNA-RNA
杂合分子的过程

例 2 以科学研究结果创设情境

100 多年前一位名叫萨顿的科学家,在显微镜下观察蝗虫减数分裂过程中染色体的变化时,发现配子形成过程中染色体的行为与孟德尔提出的遗传因子(基因)的行为有很多相似之处(图 2-10)。即看得见的染色体的行为与看不见的遗传因子(基因)的行为之间有很大的关联性。同时他还发现蝗虫的染色体只有 24 条,但性状却远远大于 24 种,因而提出了假说。如果你是萨顿,你会根据上面的事实提出什么假说?

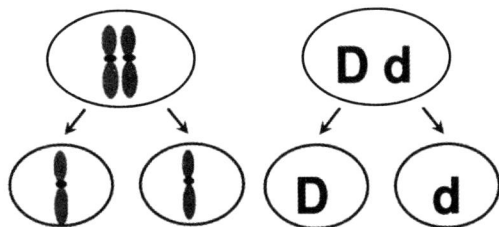

图 2-10 配子形成过程中染色体及遗传因子的分离

广义来看,生物学概念(包括原理、规律、定律)都是科学研究的结果,在呈现科学研究的结果之前,一般会呈现科学研究的过程。生物学教材中就有不少以科学家的研究过程和研究结果创设的情境。例如,《DNA 是主要的遗传物质》一节中呈现了三个实验:格里菲思的肺炎链球菌体内转化实验、艾弗里的肺炎链球菌体外转化实验、赫尔希和蔡斯的噬菌体侵染细菌实验;DNA 双螺旋结构模型的构建;促胰液素的发现;植物生长素的发现,等等。这样的情境更能引起学生的思考,激发学生的探究兴趣。

(五) 以科学实验创设情境

没有实验就没有生物学,更没有生物学技术的飞速发展。生物学中一些重要的理论、原理、规律、定律,无一不是建立在实验基础之上的,生物学实验体现了自然科学的共同特点。以科学实验创设的情境,可以激发学生的探究兴趣和探究动力，使其开展探究活动，从而促进科学探究素养的发展。科学实验一方面指科学家所做的实验，在（三）（四）中已涉及；另一方面是教师和学生所做的实验，如演示实验、学生实验等。例如，在学习《植物的激素调节》时，教师提前准备好一盆放在窗台向光生长的盆栽植物，让学生观察它的向光性，讨论植物向光性的原因。在学习《果酒和果醋的制作》时，可以提前酿好葡萄酒，在课堂上展示，以激发学生学习的兴趣。学生实验可以作为演示实验，由课外活动小组的同学提前做好，录好视频在教室展示。由学生亲自做的演示实验，具有很大的吸引力，实验过程中的步骤、方法、现象和结果，都能引发学生的思考和讨论。

（六）以图像、视频、动画和微课创设情境

利用现代化技术手段拍摄、搜集、剪辑、制作图像、视频、动画和微课等，以其为素材创设问题情境，把精心创设的情境展示给学生，可以打破时空限制，可以化抽象为直观、化微观为宏观、化静为动，是教师普遍使用的方法。例如，利用相关软件制作的细胞有丝分裂、减数分裂、DNA复制、蛋白质合成过程的动画课件，自己制作的微课，相关新闻报道或电影的视频片段，可以极大地吸引学生参与课堂教学。下面的情境可以采用视频、微课的形式展示给学生，这样做会比只是静态的、平面的呈现更能吸引学生的注意力。

孟加拉虎毛色的遗传

孟加拉虎的毛色由两种色素决定：真黑色素（黑色到褐色）和褐黑色素（红色到黄色）。普通老虎是黄色皮毛间隔以黑色条纹，因为其真黑色素和褐黑色素的合成都处于正常水平。如果这两种色素的合成受阻，那么老虎的毛色就会出现变化。白虎即因为褐黑色素的合成受阻，从而不能表现出普通的黄色皮毛而形成的。那么白虎的出现，从本质上看，是什么原因呢？

图2-11　孟加拉虎的毛色

微课本身就是一个情境，微课可用于学生自学、课堂教学，也可以用于网络教学。微课最大的优点是主题鲜明、重点突出、短小精悍、针对性强，可以在

短时间内激发学生学习的兴趣,引发学生的思考和讨论。

(七) 以学生的认知冲突创设情境

学生通过学习,头脑中已有一些前概念。前概念是指学生在未学习科学概念之前,就已通过经验或其他学习途径所获得的概念。学生建立的前概念中有很多是模糊不清的、不全面的,甚至是错误的或者不科学的,因为没有认识到生命世界的复杂性。例如,学生在初中阶段学习动物类群时,经常认为鲸是鱼,鳄鱼是爬行动物,海马是哺乳动物;龟和鳖在水中和陆地上都能生活,所以是两栖动物;鸟是能飞的,鸡不能飞,所以鸡不是鸟;蝙蝠能飞是鸟,不是哺乳动物,等等。在高中阶段的学习中,也会产生不少前概念,如认为细胞都有细胞核和各种细胞器,植物细胞都能进行光合作用,细胞核中只有DNA,遗传物质一定是DNA,等等。这些前概念在学生的头脑中具有一定的顽固性,即使学生学完相关的知识内容,也不一定能马上转变过来,变成科学概念。

研究表明,要真正改变学生的错误概念,首先是从根本上让学生认识到他头脑中所具有的概念是错误的、不科学的,这样他才有兴趣和动力去探究正确的概念。因此,创设问题情境引发学生的认知冲突,然后引导学生去探究正确的概念,是一种非常重要的教学策略。

香豌豆花色的遗传

有人将开红色花的香豌豆植株与开白色花的香豌豆植株进行杂交,子一代开的是红色花,再将子一代中开红色花的植株自交,子二代植株开的花有三种颜色,分别是红色、粉红色和白色。请问,香豌豆花色的遗传遵循基因的分离定律还是自由组合定律?如果不再继续做实验,怎样处理才能证明你的结论是正确的?如果再继续做实验,怎样实验才能证明你的结论是正确的?

上述情境呈现的事实与学生已有的经验冲突,这种认知冲突是按照孟德尔的豌豆杂交实验,红花和白花是一对相对性状,自然受一对等位基因控制,遵循基因的分离定律;子二代应该会开两种花:红花和白花,且红花和白花的比例为3:1,不应该出现粉红花。这种认知冲突强烈地激发了学生的兴趣和探究动力。

(八) 以中国传统文化创设情境

中国传统文化是中国的瑰宝。中华文化博大精深,是劳动人民勤劳和智慧的结晶,生物学中很多知识内容与中国传统文化联系密切,以此为素材创设情境,不仅可以激发学生探究的兴趣,还可以渗透中华优秀传统文化教育,帮助学生建立文化自信。

与生物学有关的传统文化可以分为以下几方面:谚语、俗语、诗词文化、饮食文化、劳动故事等。例如,用"龙生龙,凤生凤,老鼠的儿子会打洞"引入生物的遗传;用"一母生九子,连母十个样"引入生物的变异;用"春种一粒粟,秋收万颗子",引入种子的萌发;用"银烛秋光冷画屏,轻罗小扇扑流萤。天阶夜色凉如水,卧看牵牛织女星。"引入ATP的学习。茶文化是饮食文化的重要内容之一,学习《组成细胞的分子》时,可以这样导入:我国是茶的故乡,也是茶文化的发源地,人们普遍认为喝茶可以减肥,可以防癌,可以防治糖尿病等,你认为这有科学道理吗? 从而进入茶叶成分和作用的学习。劳动故事更是显示出古人的勤劳和智慧,学习《传统发酵技术的应用》一节时,可以这样导入:"葡萄美酒夜光杯,欲饮琵琶马上催。醉卧沙场君莫笑,古来征战几人回。"这是唐诗中提及的葡萄酒,教师此时拿出课前让学生酿制不同天数的葡萄酒,提问:葡萄酒是怎么制作出来的? 同样,腐乳是我国的传统美食,我们就从一个制作腐乳的传说故事开始学习如何制作腐乳。这样导入既以诗词文化,又以劳动故事为素材创设情境,学生既能学到传统发酵技术的知识,又能感受和传承我国的优秀传统文化。

腐乳的制作与微生物发酵

王致和进京赶考落第,受盘缠所困而滞留在京城。因他幼时在家做过豆腐,就以做豆腐生意谋生。同时他刻苦攻读,准备下次科考。盛夏的一天,王致和做出的豆腐没卖完,恐日久腐坏,就将豆腐切成四方小块,配上盐、花椒等佐料,放一缸中腌制。由于他一心攻读,竟淡忘了此事。秋凉后,王致和重操旧业,猛然间想起那小缸豆腐,连忙打开来看,不曾想臭味扑鼻,定神一看,豆腐已变成青色。扔了实在可惜,于是他大着胆子尝了一下,不料别具风味,遂送给邻里品尝,结果品者无不称奇。自此王致和臭豆腐声名鹊起。

为什么腐乳闻起来臭,吃起来香? 豆腐是怎样变成腐乳的? 你想尝试制作腐乳吗?

除上述列举的不同分类标准下的不同情境外,教学中还可以新闻事件创设情境,如公共卫生事件、环境污染和环境保护事件,甚至自身的生活行为,都可以成为好的情境。有一位教师在"血糖平衡的调节"的教学中,向学生展示了自身空腹时血糖浓度和餐后血糖浓度变化的(提前自身实验并测量)曲线,要求学生分析老师的血糖浓度的变化特点,讨论血糖含量保持平衡的原因,引导学生认识血糖平衡及调节的机制,进而理解生命的稳态与平衡特征,并在此基础上分析糖尿病的类型、症状、原因、防治措施,帮助学生认识到养成健康生活方式的重要意义。

第三节　情境教学中应注意的问题

一、建构重要概念需要创设情境

核心素养需要在相对复杂的情境中得以培养和发展,因此创设情境就成为指向发展学生核心素养教学的必然举措。当然,并不是所有的教学内容都需要创设情境。因为,首先从时间安排来看,如果所有的教学内容都需要创设情境,教学时间肯定不够,难以完成学期教学任务;第二,从知识内容的难易程度来看,基础的、简单的内容是不需要创设情境的,创设情境反而会将简单的问题复杂化,增加学生学习的难度和不必要的负担;第三,有些内容的情境创设,可能还会偏离教学目标。

下面的情境创设就没有必要,而且还偏离了教学目标。

为了探讨细胞不能无限长大的原因,有一位教师的教学过程如下。

一个"细胞大小与物质运输的关系"的模拟探究实验。要求学生通过探究细胞大小与物质运输效率之间的关系,用联想的方法将模拟实验的结果迁移至真实的细胞,思考物质运输的效率与细胞大小之间是什么关系。为什么细胞越大,物质运输的效率越低? 为什么物质运输的效率越低,细胞就不可能无限长大? 最后,综合分析细胞不能无限长大的原因。

"细胞为什么不能无限长大?"这个问题与"人的身高为什么不能无限长高?""人的脑袋为什么不能无限长大?""人的寿命为什么不能无限延长"等问题一样,是不需要让学生花过多时间和精力去探究的,因为它是自然规律,可以从遗传物质的控制、细胞骨架的支撑等方面说明,但不能仅仅以"物质运输的效率与细胞大小之间的关系"来说明细胞不能无限长大的原因。显然,创设这样的情境是没有必要的,也会浪费学生有限的学习时间。

学习概念是生物学课堂的重要内容，概念获得的主要方式是通过建构。一般认为，建构重要概念需要创设情境。

二、注意情境的连续性

情境的连续性是指创设的情境应尽可能地贯穿于整个教学活动中，这样一方面体现学习内容的内在逻辑和递进关系，另一方面可以让学生的学习具有连贯性，思维上具有连续性和递进性，有利于深度学习。

学生在课堂上学习的时间有限，而学习的内容又很多，要在有限的时间内达成学习目标，在需要创设情境的情况下有效地学习，显然多情境不如少情境，散情境不如专情境。专情境让学习如同读侦探小说一样，思维可以得到有效的发展。

在连续情境的创设过程中要注意几个问题：一是情境本身应具有丰富的内涵，情境单一不足以在后续的学习中再次利用；二是情境的出现顺序具有逻辑性，即学习相关内容需要时，相应的情境也会及时出现；三是连续的情境应结合学生已有的知识，使情境具有验证问题或解决问题的特性。

清华大学附属中学李琳老师在讲授《蛋白质是生命活动的主要承担者》这节课时，就以新教材中胶原蛋白的应用、功能和结构创设"大情境"，并贯穿整节课的教学，促进学生形成结构与功能相适应的观点。李老师创设了3个相关联的情境，这3个情境及其所要达成的目标有：（1）通过探讨胶原蛋白手术缝合线的特性及化学本质，引导学生认识蛋白质的功能及应用，感悟生物学的社会价值；（2）通过分析并归纳氨基酸的结构通式以及"组装胶原蛋白"的活动，概述蛋白质的一级结构到空间结构的组成，阐明蛋白质多样性的原因；（3）通过对胶原蛋白结构和功能的分析，阐明蛋白质的功能以其空间结构为基础，而空间结构又与组成它的氨基酸序列密切相关，从分子水平感悟结构与功能的关系。这3个相关联的情境保证了教学内容的完整性和逻辑思维的严谨性。

下面是3个情境的具体情况，在情境1和情境2中还有建构模型的内容，在此忽略。

情境1　认识手术缝合线（胶原蛋白）的蛋白质特性

教师陈述：有过外科手术经历的人往往看到疤痕就会想起当时的痛，而我们日益增长的美好生活需要正是希望医疗技术不仅能够治愈伤口,还能够抚平伤痕。这就需要一根优质的手术缝合线。

设问1 一根优质的手术缝合线应该具有哪些优良特性?(预期:细、可吸收。设计意图:从实际生活和医疗技术的发展引入话题,体现生物学在改变人类生活中承担的责任。)

学生回答:需要用一种可以被生物体吸收的材料。要细,又细又强韧。

教师点评:很好,我们需要缝合线足够细,使缝合痕迹尽量小,但又要足够强韧。如果可吸收就可以免去拆线的痛苦,还能够不留痕迹。(由于学生的回答比预期更全面,给予学生充分的肯定,并进行适度的解读,保证每个学生都能理解。)

设问2 借助你的生物学知识猜测,这样的手术缝合线可能是什么材质?(预期:蛋白质或其他成分。设计意图:看似开放的问题可以将学生引向"物质"这一话题,学生结合初中知识和章首节内容展开思考,比较多种化合物的结构和功能,借助生活中接触到的细长坚韧的蚕丝或蛛丝想到蛋白质这一成分。)

学生:纤维素或者蛋白质。

补充提问:可以帮他作出明确的选择吗?

学生:蛋白质,纤维素不能被生物体吸收。

教师点评:依据初中的知识,纤维素不能被人体吸收。

设问3 人体可以消化吸收的物质有很多,为何首先想到蛋白质?(预期:蛋白质在人体内含量高,功能多样。设计意图:引导学生思考蛋白质与其他物质的差异;从物质含量、可吸收性的角度解释即可。)

学生回答:蛋白质可以吸收,而且含量很高。

教师点评:除此以外,它的功能也是非常多样的。(之后列举并概括蛋白质的功能。)

设问4 经验证,这种手术缝合线的化学本质是胶原蛋白。为什么科学家会想到利用胶原蛋白生产手术缝合线?胶原蛋白为何能满足又细又强韧的特性呢?这就需要分析它结构上的特性。(设计意图:不需要学生给出答案,希望引导学生在解释物质的功能时能够从物质的结构入手,帮助建立分子水平上的结构与功能观。)

情境 2　认识胶原蛋白结构的多样性

设问 1　我们以胶原蛋白为例,假定胶原蛋白由 20 种氨基酸组成,若一条肽链含有 1 000 个左右的氨基酸,这条肽链的种类可以达到什么数量级?(设计意图:本问题难度不大,意在加深学生对模型的理解,并通过数量级扩大的直观感受体会蛋白质一级结构的多样性。)

学生回答:20 的 1 000 次方。

设问 2　这个数字呼应了蛋白质功能的多样性,总结:在氨基酸形成肽链的过程中,哪些因素为蛋白质种类的多样性提供了可能?(设计意图:基于以上问答,概括提炼,落实蛋白质一级结构多样性的原因。)

学生回答:氨基酸的 R 基有不同种类,氨基酸的数目不同,排列顺序不同,这些都会导致蛋白质的种类不同。

情境 3　再次认识胶原蛋白的特性,从而认识蛋白质的特性

设问 1　40 min 过去了,我们的胶原蛋白缝合线消化得怎么样了? 你预期会有什么现象?(预期:学生如果没有理性分析手术缝合线在体内需要保留一段时间以辅助组织愈合,就容易想当然地认为缝合线已经被消化。设计意图:回应导入中的设问,关注胶原蛋白缝合线是否可以被人体消化吸收,也可借此话题学习蛋白质的水解过程。创设认知冲突,加强对思维严谨性的训练。)

学生回答:没了或一半没了。

教师点评:请离得近的同学看一看,它还在吗? 不仅在,而且还和 40 min 前没什么差别。

设问 2　这是为什么呢?(预期:结合缝合线的使用需求,理解其消化是缓慢的。设计意图:看到与预期矛盾的实验现象,激发学生的好奇心,并引发理性思考。)

学生回答:温度不够。

点评和追问:(这个回答出乎笔者意料,但正是一个很值得讨论的话题,同时需要将此问题的答案引出。)很好,这是一个很关键的因素,因为酶的催化需要特定的温度。那么我们想象一下,如果这根缝合线被缝合在我的体内,经历了 40 min,它消失了会怎样?

学生回答:哦!(恍然大悟)

教师讲解：胶原蛋白缝合线的特性是它既能被消化又不能被太快消化，为了让大家能够直观地看到变化，我上周将一根缝合线放在蛋白酶液中，至今已经在 37 ℃保温 4 d，我们传送一下可以看到缝合线的两端开始水解，但并没有彻底消失。我查阅了资料，这根缝合线确实可以被消化吸收，但需要 1～2 周的时间。

设问 3　什么叫蛋白质的水解？我们并没有讲过水解过程，大家就已经用上这个概念了，因为我们已经学习了脱水缩合过程，自行生成了其逆过程——水解的概念。

任务 4　请帮我把你手中的"蛋白质""水解"为"氨基酸"，归还卡片。（学生能够很好地完成"水解"过程。）

第四章

教学策略和方法的运用

什么样的教学策略和方法可以达到发展核心素养的教学目标？本章介绍了建构概念、问题驱动、模型建构和实验探究等几种策略，与大家展开交流。

第一节　建构概念策略

重视重要概念的学习是课程标准的重要理念。重视重要概念的学习意味着需要帮助学生建构概念。所谓建构概念，是指重视概念在学生头脑中的形成过程，即概念的形成需要例证的支撑，需要运用科学方法进行归纳、综合，或者抽象、概括，并以此训练学生的思维能力，获得清晰完整概念的过程。建构概念的本质是习得概念和训练学生的思维能力。[①]

一、建构概念需要例证支撑

例证就是支撑概念的事例，任何一个生物学概念的形成，都需要丰富的事例来支撑。由大量事例支撑的概念才能让学生真正理解、掌握和应用。

从生物学概念教学的角度来看，帮助学生学习和形成概念一般有两种方法：例证法和建构法。

例证法就是先呈现概念，然后列举事例来证明或说明概念正确性的方法。例证法中的事例就是论据，而概念就是论点，例证的过程就是论证的过程，概

---

① 吴成军."建构生物学概念"的重要内涵[J].中学生物教学,2015(3)：4.

念是否成立必须依靠事例来支撑。

由例证法所形成的概念一般比较简单,学习目标的要求不高。生物教材中有不少一般概念是由例证法进行例证的。这种例证表现为教学方法就是讲授法,即由教师举例讲解所需要理解的概念,证明概念的正确性或对概念进行说明,通常的教学顺序是先呈现概念(实际上是概念的内涵),再列举事例证明或说明概念的正确性。例证法是一种比较简单的逻辑论证方式,不需要花费大量的时间进行教学。

对于一些重要概念来说,由于这些重要概念比较抽象,教学目标定位比较高,通常采用建构法,即先通过事例建立下位概念,然后再归纳、综合形成上位概念。从教学形式上看,是需要教师精心选择事例、设置事例,然后呈现事例(这些事例就是情境),提出与概念形成密切联系的梯度渐进的问题,组织学生积极参与讨论,再经过分析、推理、归纳、综合,并最终抽象和概括出相应的概念。

无论是例证法还是建构法,都需要教师提供典型的事例用来证明或说明概念的内涵,这是使用建构法的关键环节。例证不一定是直观的现象或事实性材料,也可以是实验、调查、模拟实验、模型建构等活动,从这些活动中得出的现象或结果也是论证概念成立的重要论据。因此,教材中的"资料分析""思考·讨论""探究·实践""调查"等活动栏目的设计,从建构概念的角度分析,都是提供典型例证的一种重要的活动方式。

二、建构概念需要运用多种科学方法

科学方法本身是一种科学知识,属于概念的范畴,科学方法从操作层面上分析,还是一种探究技能。在建构概念的过程中,既要用到一定的科学知识,还要用到一定的探究技能。

建构生物学概念离不开观察、实验、调查、比较、分类、归纳、演绎、分析与综合等多种科学方法。在这些科学方法中,观察、实验、调查是获取感性材料的科学方法,比较、分类、归纳、演绎、分析与综合等是对感性材料进行加工处理的科学方法,前者是后者的基础,后者的运用离不开前者的支持。

大多数生物学概念的形成需要用到观察法。观察法是其他科学方法的基础,在概念的建构中,观察法通常与分析、归纳、比较等其他科学方法结合起来。例如,观察植物细胞和动物细胞的结构模型,归纳出细胞结构的基本特点;观察两栖动物和爬行动物的外部形态和生理结构,比较它们的相同点和不同点,等等。

生物学中一些重要概念的形成离不开实验法。生物学是建立在实验基础上的科学,而实验是离不开观察、分析、比较、综合等科学方法的。实验中所呈现的事例、现象和结果是建构概念的重要证据。实验还能帮助学生养成实证的意识和习惯。

生物学中一些重要概念的形成还有其他一些重要的科学方法,如假说—演绎法、模型法等,前者是孟德尔发现基因的分离与自由组合定律不可缺少的重要方法,后者在构建 DNA 的双螺旋结构模型方面功不可没。

生物学中一些重要概念的形成和应用要运用多种科学方法。如教材在建构"细胞是生物体结构与生命活动的基本单位"这一重要概念的过程中,呈现了丰富的事例,在利用这些事例形成概念时,用到归纳的科学方法;在最终形成概念时,用到综合的科学方法;在应用概念的过程中,还要用到演绎的科学方法。

三、训练学生的思维能力是建构概念的重要任务

思维能力是能力体系的核心。思维能力一方面以科学知识为基础,在学习科学知识的过程中逐步得到训练和提升,另一方面又是学习科学知识必需的重要桥梁,是学生通过对科学知识的内化、概括化或类化等智力活动形成的比较稳固的心理特征。

在建构概念的过程中,思维能力与科学方法是统一的,建构概念时要运用多种科学方法,这些科学方法也是人类思维能力的体现,即"想和做"的一致。"想"是科学方法与思维能力的结合体,"做"是科学方法与操作技能的统一体。概念的建构既是运用科学方法的结果,也是人类思维能力的体现。

思维的分类有多种方法,以下为几种常见的思维分类的依据、类型及关键词(表 2 - 8)。

表 2-8　思维的分类①

分类的依据	类型	关　键　词
思维的抽象程度	动作思维	直觉
	形象思维	联想、想象
	抽象思维	分析、比较、归纳、演绎
探索答案的方向	求同思维	单方向、概括、综合、封闭
	求异思维	多方向、开放、发散
解决问题时的创造性成分	习惯性思维	保守、无意识
	创造性思维	开放、求异、求新

在上述思维类型中，需要着重培养学生联想和想象的形象思维能力，以及分析、比较、归纳、演绎的抽象思维能力。随着学生年龄和学段的上升，抽象思维训练的比重应逐步加强。

求同思维和习惯性思维是基础，求异思维和创造性思维是难点。每种思维能力都会在实际的教学活动中得到不同程度的训练，但抽象思维和创造性思维的培养需要花费更多的时间和精力。

赵光武主编的《思维科学研究》中关于思维的抽象性和概括性有如下表述：如果抽象概括的是一类事物的共同属性，通过语词、符号巩固下来，就形成了概念，以概念为基本单元进行的思维，就是抽象思维。《现代汉语词典（第7版）》中关于概念的定义：概念是思维的基本形式之一，反映客观事物的一般的、本质的特征。② 具体分析中学生物学概念的形成，大多数是抽象思维的产物，抽象思维通常称为逻辑思维。

逻辑思维主要通过分析与综合、抽象与概括、比较与分类、归纳与演绎、因果与推理等思维方法，反映人类对客观世界的认识过程。从思维的方向分类，可以将逻辑思维分为正向思维、逆向思维、横向思维和发散思维。中学生物学概念的形成大多数是正向思维和横向思维的产物，即概念的建构过程是正向思维，是由个别到一般的推理、综合的论证过程；在概念的迁移和应用时，又采取的是横向思维，即所谓的"举一反三""触类旁通"，就是此意。

① 李高峰，吴成军. 初中生物学有效教学[M].北京：北京师范大学出版社，2015：2.
② 中国社会科学院语言研究所词典编辑室. 现代汉语词典(第7版)[M].北京：商务印书馆，2016：419.

生物学作为科学课程,生物学教材是讲逻辑的。从教材编排体系来看,一套教材的编排体系就是一个逻辑体系。单元之间、单元内的章节之间,知识的呈现就是一种逻辑顺序;从学生的认知规律来看,知识的呈现顺序永远都是由简单到复杂、从基础认知到高级认知。因此,理解教材编排体系有助于训练学生的逻辑思维能力。

在生物学概念教学过程中,常常训练学生求同、求异的逻辑思维。例如,从水螅、水母、珊瑚虫的特征中归纳出腔肠动物的共同特征,这是训练求同思维的一种体现;出示单子叶植物和双子叶植物的叶脉图示并要求学生进行比较,这是训练学生求异思维的一种体现;列表比较光合作用和呼吸作用的相同点和不同点,是训练求同、求异思维的一种共同体现。

逻辑思维的结果就是知识的概念化,生物学概念的形成过程,一般也可以看成是逻辑思维的产物。

第二节　问题驱动策略

先来看人教版《分子与细胞》模块教材中"酶的特性"中的问题设计。

酶的特性[①]

酶的化学本质不同于无机催化剂。一般来说,酶是活细胞产生的具有催化作用的有机物,其中绝大多数酶是蛋白质。

问题1　酶的催化作用与无机催化剂有什么不同呢?

标题一　酶具有高效性

问题2　酶能像无机催化剂一样,催化多种化学反应吗?

标题二　酶具有专一性

问题3　酶起催化作用需要怎样的条件呢?

标题三　酶的作用条件较温和

---

① 普通高中教科书　生物学　必修1　分子与细胞[M].北京:人民教育出版社,2019(6):81—84.

这一小节教材中有 3 个问题,这 3 个问题也可看作 3 个任务,这些问题用不同的字体表述,以突出表示这些问题的重要性。这 3 个问题分别引出酶的作用特性:高效性、专一性、作用条件较温和。这 3 个问题是逐步递进的,按照认知规律呈现。学生在初中化学课中已学习过无机催化剂的有关知识,学习酶的催化作用时,首先要将酶与无机催化剂进行比较,得出酶的高效性,这是细胞中化学反应快速进行的保证;除了高效性,专一性也是酶的重要特性,是细胞中化学反应有序进行的保证;最后鉴于细胞这个特殊环境,因而针对性地提出了问题 3"酶起催化作用需要怎样的条件呢?"由此可见,用 3 个问题串起了整节教学的主要内容,这也是本节教学需要完成的任务,是推动学生探究的动力。

一、设计问题的作用

任何课堂教学都离不开问题,学习过程就是不断提出问题、解决问题的过程,有了问题,才有学习的方向,才有解决问题的动力。问题对学生而言是一种"催化剂",驱动他们强烈的探究知识、解决问题的欲望。通过解决问题,就会增强他们的成就感,从而更加激发他们的求知欲望。

"提出问题"又是课堂教学的常见手段,从教学目的来看,提问的作用可以分为以下五个方面。[①]

(1) 激发兴趣,吸引学生的注意力。当学生对所学知识感到乏味或注意力不够集中的时候,提问有助于引起学生的注意,有趣的问题还能引导学生积极参与课堂教学,使学生保持积极的学习状态。例如,在讲合理营养前,可以提出问题:你经常吃早餐吗? 如果经常不吃早餐,会有什么危害呢?

(2) 帮助学生深入理解知识。有些知识内容比较复杂,逻辑性比较强,有效的问题能引导学生回顾已有的知识,梳理现学的知识,并建立起新旧知识之间的联系。

(3) 提升学生思维。好的问题都能够促进学生深层次思考,启发学生的思维,帮助学生形成爱思考、善分析的良好思维品质。

(4) 巩固、诊断和督学。提问可以为学生提供练习和反馈的机会,巩固所

---

① 李高峰,吴成军. 初中生物学有效教学[M]. 北京:北京师范大学出版社,2015:140.

学的知识和技能,诊断学生的学习状态,督促学生调整学习状态,增强学习效果。

（5）让学生体验成功的快乐。有些学生表现积极,反应速度快,善于表现,参与度高;有的学生沉默寡言,不爱表现。教师应根据这两类学生设置有目的性的问题,有针对性地设问,让两类学生都能体验成功的快乐。

二、设计问题驱动教学的原则

（一）指向教学目标

提出的问题应指向教学目标,这样的问题才能称得上问题驱动。问题驱动策略中的"问题"具有较大的思维含量,是教学中要解决的重点问题,具有统领、贯穿教学内容的作用,有利于建立知识网络;问题驱动策略中的"问题"与日常上课时所提的一般性思考问题有差别,教学时为了引发学生思考,会提出或追问一些问题,这些问题都是为了解决某个具体环节中知识内容的问题,是非重点的一般性问题,而不是驱动教学策略的问题。

例如,在《基因指导蛋白质的合成》一节中,教学目标中应有这样一条:说明基因指导蛋白质的合成。如果讲课时将该目标直接告诉学生,则不会激发学生的学习动力和热情,若换成下面的方式,教学效果可能就会有所改变。

教师呈现下列示意图:

$$基因 \xrightarrow{\text{转录}} mRNA \xrightarrow{\text{翻译}} 蛋白质$$

提问:翻译的实质是将 mRNA 中的碱基序列翻译为蛋白质的氨基酸序列,组成 mRNA 的 4 种碱基与组成人体蛋白质的 21 种氨基酸的对应关系是怎样的呢?

上述问题就能驱动教学的进行。要解决上述问题,还需要教师将上述问题分解成一些容易解决的具体的小问题。

（1）几个碱基决定 1 个氨基酸?

（2）1 个 mRNA 分子翻译出来的蛋白质分子含多少个氨基酸? 即碱基与氨基酸之间的对应关系是怎样的?

（3）碱基是如何决定哪种氨基酸的?

解决了上述这些小问题,大问题即驱动策略中的问题才能真正解决。小问题是日常教学中常见的问题,大问题指向教学目标,是本节课要解决的重点问题,驱动教学的发展和方向。

(二)注重问题的逻辑性

教学过程中会涉及一系列问题,这些问题之间是否具有层层递进的逻辑关系,关系到知识内容的内在联系,也关系到学生理解知识的系统性。问题的逻辑性可以让教学有递进式的条理性,也让学生的思维具有连续性,学起来就会轻松和清晰。

下面的案例中有一系列问题,这些问题具有较强的逻辑层次性,前面的问题是后面的问题的基础,只有解决了前面的问题,后面的问题才有提出的必要和解决的可能,将这些问题解答完,学习任务也就基本完成。

氨基酸的结构模型及蛋白质结构的多样性

在"蛋白质的结构及其多样性"的教学过程中,设置了如下问题:(1)氨基酸具有怎样的结构?(2)氨基酸之间相连接应通过其共同结构还是个性部分?(3)肽链盘曲折叠形成空间结构的过程受到氨基酸上什么结构的影响?由此引导学生在理解的基础上记忆,学生不仅学习知识还学习了方法。

在分析蛋白质一级结构的多样性时,先通过学生手中的模型提出具体问题:(1)由3个不同氨基酸形成的三肽有几种?(2)这6种三肽是否具有相同的结构?(3)如果是人体内足量的21种氨基酸,可以形成多少种三肽?(4)人体内足量的21种氨基酸可以形成多少种1 000肽?由此学生在逐步形成数学模型的同时,也将深刻感受到因氨基酸种类、数目、排列顺序不同导致蛋白质结构的多样性。

(三)略高于学生已有的认知

问题既然具有驱动作用,说明提出的问题不能过于简单,应具有一定的思维含量,不经过认真思考就不能作答,如针对某个观点、某个事实或某个判断问学生"对不对""是不是""行不行""能不能"等类似的问题。简单的问题引起的学生反应是不假思索的,没有分析、推理、判断的思维过程,是一种无效的反应。例如,细胞的生活需要物质和能量,对不对? 与此相反,如果问题非常复杂,如开始上课就提出"蛋白质为什么是生命活动的承担者?"这样的问题,学生就会无从回答,因为它包含太多的内容,需要从多方面进行考虑,不是用简单的一两句话就能回答的。非常复杂的问题让学生摸不着头脑,也作不出相应的有效反应,因此也是无效的问题。

问题驱动中的问题首先要高于学生已有的认知,否则学生就会失去学习和探究的兴趣;但又不能远离学生已有的认知,让学生感觉无从下手、无能为力。

按照布鲁纳的"脚手架"理念和维果斯基的"最近发展区"理论,当孩子开始学习新的概念时,他们需要来自教师或其他成人的主动支持。一开始,他们依赖于成人的支持,但逐渐地,他们在学习过程中获得新技能、新知识,会变得越来越独立,因而这种支持也会逐渐减退。

下面的案例就体现了"脚手架"和"最近发展区"理论。

氨基酸的结构

氨基酸的共同结构是至少都含有一个氨基($—NH_2$)和一个羧基($—COOH$),并且都有一个氨基和一个羧基连接在同一个碳原子上。这个碳原子还连接一个氢原子和一个侧链基团,这个侧链基团用 R 表示。各种氨基酸之间的区别在于 R 基的不同。在引导学生归纳氨基酸的共同结构的教学中,如果授课教师把精力放在学生不清楚的氨基和羧基的组成、结构和功能上,就会花费大量的时间和精力,而学生由于化学知识的局限,学起来就会非常困难,从而产生畏难情绪。但如果教师将氨基和羧基作为一个整体的结构告诉学生,并从字面意思理解这两个基团的特征,就会容易得多,此时学生才会把注意力放在氨基酸的共同结构特点上。只有这样做才能达到教学目标。

(四)问题要真实和科学

问题要真实是指提出的问题指向是真实存在的,不能虚构。真实的问题能与学生的经验相联系,让学生感受到问题的重要性,从而促进他们主动学习。

在学习激素调节时,以"血糖平衡的调节"为例,分析血糖含量的稳定是由于胰岛素和胰高血糖素的调节而实现的。为此,教师想结合日常生活经验,提出问题:为什么不吃早餐就会出现低血糖症状?这就是一个不真实的问题。那些没吃早餐的学生会想,我今天就没有吃早餐,并没有出现低血糖症状,就会由于自身的体验而对教师的问题产生怀疑,不感兴趣而不主动学习。如果改成:有些经常不吃早餐的人,容易出现低血糖症状,这是为什么呢?这样的问题就符合真实性,值得学生探讨。

问题要科学是指提出的问题是科学的,是学生能够通过探究解决的问题。科学的问题能激发学生的探究动力。

第三节 模型建构策略

模型是指为了某种特定的目的而对认识对象(原型)所作的一种简化的、概括性的描述。这种描述可以是定性的,如细胞的结构模型、细胞膜的流动镶嵌模型,也可以是定量的,如食物链中的能量传递模型。定性模型通常以具体的实物或形象化的形式表示,而定量模型则多以抽象化的形式表示。无论是定性还是定量模型,都能反映对象的本质特征,因此模型具有具体化和抽象化两大特征。

模型建构则是指利用各种材料、符号、文字或数学式等,把抽象或不易观察的事物概括描述出来的一种活动。在生物学教学中,模型建构就是指用一定的物质形式或思维形式构建各种生物模型,使得生命现象和生命活动规律具体化和抽象化,以帮助学生理解生命活动规律。模型建构既是科学研究中常用的方法,也是认识新事物的思路和方法。

通常,生物学科中的模型包括三类:概念模型、物理模型、数学模型。

在前文阐述的科学思维中,我们已经明确了概念其实就是一种模型,建构概念其实就是建构概念模型。教学的过程本质上主要是帮助学生建构各种概念模型。前面在第二节中已经强调应重视重要概念的教学,因此本处模型建构策略就不再赘述概念模型的建构,主要阐述如何建构物理模型和数学模型。

一、物理模型及其建构策略

（一）物理模型

物理模型可以简单地理解为模拟对象（原型）的复制品，是经过抽象后又具体化的复制品。抽象是指呈现出的复制品不能只是一些客观现象，而应该是经分析推理后，简化提炼的事物的本质。具体化是指能清楚地观察到，可以表现为实物，也可以是事物规律的反应。

用来简约地说明对象的特征或关系的物理模型有大有小，如地球仪就是地球的缩小版，水分子结构模型就是水分子的放大版，将观察对象放大或缩小呈现在人们面前，可以更清晰地显示对象的特征或对象内部的关系。生物学教学中的物理模型一般指的是放大版，即将分子或细胞水平的结构放大，以便直观形象地观察对象的特征。

例如，细胞的结构模型，需要确定细胞的结构特征，细胞中各种细胞器的形态、结构及功能，这些形态、结构应该体现的功能特点，至于这些细胞结构的大小是否非常真实地反映，以及这些细胞器的位置是否做到精致可以忽略（图2-12）。

图2-12　神经元模型（刘伟华供图）

对于分子水平和细胞水平的微观结构内容，建构物理模型非常有利于学生的观察和学习，从而理解其结构特征。物理模型主要是结构模型，如DNA

分子、染色体、细胞器、细胞的结构,这类模型基本是对象的放大版。

(二)建构物理模型的策略

建构物理模型的策略有两种,一是建立物理模型,二是运用物理模型认识客观事物。

下面的案例体现了建立物理模型的策略。案例由清华大学附属中学李琳老师提供。

构建氨基酸和蛋白质的结构模型

教师陈述:根据初中的知识可以知道,蛋白质由氨基酸组成。

设问1 什么是氨基酸呢?请大家看教材上给出的4个氨基酸的例子,找出结构上的共同点,尝试归纳氨基酸的结构通式。(预期:有氨基、羧基、H和另外一个部分,较难关注到它们共同连接在一个中心C原子上。由于学生不具备有机化学知识,因此很难准确地说出结构名称,只要能够描述出来即可。设计意图:引导学生对氨基酸的结构进行仔细观察、比较,并通过不完全归纳法得到结构通式。)

学生回答:每个分子的上半部分是相同的。

教师追问:能不能说得具体点?

学生回答:从左往右数的第一个C原子,这个C原子的下面不同,其他都相同。(由此可知,学生的化学基础薄弱,所以没有"基团"的概念,对结构的描述存在难度,在结构划分和结构名称方面需要教师帮助。)

教师追问:你和我们说说相同的都有哪些部分吧!

学生回答:第一个C原子的左边有一个氨基,在这个C原子的上面有一个H原子,右边有一个羧基,而且这个C原子的下面还有一个不同的地方。

教师点评:氨基酸至少都有两个C原子,左边一个C原子上都含有一个氨基和一个H原子。他已经预习了一些有机物的知识,他认识左边的结构是氨基,是一个N原子连有两个H原子,可以拆开写也可以写在一起,我们会遇到不同的表述形式。他有一个表述非常好,始终围绕着同一个 C 原子在描述，他找到了结构通式中最核心的 C 原子作为骨架。他还找到了氨基酸之间的差异部分，我们把它记作 R 基，也就是氨基酸的可变基团。（学生的答案有两点出乎意料：①已经预习了有机物的知识，认识氨基和羧基，既要鼓励该生，也要补充相关知识的讲解，保证每个学生都能跟上；②该生关注到 4 个化学键均连接在中心 C 原子上，教师可以借助表扬他的严谨描述来强调这一重点。）

（省略部分教学环节）

任务 1　现在请根据氨基酸的结构通式，在每组的 4 个卡片中挑出"假氨基酸"。（设计意图：通过甄别"真假氨基酸"，可以强化学生对氨基酸结构通式的理解，教师可以通过设置不同的"假氨基酸"卡片，如缺少必需基团、未连接在同一个 C 原子上等错误，强化细节。）

设问 2　氨基酸怎样才能形成蛋白质？蛋白质是生物大分子，需要将氨基酸结合在一起。若要将氨基酸连接成长链，需要借助氨基酸的共同部分，还是它的个性部分？（预期：共同部分。设计意图：氨基酸脱水缩合过程是全新的知识，为学生搭建思维台阶，通过讲"理"使学生更容易理解脱水缩合过程，增强其记忆效果。）

学生回答：通过其共同部分。

任务 2　请将你手中的三四个氨基酸脱水缩合，形成三肽或四肽，并关注在这个过程中脱去了几分子水。形成了几个肽键？请一组同学上黑板操作。（预期：学生能够完成此操作，但脱下来的 H 和—OH 呈"游离"状态，未形成水分子。设计意图：通过动手操作学具，能够更直观地学习脱水缩合过程，并从具体的数字入手学习脱水数和肽键数的计算，再由此慢慢抽象形成数学模型。）

学生回答：（操作）将氨基和羧基上的尼龙搭扣撕掉，在 2 个氨基酸的氨基和羧基之间贴上肽键搭扣，将其连接在一起，重复 3 次。解读：羧基和氨基脱去一分子水，将 2 个氨基酸连接起来形成肽键。我们组有 4 个氨基酸，脱去 3 分子水，形成 3 个肽键。

教师追问：你们脱下来的水是如何表示的？

学生回答：我们把 H 和—OH 贴在一起，表示水。

教师点评：这样的方式非常巧妙。

教师追问：脱水形成三肽的小组形成了几个肽键？几分子水？

学生回答：2 个肽键，2 分子水。

设问 3　我们来抽象一下，如果我有 m 个氨基酸，形成 1 条肽链，会形成几个肽键？几分子水？（设计意图：抽象的计算对学生来说是难点，希望借助问题的梯度设置，帮学生化难为简，在理解的基础上构建模型，而非背诵公式。）

学生回答：$m-1$。

教师点评：真快！

教师追问：如果我有 7 个氨基酸形成 2 条肽链，是什么结果？

学生回答：（稍作思考）脱去 5 分子水，形成 5 个肽键。

教师追问：继续抽象，m 个氨基酸形成 n 条肽链，形成多少个肽键？脱去多少分子水？

学生回答：$m-n$ 个。

（由此顺利生成数学模型）

任务 3　我给大家的氨基酸都在 R 基上标注了符号，请同学们给大家展示你手中的三肽序列，有哪些排列组合形式？比如我刚才拿到的是○△□。

学生回答：△□○，□△○……，□○△

设问 4　依据数学知识，3 个氨基酸的排列组合应该是 6 种，我现在把这 6 种都列出来了，请帮我看看有问题吗？（预期：很快可以说出有 6 种组合方式，但是马上会产生质疑，顺序完全相反的 2 个三肽是否本质相同？设计意图：希望通过具体、数量较少的氨基酸排列组合过渡到抽象的数学模型，为学生搭建思维台阶。）

学生回答：第一个和最后一个（△○□和□○△）。这两个不一样。

教师补充：可以参考黑板上或者大家手上的模型，这 2 个三肽到底一样不一样？

学生回答：第一个和最后一个的区别在于，第一个的△没有脱去 H，□没有脱去—OH，最后一个的□没有脱去 H，△没有脱去—OH。

教师点评：由此我们发现肽链是具有方向的，氨基写在左边是肽链的 N 端，羧基写在右边是肽链的 C 端，所以这两种肽链是不同的。

设问 5　我们进行模型升级，如果我们体内的 21 种氨基酸随机排列组合，并且人体内的氨基酸是足量的，那么人体内能够形成多少种三肽？（预期：可能出现的错误答案有 $21 \times 20 \times 19$，没有体会足量氨基酸的含义；3 的 21 次方，数学模型错误等。设计意图：将简单的模型逐渐复杂化，突出 3 个氨基酸的排列组合和足量的 21 种氨基酸的排列组合在算法上的差异。）

学生回答：$20 \times 20 \times 20$ 或者 $21 \times 21 \times 21$。

教师点评：第一个氨基酸的位置有 21 种可能性，第二个氨基酸的位置有 21 种可能性，第三个氨基酸的位置有 21 种可能性，所以应该是 21 的 3 次方。

　　上述案例详细叙述了教师如何借助数学模型引导学生构建氨基酸和蛋白质的结构模型，主要体现了物理模型的建构过程。在这个过程中，学生的科学思维得到了训练，认识事物的方式得到了拓展，更重要的是，获得了三个重要概念：氨基酸的结构、脱水缩合反应、蛋白质结构的多样性。因此，建构模型既是认识事物的一种方式，也是训练学生思维能力的重要措施，还是建构概念的重要途径。

　　下面的案例体现了运用物理模型认识生命活动规律的策略。案例由北京市第一五六中学赵一恒老师和北京市西城区教育研修学院毕诗秀老师提供。

运用球棍模型帮助学生理解蛋白质的多样性

【教学片段 1】　了解人工合成牛胰岛素的故事，创设情境布置任务

教师：上节课我们学习了蛋白质具有多种多样的功能，而且知道蛋白质都是由一种叫作氨基酸的小分子构成的,通过脱水缩合进行连接。人们似乎已经掌握了蛋白质合成的秘密,也就是说只要有了氨基酸,掌握了脱水缩合技术就能合成蛋白质。1965年,我国科学家在世界上第一次人工合成了蛋白质——结晶牛胰岛素,这一成就震惊了世界,因为这个项目的困难非常大,在当时几乎是不可能完成的。更为惊人的是,人工合成蛋白质的生物活性与天然蛋白质相同,蛋白质是生命活动的主要承担者,人工合成具有生物活性的蛋白质就像打开了合成生物学的大门,具有跨时代的意义。我们不禁要问:如果合成蛋白质真如我们所想,仅靠氨基酸脱水缩合就能合成,那为什么我国合成的牛胰岛素能引起世界的轰动?今天我们就一起模拟合成之路,了解蛋白质人工合成的故事。

设问:合成胰岛素的关键步骤有哪些?

学生:合成氨基酸,掌握脱水缩合技术,了解胰岛素的氨基酸组成。

活动一:利用手中的球棍模型元件,依据氨基酸的结构,模拟合成氨基酸的过程,构建氨基酸的球棍模型。

教师活动:以一位同学构建的氨基酸模型为例,展示氨基、羧基、中心碳原子、侧链基团,同桌两两互换进行检查。

活动二:六人一组,应用脱水缩合反应原理,用持有的氨基酸构建本组肽链。之后组内自查肽键的连接是否正确,用标签纸标记肽键,展示本组构建的肽链。

教师活动:对各组构建的肽链进行点评,强调脱水缩合的成键原理,提醒各组对肽链进行修改。

设问:本组和其他组的肽链是否相同?

学生:不同,虽然肽链的形状相同,但侧链基团不一样。

活动三:从游离氨基一端确认本组肽链侧链基团的颜色(学生用不同颜色的小球表示不同的侧链基团),组内确认序列,派一代表上黑板展示。

【教学片段2】 建立球棍模型，探寻肽链结构多样性的原因

设问：不同组之间的肽链有何不同？

学生：氨基酸种类、数目、排列顺序不同。

教师：通过建立模型我们可以作出大胆推测：不同种类、数目、排列顺序的氨基酸形成的肽链结构不同。根据前面学习的细胞结构的相关知识，我们知道细胞结构不同其功能不同，据此推测，不同种类、数目、排列顺序的氨基酸形成的肽链结构不同，其功能也会不同。我们的推测是否正确，科学家的相关研究可以给我们一些启发（呈现材料：天然胰岛素和赖脯胰岛素的氨基酸序列对比）。

教师：天然胰岛素B链第28位和第29位的氨基酸是脯氨酸和赖氨酸，能发挥其正常降低血糖的功能。科学家发现若将胰岛素B链第28位和第29位氨基酸对调后，产生的蛋白质同样能降低血糖，但作用时间明显缩短，仅需15～30 min即可使患者血糖明显降低。这能证实刚才我们的哪个推论？

学生：氨基酸的排列顺序影响肽链的结构，继而影响蛋白质的功能。

教师：图2-13是催产素和抗利尿激素的肽链结构，都是由9个氨基酸形成的多肽，结构相似，但是仔细观察会发现第3位和第8位氨基酸的种类不同。从命名上可大致推测其功能，催产素的主要功能是促进

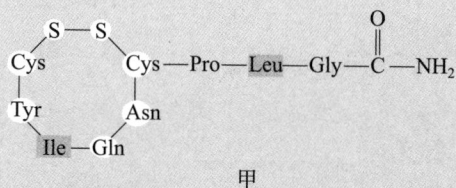

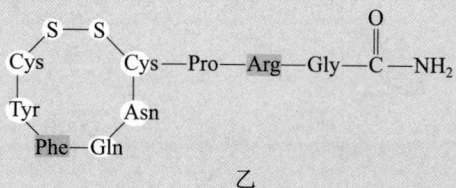

图2-13　催产素（甲）和抗利尿激素（乙）的肽链结构

子宫肌肉收缩,加快分娩过程;抗利尿激素的作用是促进肾小管、集合管对水的重吸收,两者的生理功能完全不同。这能证实刚才我们的哪个推论?

学生:氨基酸的种类影响肽链的结构,继而影响蛋白质的功能。

教师:氨基酸的数目不同,组成的蛋白质的功能是不是也不同呢?抗冻糖蛋白中"谷氨酸-谷氨酸-苏氨酸"重复序列增加,会改变该蛋白质的抗冻能力,说明改变氨基酸的数目会影响肽链的结构和功能。科学家想要合成具有生物活性的胰岛素,就必须要合成正确的肽链,任意一个氨基酸的种类、数目、排列顺序发生改变,都会使最终合成的蛋白质与天然蛋白质的功能有差异,所以科学家花费了很长时间去合成正确的肽链。合成正确的肽链就意味着实验成功了吗?

【教学片段3】 肽链可以通过侧链之间的相互作用力形成一定的空间结构

教师:1953年,桑格发现胰岛素是由17种、51个氨基酸形成的两条肽链组成的,另一位科学家多萝西发现两条肽链中的氨基酸居然通过一定的结构连接在一起。由此可知合成正确的肽链并不意味着实验成功。由图2-14可以看出,不仅两条肽链之间有化学键连接,肽链内部也有化学键连接,使得其不是直线形,会出现局部弯曲、折叠的结构,放大来看都与它有关。

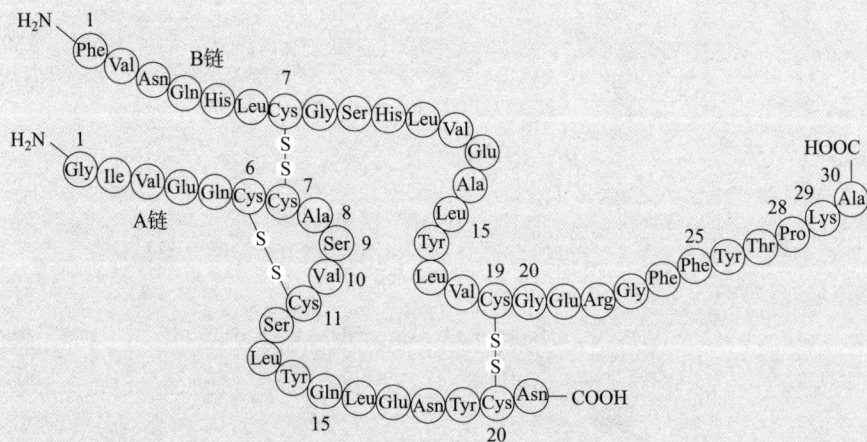

图 2-14 牛胰岛素分子结构示意图

呈现图片：半胱氨酸的结构简式和二硫键的形成过程。

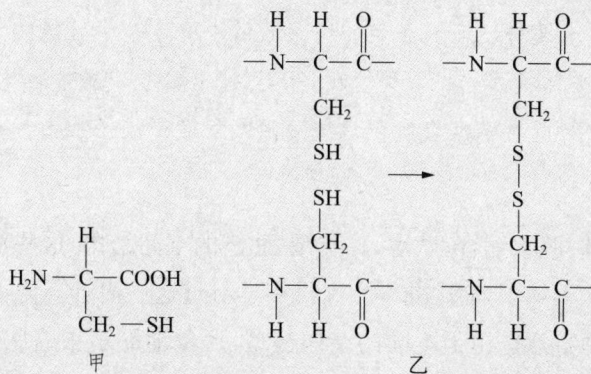

图 2-15　半胱氨酸的结构简式（甲）和二硫键形成过程示意图（乙）

教师：该氨基酸的侧链基团是什么？

学生：—CH_2—SH。

教师：肽链中两个半胱氨酸的侧链基团靠近时易脱去—SH上的氢原子，两个硫原子连接到一起形成二硫键，就将两个半胱氨酸连接到一起了。下面给你们一个新的任务。

活动四：三个小组进行合作，合成一条长的肽链。假设黄色小球为半胱氨酸的侧链基团，模拟形成二硫键连接两个半胱氨酸的过程，观察肽链模型有无变化。

学生活动：拼接长肽链，用化学键连接两个黄色小球并展示。

教师活动：点评学生构建的二硫键肽链，这条肽链的结构发生了什么改变？

学生：形成了一个环。

教师：蛋白质中二硫键的形成位置是否是固定的？

学生：不一定。

教师：一起来看同学们组装的模型，这条肽链上有多个半胱氨酸，从理论上讲，任意两个半胱氨酸之间都可以形成二硫键，同一条肽链可以有多种二硫键的形成位置,这样会改变肽链的空间结构。也就是说氨基酸种类、数目、排列顺序相同的肽链,其空间结构也可能不一样,则其功能也会发生改变。而胰岛素的两条肽链中有 6 个半胱氨酸,任意两个之间形成二硫键可能有 15 种情况,天然胰岛素的二硫键形成只是其中一种可能。所以科学家合成蛋白质的困难程度变成了难上加难。

氨基、羧基、脱水缩合、肽键、二硫键、肽链的空间结构,这些新名词非常专业,涉及不少化学知识,而之前学生又没有学习过这些内容。为了让学生理解这些结构,教师特意选用了不同的结构模型,形象地展示了这些微观结构,这样可以让学生不受化学基团和化学键的困扰,而从宏观上认识这些化学结构和化学反应。这就是运用物理模型达成概念教学的策略,其最大的优点是直观、形象。

二、数学模型及其建构策略

(一) 数学模型及其类型

生物学科中的数学模型一般是指运用数学工具和方法对生物学现象的内在规律进行抽象和概括,得到特定的数学关系,并通过数学关系解决实际问题和对事物的发展进行预测的思想和方法。

数学模型具有以下几个特点。(1)体现事物的内在规律。数学模型是对原型的一种简化和抽象,这种简化和抽象反映了事物的本质特征和内在规律。(2)用数学工具表现。数学模型的表现方式可以是数学公式、方程式、数学符号、几何图形等数学工具。(3)具有预测功能。通过数学模型,能够预测事物的发展、变化。

生物学科中的数学模型有不同类型,主要表现为数学公式模型、曲线模型等,但这种分类并不严谨,只是一个大致的分类。

数学公式模型也称函数模型,体现自变量与因变量之间的关系。例如,在营养和生存空间没有限制的情况下,某种细菌每 20 min 通过分裂繁殖一代,细菌繁殖 n 代后的数量则为 $N_n = 2^n$。在理想种群中,如果种群增长率为 λ,种群数量 $N_t = N_0 \lambda^t$,这些都是种群数量增长模型。这类模型反映了种群繁殖和数量变化的特点,同时还具有预测功能。这类模型在生物学科中并不多,因为这类模型只有在理想状态下才能得出其中的函数关系,但生物学现象是复杂的,影响因素太多,要建立数学公式,只能是一种理想状态。生物学科中理想状态下的种群基因频率变化模型,杂种自交后代中的纯种数量模型$[N_{纯种}=(1/2)^n]$,DNA 半保留复制中的后代数量模型等,都属于这类模型。

曲线模型是将某些数学模型转换为某种有规律的曲线,这种曲线难以用函数公式表示,但它具有与函数类似的性质,即因变量随着自变量的改变而改变。这类模型在生物学科中非常多。如植物的光合作用与呼吸作用的关系(图 2 - 16),某人早餐后血糖变化情况(图 2 - 17),温度影响酶活性的曲线关系,生长素浓度与对植物根、茎、叶所起作用的关系,细胞进行有丝分裂时,DNA 在一个细胞周期的数量变化关系;等等。

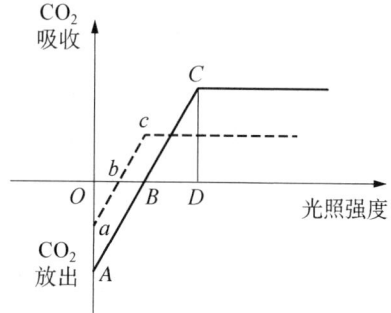

图 2 - 16　植物的光合作用与呼吸作用的关系

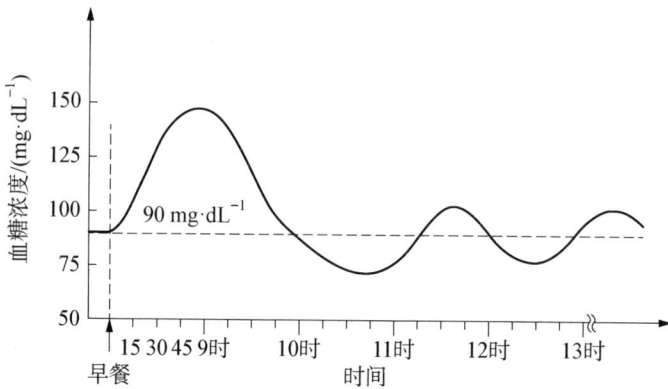

图 2 - 17　某人早餐后血糖变化情况

曲线模型给人最直观的印象,是认识和研究生命现象最常用的工具。

除上述两种数学模型外,还有数字模型,即用数字来表示生命现象发生的过程和结果。例如,一个精原细胞减数分裂形成 4 个精细胞,一个卵原细胞减数分裂形成 1 个卵细胞和 3 个极体,这是减数分裂的数字模型。像这样简单的数字模型在生物学科中比较常见,在遗传信息的转录过程中,碱基与氨基酸之间的对应关系都有所体现。

(二)建构数学模型的策略

建构生物学科中的数学模型一般有两种方式:一是呈现已建构的数学模型,如 pH 影响酶活性的模型,温度影响酶活性的模型,光照强度、二氧化碳浓度等对光合作用速率影响的模型,温度对呼吸作用强度影响的模型。将这类数学模型直接呈现给学生,可以帮助学生认识生命活动的基本规律。另一种方式是通过学生活动,建构相应的数学模型,如细胞有丝分裂时,染色体和DNA 变化的模型,酵母菌种群增长的数学模型。第一种方式也可以建构数学模型的方式出现,更有利于学生建构重要概念。

下面的案例体现了建构数学模型的经典思路和方法。案例由福建省厦门市翔安第一中学蔡梅芳老师提供。

建构种群增长的数学模型

教师陈述:我国生态学家马世骏院士在国内的生态学研究是从蝗灾的防治开始的。他从统计学上探讨了上千年间东亚飞蝗的危害与气象的关系,搞清了蝗灾形成的过程和原因,解决了我国千百年来不能根治的蝗灾问题。

设问 1　马世骏院士用什么方法搞清了蝗灾形成的过程和原因?

学生回答:数学方法。

教师追问:能不能说得详细、具体点?

学生回答:马院士用东亚飞蝗种群数量变化的数学模型解释了蝗虫的危害与气象的关系,揭示蝗灾发生的规律及蝗灾形成的过程和原因。

(由此顺利点出主题:建构种群增长的数学模型)

教师点评:科学家很早就对种群数量变化这个问题产生了兴趣。研究种群数量变化的规律,实验材料的选择很关键,如何选择模式生物使得研究更加高效和可行?(预期:各小组交流讨论,说出选择模式生物的标准——模式生物的特点：繁殖快，生活周期短，在实验室易于观察和培养，容易进行数量统计等；并列举可能的模式生物：细菌、酵母菌、果蝇等。设计意图：渗透实验材料选择的重要性，使学生明确以细菌、酵母菌等作为研究对象的原因。学生有了以上感性和理性认识的基础，教师再进一步阐述建构种群数量增长的数学模型的方法。）

学生回答：细菌、酵母菌等繁殖快，易于观察和培养。

设问 2　怎样建构种群增长的数学模型？

介绍：细菌由于结构简单、分布广泛，所以也成了最常用的实验材料之一。除此以外，细菌的繁殖方式也很简单，通常是进行一分为二、二分为四的分裂生殖。

（省略部分教学环节）

任务 1　科学家做了这样一个实验，把 1 个细菌放在营养和生存空间没有限制的环境中进行培养，随着时间的推移，得到了表 2-9 所示的数据。请仔细观察数据，你能得出什么结论？（预期：学生观察表格数据，得出结论。学生独立完成任务 1；截图展示一位同学的探究结果：利用平板管理，展示学生的"作品"，其他同学进行评价。设计意图：引导学生利用数据作出细菌种群的增长曲线。初步学习用数学形式描述生物学问题。改变教材中资料呈现的形式，从研究结果的角度出发，引导学生分析数据得出结论，用数据建构相关曲线，如图 2-18。）

表 2-9　细菌数量的变化

时间/min	细菌数量/个	时间/min	细菌数量/个
20	2	120	64
40	4	140	128
60	8	160	256
80	16	180	512
100	32		

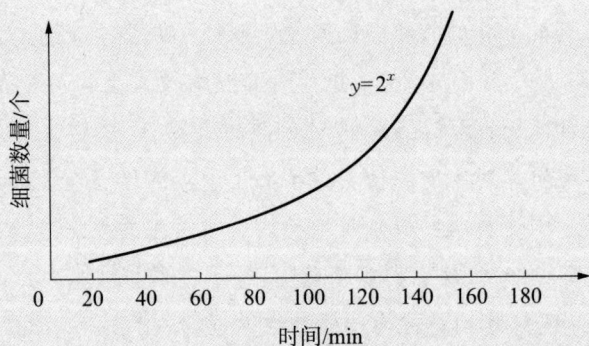

图 2-18 细菌种群的增长曲线

教师点评：我们运用坐标图这种数学形式，描述细菌种群数量的变化这一生物学问题，可以把这种坐标图称为一种数学模型。事实上，数学模型在大家的学习中也有应用，比如物理中的各种公式就是另外一种形式的数学模型，它们是表达式。

教师追问：坐标图这种数学模型最大的优点是什么？

学生回答：能直观地反映种群的增长趋势。

追问：那么，经过 30 代以后这群细菌种群的数量是多少？你能从图上找到答案吗？

学生回答：(稍作思考)有点难度，很难从图上看出答案。

教师点拨：显然，我们得求助于其他数学模型了，最好能够找到一个更加具有通用性的表达式。

任务 2　接下来请大家列出，这个起始数量为 1 的细菌种群，繁殖 t 代后种群数量 N_t 的表达式。(预期：学生能够完成此操作，将表格中的数据转化为表达式。学生板书：细菌种群数量增长的表达式 $N_t=2^n$。设计意图：转换不同形式的数学模型，帮助学生认识各种数学模型的优缺点，同时体会建构数学模型的一般过程。)

学生回答：理想条件下细菌种群增长的表达式为 $N_t=2^n$。

教师追问：同数学公式相比，曲线图表示的模型有什么局限性？

学生回答：曲线图表示的数学模型不够精确。

设问 3　①能不能还用 $N_t=2^n$ 表示自然状态下的种群数量变化？

②如果种群起始数量不是 1,而是 3 或 N_0 呢？如果每繁殖一代后,子代种群的数量是原来的 λ 倍而不是 2 倍呢？ 如果每繁殖一代的时间是确定的,表达式的变量时间用 t 代替呢？（预期：学生思考、讨论,并对前面书写的数学公式进行检验修正,并写出数学模型,见图 2-19。

$$N_t = N_0 \lambda^t$$

图 2-19　细菌种群增长的数学模型

设计意图：对前面书写的数学公式进行检验修正的过程是全新的知识,对学生来说是难点,希望借助问题的梯度设置,为学生搭建思维台阶,在理解的基础上建构模型,而非背诵公式。这样既能使学生更容易理解此过程,训练其科学思维,还有助于学生学习建构数学模型的一般过程,通过迁移训练,巩固对数学模型的理解,同时加深对指数增长的理解。梳理建模过程,归纳建模方法,体会建构数学模型的科学思维方法。）

学生：思考、讨论并对前面书写的数学公式进行检验修正。

教师点评：通过刚才的两个任务我们已经认识了数学模型,其实就是指用数学形式来描述问题。数学模型的建构一般需要经历"已知、假设、表达、检验"四个基本步骤。这样我们就建构了种群数量增长的数学模型。

（省略部分教学环节）

过渡：在自然界,种群的数量变化情况是怎样的呢？

教师追问：前面在建构细菌种群数量增长的数学模型时,作出假设的条件是什么？

学生回答：在无菌培养基上培养,如果营养及各方面条件都适宜。

教师追问：自然界也存在这样的理想条件,还有哪些条件呢？

学生回答：还有食物、空间、气候和天敌等因素。

任务 3　呈现资料 2~资料 4,引导学生思考、讨论。（预期：学生运用建构数学模型的方法,解释资料2~资料4中的实际问题。学生分析了按"J"形曲线增长的环境因素,得出所谓理想条件指的是哪些方面。设计意图:上一个学习环节是在教师的引导下,学生体验了建构数学模型的过程。但学生对于建构数学模型的方法认同感不强,比如在建构模型时,为什么需要作出假设等。)

资料2 1859年,一位来到澳大利亚定居的英国人在他的农场中放生了24只野兔。让他没有想到的是,一个世纪之后,这24只野兔的后代竟超过6亿只。漫山遍野的野兔不仅与牛羊争食牧草,还啃啮树皮,造成植被破坏,导致水土流失。后来,人们引入了黏液瘤病毒才使野兔的数量得到控制。

资料3 20世纪30年代,人们将环颈雉引入某地一个岛屿。1937—1942年,这个种群数量的增长如图2-20所示。

资料4 历年来世界和我国人口增长的曲线如图2-21。

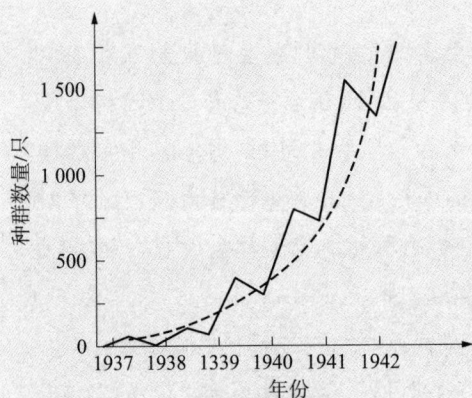

图2-20 某岛屿环颈雉种群数量的增长曲线

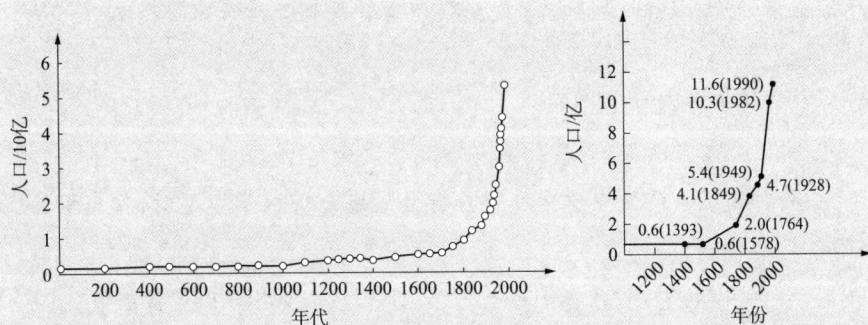

图2-21 世界和我国人口增长曲线

设问 4　这 3 个资料中的种群数量增长有什么共同点？种群数量出现这种增长的原因是什么？这种种群数量增长的趋势能不能一直持续下去？为什么？

（省略部分教学环节）

教师点评：通过上述 3 个实例可以看出，自然界有类似细菌在理想条件下种群数量增长的形式，如果以时间为横坐标、种群数量为纵坐标画出曲线来表示，曲线则大致呈"J"形。这种类型的种群数量增长称为"J"形增长。

追问："J"形增长的数学模型（以数学公式表示）是怎样的？

（省略部分教学环节）

（本环节的设计就是让学生再次自主尝试用建构数学模型的方法解决新问题；学习建构数学模型时，需要明确模型建立的条件，还要作出合理的假设。）

过渡：如果遇到资源、空间等方面的限制，种群数量还会呈"J"形增长吗？正好我们的兴趣小组做了以下实验，请他们汇报一下实验成果。

生物兴趣小组展示汇报实验成果。

第 1 组：探究酵母菌种群数量随时间的变化（每天定时分瓶并添加新的培养液，共 7 天）；第 2 组：探究酵母菌种群数量随时间的变化（一定时间内原瓶培养，共 6 天）；第 3 组：探究酵母菌种群数量随时间的变化（一定时间内原瓶培养，共 10 天）；第 4 组：探究不同温度条件下酵母菌种群数量随时间的变化（一定时间内原瓶培养，共 8 天）。

基于探究实验 1，建构种群数量"J"形增长的数学模型；

基于探究实验 2，建构种群数量"S"形增长的数学模型；

基于探究实验 3，总结种群数量变化的类型；

基于探究实验 4，明确 K 值的生物学含义。

上述案例详细地叙述了教师是如何引导学生建构细菌种群数量增长的数学模型的，体现了数学模型的建构过程。在这个过程中，学生的科学思维得到了训练,认识事物的方式得到了拓展,更重要的是,获得了三个重要概念:种群数量变化规律可以用数学(公式)模型描述;种群密度受出生率、死亡率、迁入率和迁出率的影响,并受生物因素和非生物因素的限制;在环境适宜、资源充裕的条件下,种群数量以指数形式增长,即种群增长的"J"形曲线;在环境和资源有限的条件下,种群经过一定时间的增长后数量趋于稳定,即种群增长的"S"形曲线。因此,建构数学模型既是认识事物的一种方式,也是训练学生思维能力的重要措施,还是建构概念的重要途径。

第四节 实验探究策略

科学探究是生物学核心素养的四个方面之一。"探究"中的"探",是指有"不明白",有了"问题",即"提出问题";"究"是指"解决了问题",因此,广义的探究活动是指提出问题并解决问题的活动。这种活动包括两个方面,一主要是指思维探究,即从无知到有知的一系列思维活动,在探究过程中可以有操作性实践活动,但主要是思维上的活动,思维活动主要包括分析、推理、综合、概括等。二是实验探究,即以操作性实践为主的活动,这类活动主要发展学生观察、提出问题、分析问题、作出假设、设计实验、实施方案以及得出结果的能力,这类活动当然需要思维的指导,这类活动包括实验、调查、制作模型等。

人类大量的知识来源于生产实践和科学研究的积累,学生获取这些知识,可以遵循科学家的思维方式进行,部分或完整重现科学家的思维过程。这种探究既可以获取相应的知识,掌握其中的规律,又可以学习科学家的思维方式,培养其思维品质。在教学中,我们更多地是进行这种思维上的探究,特别是建构概念的过程,就是一种探究过程。因此,本处略谈思维探究,下面主要指的是实验探究。

我们针对高中生物学三本必修教材(2004年版)中的35个学生实验(包括探究、模拟实验、制作模型、调查),调查了北京、广州、武汉、贵阳、苏州和衡阳六个城市(包括城镇)的高中生物学教师。调查时严格限定每所学校只能填写一份问卷,以避免数据重复。[①]

实验调查表围绕着学生的参与程度、实验效果、未做的原因、设置的必要性四个方面进行调查,每个方面又分为若干选项,让教师进行选择。本次调查共收到 270 份调查问卷,全部有效。

一、调查的数据统计及分析

(一)各实验的参与程度差异很大,未做实验的比例较高

统计表明,实验的完成情况不理想,大多数实验的完成率较低,全年级学生都做的实验比例为 29.26%,未做的比例为 48.26%(图 2 - 22)。

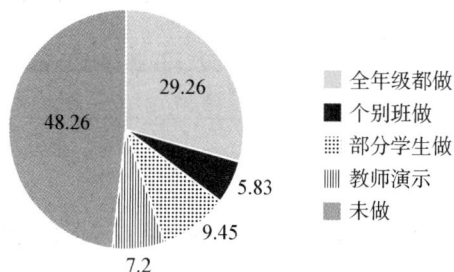

图 2 - 22　实验完成的总体情况

各个实验的完成情况差异较大,没有一个实验是所有调查教师都做的,完成率最高的实验是"检测生物组织中的糖类、脂肪和蛋白质",为 92.2%,最低的是"设计并制作生态缸,观察其稳定性",仅为 0.8%。

分析完成率较高的实验,发现有如下特点:(1)操作简单、明确;(2)实验效果明显;(3)课内基本能够完成,不需要花费课外时间;(4)主要集中在必修 1 模块教材中。

分析完成率很低的实验,基本情况是大多数教师并没有让学生实践,而是靠讲实验来完成教学任务。以下为未做率超过 50% 的实验(表 2 - 10,删除 2019 年版新教材中没有而 2004 年版教材中有的实验)。

---

① 吴成军,万雪雪.人教版高中生物学必修教材实验的开课分析及修订建议[J].课程·教材·教法,2016(6):81—84.

表 2-10 未做率超过 50% 的实验统计

实 验 名 称	未做率/%	实 验 名 称	未做率/%
探究酵母菌细胞呼吸的方式	51.5	探究生长素类似物促进插条生根的最适浓度	71.1
探究环境因素对光合作用强度的影响	78.1	用样方法调查草地中某种双子叶植物的种群密度	61.9
低温诱导植物染色体数目的变化	80.0	探究培养液中酵母菌种群数量的变化	73.0
调查人群中的遗传病	68.1	调查当地农田生态系统中的能量流动情况	65.6
探究自然选择对种群基因频率变化的影响	74.8	探究土壤微生物的分解作用	88.9
生物体维持 pH 稳定的机制	71.1	设计并制作生态缸,观察其稳定性	94.8

(二) 实验效果分析

实验效果直接影响实验操作的积极性。从调查的数据来看,有 11 个实验的效果较好,占总体实验数量的 31.4%。实验效果较差的实验有:"探究培养液中酵母菌种群数量的变化"(24.8%),"探究土壤微生物的分解作用"(24.7%),"观察蝗虫精母细胞减数分裂固定装片"(20.4%),"探究土壤中小动物类群丰富度的研究"(20%);等等。

分析实验效果较差的实验,它们都有一些共同的特点:操作难度大、耗费时间长;需要课前做大量的准备工作,有些实验必须延续到课后;学生需要有较强的操作技能,需要教师耐心而细致的指导。

(三) 未做实验的原因分析

下面是根据 35 个实验未做原因的统计数据而绘制的柱状图(图 2-23)。

从调查情况来看,未做实验的原因各不相同。"时间太紧"是普遍原因,占 39.4%。

"时间太紧"有三个方面的原因。第一,目前国内以一个学期学习一个模块的进度进行教学(每周 2 课时),部分地区是高二开设生物课,每周 4 课时,半个学期就学一个模块,课时相对较少,因此,生物学教师普遍存在赶课时、赶教学进度的现象。第二,教师没有真正认清教学中的重点和难点,导致对所有

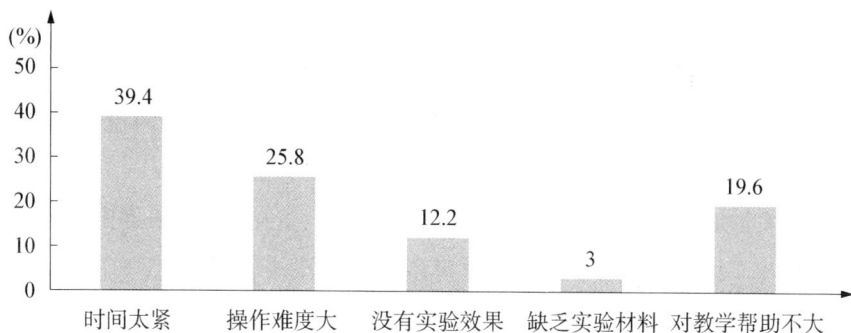

图 2 - 23　未做实验的原因

的教学内容平均用力,同时也受应试教育的影响,教学进度过快,好让学生有大量的时间进行课堂习题训练。第三,实验本身的原因,如"调查转基因食物的发展现状"这类活动,需要学生花费大量的课外时间完成,不具备条件的学校(如住校学生)当然就无法完成了。要改变上述第二条原因所述的状况,就必须进行培训,让教师真正认识实验的重要作用和意义,同时,在学业和升学考试中增加实验技能的考核。

"操作难度大"这一原因占 25.8%。其中最明显的实验是"低温诱导植物染色体数目的变化"和"探究酵母菌细胞呼吸的方式"。

"没有实验效果"和"缺乏实验材料"这两项原因所占比例并不大。其中需要注意的是"探究环境因素对光合作用强度的影响"实验,在未做实验的教师中有 47.9% 认为是"没有实验效果"。具体分析该实验,是因为该实验存在操作难度大、学校不具备相关条件、实验时可控因素较多而导致实验效果差等原因。对于"体验制备细胞膜的方法""用样方法调查草地中某种双子叶植物的种群密度"这两个实验,均有 20% 以上的教师认为缺乏实验材料。

"对教学帮助不大"这一原因占 19.6%。例如,认为"建立血糖调节的模型"实验,对教学没有帮助的比例高达 40.1%。具体分析发现该实验的主要作用在于,通过建立模型来认识血糖是通过调节来实现平衡的。从实际操作来看,该实验有些繁琐,把简单的问题复杂化。修改时要统筹考虑该实验帮助学生理解模型建构的独特作用。

(四) 实验设置的必要性分析

从调查的情况来看,受调查教师对教材中生物实验的设置总体上是认同的。但是,对一些实验的认同度比较低。当然,这种情况不是由教师的主观意愿所决定的,也可能存在教师没有切实理解教材编者意图的问题。

实验设置的必要性与实验的价值有关,有些实验是其本身的价值不高,有些实验是教师对其价值的认识不到位,这些都需要甄别处理。

判断实验是否重要,首先,要依据生物学课程标准的要求来确定。如果课程标准提出了明确的要求,该实验就应该认真完成。轻易放弃一些实验是不恰当的。其次,要考虑生物学教材中每个实验的设计目的,设计目的可能有以下三种情况:(1)让学生学习其中重要的科学方法;(2)让学生进行实验和探究技能的训练;(3)有利于学生学习和理解教材中的重要概念。最后,认识到生物学实验对于生物学教学的重要价值,对于发展学生核心素养的重要影响,不能轻易否定一个实验的价值,而应努力落实实验所蕴含的重要价值,努力落实"教学过程重实践"这一重要的教学理念。

实验的开课率不高是多方面原因造成的。为了提高实验的开课率,落实每个实验的育人价值,教师用书为每个实验都提供了详细的实验指导,也提出了课堂教学建议。对于教师而言,应深入理解每个实验的独特价值,尽量创造条件让学生亲自操作和体验,这是教师的自身素养得以体现的重要方面,也是新时期教师的基本要求。

二、拓展实验

生物学课程标准和教材中已有的实验,基本上是学生应该完成的实验,这些实验的安排考虑到了教材知识内容的呈现、实验中所具有的科学方法和操作技能、建构概念的方式、课时安排等诸多因素,这些实验可以说是教学的重点,更是教学的难点。

由于受教材的内容、篇幅和教学时间的限制,有些实验虽然具有很好的价值,但并没有写入教材中。此外,有些实验虽然对于建构概念很有帮助,也没有进入教材中。根据教学需要适当补充一些实验,无论是教师演示实验,还是学生动手实验,都是值得肯定和鼓励的做法。不仅如此,在课外要求学生完成一定比例的实验或实践活动,也是教学的需要。

事实上,在经济和教育比较发达的地区,对实验教学是非常重视的,除了日常的教学活动,还经常举办实验优质课评比、学生实验技能创新大赛等活动。在教师所展示的实验中,有一部分实验是教材中现有的实验,主要体现在对教材中实验材料、方法、步骤的改进、优化和创新;更多的是依据教材内容增加相应的实验,既能拓展学生的视野又能提升学生的探究能力。高中生物学必修和选修模块教材中的很多知识中都可以适当增加拓展实验,如光合作用中有相当丰富的实验素材可以被教师所挖掘,体现出丰富的育人价值。

下面的实验是"鸡蛋中卵磷脂的提取和分离",这个实验特别有针对性,一是有助于学生深入认识构成细胞的磷脂分子;二是有助于学生对什么是健康的饮食有一个全新的理解;三是有助于学生学习一些科学方法和操作技能;四是有助于学生建构重要概念。该实验的开展并不是放任不管,而是在教师精心设计的问题引导下,一步一步地进行探究,既能巩固、整合已有概念,也能帮助学生建构新概念。案例由北京市八一学校郝俊冉老师提供。

鸡蛋中卵磷脂的提取和分离

鸡蛋一直被认为是一种营养丰富的天然食品,我们通过食用鸡蛋可以获得蛋白质、脂肪、胆固醇等物质,这些物质对于人体而言有什么作用呢? 生活中常常看到一些人不吃蛋黄,只吃蛋白,他们认为蛋黄对人体不好,含有大量胆固醇,要少吃,而蛋白则可以多吃,这种观点对吗?

对,还是不对,这要从鸡蛋中含有的脂质成分说起。我们在必修1已经学过,脂质可以分为脂肪、磷脂和固醇。那么作为固醇中的一种,蛋黄中含有的胆固醇常常让人们色变。

【问题1】胆固醇真有那么可怕吗? 胆固醇对人体是有害物质吗? 在细胞膜的结构中,除磷脂双分子层外,还有什么物质呢? 另外,在激素调节中,激素的本质都有哪些? 与胆固醇有什么关系?

教师总结:胆固醇是构成细胞膜的重要成分,没有胆固醇,细胞就无法维持正常的生理功能;此外,人体的肾上腺皮质和性腺所释放的各种激素,如醛固酮、雌二醇等激素,其前体物质就是胆固醇。所以,胆固醇对人体的生命活动有重要作用。当然,目前研究普遍认为胆固醇摄入量高也与心脑血管疾病中的血管堵塞相关,具体相关性还有待进一步研究确定,大家可以多关注一下。

实际上鸡蛋中胆固醇含量是极低的,仅为总质量的0.5%左右。此外,在蛋黄中有一种含量丰富而在蛋清中却极少的非常重要的物质——卵磷脂,卵磷脂是磷脂中的一类物质。

【问题2】那么,卵磷脂具有什么结构特点呢?这种特点有什么作用呢?

教师总结:卵磷脂具有亲水头部和疏水尾部,这种特殊的结构可以使卵磷脂形成微球体,将胆固醇等乳化成微小颗粒,使其通过机体的代谢排出体外,从而增加了血液的流动性和渗透性。同时,卵磷脂又是高密度脂蛋白(HDL)的基本组成物质,而高密度脂蛋白又是将血液中多余的胆固醇和甘油三酯转运到肝脏进行代谢、保持血管通畅的重要脂蛋白。所以,卵磷脂在降低血液中的胆固醇、防治心脑血管疾病方面发挥了重要作用,被称为"血管清道夫"。

卵磷脂一般以磷脂酰胆碱为主。

【问题3】在我们目前的学习过程中,有哪种物质的名称与它相近呢?它们之间是什么关系呢?神经递质是神经系统传递信息的重要活性物质,卵磷脂经过消化后释放的胆碱是大脑的神经递质——乙酰胆碱的前体物质,因此卵磷脂含量增加能促进神经细胞突触间的信息传递,从而提高注意力和反应能力,记忆力也能得到提高。此外,卵磷脂还具有改善脂质代谢、防治脂肪肝、增强免疫、防治糖尿病等功能,当人体缺乏卵磷脂时,会影响身体的脂质代谢,易导致高脂血症、脂肪肝等。因此,卵磷脂对人体非常有益。目前卵磷脂已经发展成为保健品,对于多种人群有一定的保健作用(教师简单介绍,配图说明)。我们在日常生活中应该合理膳食,对蛋黄中的卵磷脂加以吸收利用。

【问题4】鸡蛋中只有蛋黄富含卵磷脂,而蛋清中几乎不含卵磷脂吗?今天我们就通过实验来一探究竟。(板书:鸡蛋中卵磷脂的提取和分离)介绍实验目的、原理和试剂等:我们以鸡蛋为材料进行实验,通过实验大家要掌握提取鸡蛋中卵磷脂的原理和方法,了解卵磷脂在鸡蛋中的分布。

本次实验的原理主要有以下两点：①卵磷脂是两性分子，呈淡黄色，可溶于乙醇而被粗提；②由于锌离子可以与卵磷脂的磷酸基团结合，使卵磷脂的溶解性降低，从而达到分离的目的。本实验应用的仪器、试剂和材料有玻璃漏斗、烧杯、玻璃棒、新鲜鸡蛋、滤纸、95％乙醇、$ZnCl_2$、丙酮等。

【问题5】为了探究卵磷脂在鸡蛋中的分布，我们首先要进行的操作是什么呢？将鸡蛋中的蛋清和蛋黄进行分离。

【问题6】同学们有没有将蛋清和蛋黄分离的好办法？——简单讨论，我们一起来看看老师是如何做的吧。

教师播放视频并讲解：用玻璃棒将鸡蛋的一端敲破，用手将周围的蛋壳去掉，形成直径约 1.5 cm 的小洞，轻轻晃动鸡蛋 10～20 次，则蛋清缓慢流至烧杯中。

【问题7】在分离过程中，为什么蛋黄和蛋清的边界是清晰的？蛋黄表面有一层卵黄膜，待蛋清流尽之后，用手将小孔直径扩大至约 3 cm，晃动鸡蛋使蛋黄流至另外一个烧杯中，用玻璃棒搅拌均匀。现在两个烧杯中分别为蛋黄和蛋清了。

实验时两人一组，共用 1 个鸡蛋，其中一人以蛋黄为材料，另一人以蛋清为材料进行卵磷脂的提取。

提取：

获得材料后，根据卵磷脂的溶解特性进行提取，请注意烧杯刻度标识，在盛有蛋清或蛋黄的烧杯中添加 1.5 倍体积的 95％乙醇，迅速用玻璃棒搅拌 5 min，待变成均匀糊状后经滤纸过滤。

【问题8】什么是均匀糊状？（PPT 图示标准）

【问题9】蛋清（或蛋黄）与乙醇搅拌时会发生什么现象呢？为什么？（会有大量沉淀，鸡蛋中的蛋白质在 95％乙醇中发生变性析出。）

【问题10】鸡蛋中除卵磷脂外还有其他物质和乙醇发生反应吗？

【问题11】怎样才能从糊状物中获得（分离出）卵磷脂？讨论——过滤法获得滤液。

分离：

因为本次只是定性实验，所以我们可以选取少量滤液进行后续分析，当滤液量达到 1.5 mL（半离心管量）时即可。

【问题 12】滤液中除卵磷脂外还含有其他物质吗？——少量脂肪、杂质等。

为了将卵磷脂与滤液中的其他杂质进行分离，我们用刻度滴管将 1.5 mL 滤液加入盛有 $ZnCl_2$ 晶体的离心管中震荡，使滤液与 $ZnCl_2$ 充分反应，由于卵磷脂可以与 $ZnCl_2$ 生成络合物沉淀，而且多数络合物会挂在离心管壁上，所以几分钟后就可以观察到管壁上有物质残留。

究竟是蛋清还是蛋黄中的卵磷脂含量更高呢？请大家根据上述实验原理及步骤进行实验操作，并填写学案。

教师巡视全场，对学生操作进行指导。（对个别学生提出问题：蛋清、蛋黄未成功分离，如何对实验进行改进？实验是定性的，如何加速实验进程？）

请小组进行实验现象汇报及分析。

【问题 13】比较蛋清滤液、蛋黄滤液分别与 $ZnCl_2$ 混合后，两个离心管的管壁有何不同？

【问题 14】根据实验结果可以得出什么结论？——蛋黄中含有丰富的卵磷脂，蛋清中几乎不含卵磷脂。

以上就是我们进行鸡蛋中卵磷脂提取、分离、纯化的实验步骤，多数同学按照要求已经完成实验。我们利用卵磷脂溶于乙醇但不溶于丙酮的特点进行了粗提和后续纯化，因此，在以后的物质提取实验中，大家务必要先查阅文献了解提取物的性质，然后根据性质选择可能的提取方法。

【问题 15】有部分小组未能从蛋黄中得到卵磷脂，大家可以帮他们分析一下可能的原因吗？乙醇温度降低从而降低提取率，提取过程中搅拌不充分，锌离子含量低等。同学们通过分析会发现细节决定成败，操作中的微小改变都有可能对实验结果造成影响。

【问题16】针对今天的实验设计,你有什么疑问和收获?($ZnCl_2$ 的溶解度是否会影响最终现象的观察等。)

今天我们应用有机溶剂提取法对鸡蛋中的卵磷脂进行了提取,那么目前卵磷脂除了作为保健品还有哪些应用呢? 教师讲解卵磷脂的应用现状,加深学生对卵磷脂乳化特性等的理解,引导学生关注生活、关注前沿科学发展,并设置开放性作业:目前市场上多数卵磷脂产品来自于大豆,大豆卵磷脂和蛋黄卵磷脂有什么区别呢? 大豆卵磷脂的提取工艺有哪些? 请大家课后查阅资料,针对以上两个问题进行论文写作,文体不限,字数不限。(资料:大豆萃取的卵磷脂含磷脂酰胆碱、磷脂酰乙醇胺、磷脂酰肌醇和磷脂酸等,必需脂肪酸含量较高,有利于人体新陈代谢,生理活性较高;蛋黄卵磷脂多数含磷脂酰胆碱和磷脂酰乙醇胺,但必需脂肪酸含量较低,由于磷脂酰胆碱是神经递质乙酰胆碱的重要来源,故有利于提高记忆力,防治老年痴呆症。)

第五章

发展生物学学科核心素养的教学案例

　　教学案例是对已经发生的、在教学过程中的疑难问题和实际情境的解决和处理的真实描述,叙述一个真实教学故事产生、发展的历程,具有典型性、真实性、启发性和借鉴性。本章从如何建构重要概念、建立生命观念、训练科学思维、开展科学探究、提升社会责任、发展综合素养等方面,展示了精品案例并进行剖析,给读者以一定的启发、体会和借鉴,进一步提高课堂教学效益,发展学生的生物学学科核心素养。

第一节　建构重要概念的教学案例

　　生物学重要概念是建立生命观念的基石。教学的重要任务之一是帮助学生建构概念。建构概念不是逐字逐句地分析概念的定义、指出其内涵和外延使学生达到识记而形成,而是通过分析具体的事实和证据,使学生进行抽象和概括等思维活动而形成。在教学过程中,教师必须注意学生头脑中已有的前概念,特别是那些与科学概念相抵触的错误概念,设置相应的情境,产生认知冲突,从而激发学生的探究动力,建构新的概念。

　　建构概念意味着重视概念在学生头脑中的形成过程,需要运用科学思维方法,并以此训练学生的思维能力,获得清晰完整的概念。学生在运用概念分析问题和解决问题的过程中,思维能力得以顺畅地体现。因此,建构概念的本质是习得概念和训练学生的思维能力。

　　建构重要概念的教学案例设计有如下特点:

　　1. 建构的概念应是重要概念,不是一般概念;

2. 建构概念强调的是重视概念的形成过程;

3. 建构概念需要有情境任务(问题);

4. 建构概念需要运用科学思维方法,开展科学探究活动。

下面是建构"神经系统的分级调节"概念的教学案例,遵循"分析现象——形成概念"的逻辑思路,以日常生活中的现象入手,探究躯体运动这一生理功能的调节,通过科学实验,帮助学生从现象看到本质,由事实转变为概念,最终建立一个分级调节的结构模型,从而达成"位于脊髓的低级神经中枢和脑中相应的高级神经中枢相互联系、相互协调,共同调控器官和系统的活动,维持机体的稳态"的重要概念。案例由北京十一学校付鑫老师提供。

神经系统的分级调节

【教学片段1】 分析现象

教师:同学们是否有这样的经验:走路时,如果脚踩到了尖锐的物体,你会下意识地抬脚,避免伤害。根据上节课我们学习的内容,这是一种怎样的调节方式?

学生:这是一种神经调节。

教师:从这一行为我们可以看出,神经调节的基本方式是什么?

学生:反射。

教师:我们再回忆一下,小时候去医院打疫苗,当针头接触皮肤时也会下意识地闪躲。但是随着年龄的增长,我们面对针头时已经越来越从容了,这是因为反射消失了吗?

学生:没有消失,应该是有意控制的结果。

教师:在我们的脚躲避尖锐物体这个反射的调节过程中,是否就没有"控制者"了呢?

学生:应该也有"控制者",既然是反射,都应该有神经中枢。

教师:很好,大家提到,反射基于完整的反射弧,都应该有神经中枢。那么,在打针时,躲避和不躲避是一对相互矛盾的行为,也就意味着,控制这两种行为的神经中枢一致吗?

学生1：不一致，不同神经中枢控制不同的反射。

学生2：一致，同一神经中枢控制两种反射。

教师：同学们在这个问题上有了分歧。我们先观察一个实验（图2-24），再来看看能否得到这个问题的答案。研究者在一只活蛙的腿部趾端施加稀硫酸，观察到蛙会马上躲避开。如果将蛙的大脑切除，悬挂在铁架台上，再用稀硫酸刺激腿部趾端，蛙会出现缩腿反应。同学们通过这个实验能得出什么结论？

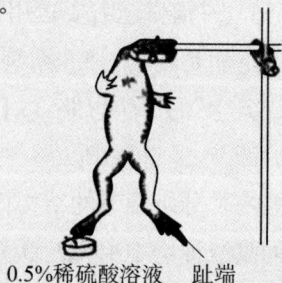

0.5%稀硫酸溶液　趾端

图2-24　蛙的缩腿反应
实验示意图

学生：稀硫酸刺激时，蛙的缩腿反射不需要脑的控制。

教师：那受什么控制呢？

学生：脊髓。

教师：大脑和脊髓对蛙受到稀硫酸刺激后引发的行为一致吗？这又说明什么？

学生：不完全一致，脑能控制蛙进行更为复杂的行为。

教师：我们回到最初始的问题，在打针时，控制躲避和不躲避两种行为的神经中枢一致吗？我们能否得出明确的答案？

学生：不一致，脊髓控制躲避，大脑控制不躲避。

教师：在这对矛盾的行为中，大脑最终控制了我们产生的行为。这说明什么？

学生：大脑能够对脊髓产生抑制作用？

教师：准确地说，大脑作为高级神经中枢，能够控制脊髓这一低级神经中枢。

【教学片段2】　形成概念

教师：从我们熟悉的膝跳反射、缩手反射可以看出，脊髓能够控制躯体的运动，是重要的躯体运动低级神经中枢。那么大脑对躯体运动有什么作用呢？我们再来看一个实验。将实验动物麻醉后，切断脑干，动物苏醒之后会出现四肢伸直、坚硬如柱、头尾昂起、脊柱硬挺等状态。请思考,实验动物为什么会出现这些不自然的现象? 这与肌肉的协调有什么关系?

学生:全身肌肉普遍紧张造成了这些不自然的现象。

教师:肌肉紧张是肌肉细胞兴奋的结果,那么肌肉细胞的兴奋是由什么来控制的呢?

学生:是由脊髓控制的。

教师:好,我们通过这个实验再一次证明了脊髓是控制躯体运动的低级神经中枢。这个实验同时告诉我们,脊髓对躯体运动是完全控制的吗?

学生:不是,因为实验动物的躯体运动不正常。

教师:这说明躯体运动仍然需要的高级神经中枢是什么?

学生:大脑。

教师:很好! 在这个动物实验中,大脑为何不能参与动物躯体运动的调节?

学生:切断了脑干。

教师:脑干是脑和脊髓相联系的结构。科学家证实,切断脑干不但机体的躯体运动异常,还会导致感觉的丧失,这类似于高位截瘫患者无法正常运动,也无法产生感觉。这说明大脑除了参与躯体运动,还有什么功能?

学生:感觉功能。

教师:请大家分组讨论,绘制一幅大脑、脊髓参与躯体感觉、运动的关系图。

学生与老师一起绘制如下模式图(图2-25)。

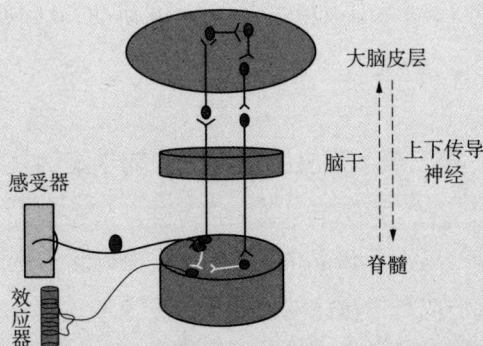

图2-25　中枢神经系统分级调节示意图

教师：通过对实验的分析以及各组的讨论，可以达成共识：位于脊髓的低级神经中枢和脑中相应的高级神经中枢相互联系、相互协调，共同调控躯体运动等活动，维持机体的稳态，这就是神经系统的分级调节。

教学特点分析

本案例选取了《神经系统的分级调节》一节中两个教学片段，分别侧重概念引入和概念建构。

在"分析现象"中，教师从日常生活中的现象出发，引导学生对神经调节基本概念的回顾和不同反射中神经中枢差异的分析，启迪学生思考"大脑和脊髓对蛙受到稀硫酸刺激后引发的行为一致吗？"这一关键问题。结合经典的蛙搔扒反射实验，引导学生从实验结果中获得实验结论，解决关键问题，建立神经中枢有高级、低级之分的基本印象。基于实验结果的论证能够更有效地引起学生思考，建立科学概念。

在"形成概念"中，教师继续引导学生分析实验，启发学生建立高级神经中枢与低级神经中枢之间关系的重要概念。"去大脑僵直"是动物生理学的经典实验，体现了大脑作为高级神经中枢对躯体运动的调节。虽然该实验的结果一目了然，但是教师使用了一系列问题帮助学生层层深入，从去大脑僵直后肌紧张由脊髓这一低级神经中枢控制，到躯体运动需要脊髓低级神经中枢和脑中高级神经中枢共同控制，再到脑干作为脑和脊髓联系的中间环节，最后通过小组讨论绘制中枢神经系统分级调节模式图，最终达成"位于脊髓的低级神经中枢和脑中相应的高级神经中枢相互联系、相互协调，共同调控器官和系统的活动，维持机体的稳态"的概念。

第二节　建立生命观念的教学案例

生命观念的形成，离不开概念的建构，在建构概念的基础上，通过进一步的抽象和概括，才能形成对生命活动规律及其本质的认识。在建构概念、形成生命观念的过程中，离不开科学思维和科学探究，同时也发展学生的科学思维和科学探究能力。

　　生命观念由一系列观念组成,如结构与功能观、系统观、物质与能量观等;结构与功能观又有相应的具体内涵,如结构决定功能,结构与功能相适应,生命系统中的各种结构协调配合,共同完成生命活动等,这些内涵又由一系列的概念所支撑,如各种细胞器的结构及功能等。教学时,需要先从具体的情境(如某种细胞器的结构及功能)分析开始,通过科学思维和科学探究,形成一系列的概念(如各种细胞器的结构及功能,各种细胞器的结构与功能的相互联系),然后进一步抽象和概括形成观念。但是,教学中的情境往往是单一的事实或证据,据此所形成的观念是局部的,只反映了观念的某一个层面,还需要后续的学习进一步深化。因此,在每一节课的教学中,切不可无限拔高,一定要依托具体的情境载体,形成相应的生命观念。

　　建立生命观念的教学案例设计有如下特点:

　　1. 需要从建构概念开始;

　　2. 结合具体概念内容确定生命观念的具体内涵;

　　3. 需要明确生命观念的形成过程和层级(如初步认识、初步形成、形成、进一步形成、确立、运用等);

　　4. 需要运用科学思维方法,开展科学探究活动。

一、建立结构与功能观、系统观的案例

　　学习细胞的结构与功能,能从细胞的结构是众多分子有序组合的结果,以及细胞的某种生命活动是由众多细胞结构共同完成的概念中,在细胞水平上初步形成结构与功能观,并渗透系统观。下面的案例既体现了"事实——概念——观念"的形成过程,又渗透了系统观。案例由清华大学附属中学李琳老师提供。

细胞器之间的分工合作

【导入环节】　渗透系统观

　　教师:在之前的课程中我们已经学过了《组成细胞的分子》,当我们对细胞内各种物质的种类、数量有了深入了解之后,能否将细胞内含有的各种物质配齐,并在一支试管中按照它们在细胞中的比例混合,构成

一个生命系统呢？它能否完成细胞的各项生命活动呢？

学生：不能。

教师：为什么？

学生1：因为组成细胞不仅需要各种物质,还要有特定的结构。

教师：能举些例子吗？

学生1：比如,你加入很多磷脂和蛋白质,但是它们不一定能排列成细胞膜的结构,就没法完成细胞膜的功能。

教师：其他同学同意吗？当我们要利用各种分子来组成细胞时,是一个系统结构层次的变化——由分子到细胞。这时我们更关注其结构,你有什么依据吗？

学生2：(翻书查找第5页旁栏："系统"的定义)系统是指彼此间相互作用、相互依赖的组分有规律地结合而形成的整体。但如果把所有物质都放在试管中,它们没有办法像在细胞内那样"有规律地结合",也没法"相互作用、相互依赖"。

教师：非常好,虽然这些重要的分子是细胞执行各项生命活动的物质基础,但要构成一个完整的细胞,并完成其生命活动,还要关注这些物质之间如何有规律地结合并形成特定的结构。该同学还引入了"系统"的概念,很好地解释了这一点。那么本节课,我们就来看一看细胞的结构。

【设计意图】通过"能否用物质构建细胞"的思维训练,引导学生利用"系统"的概念认识细胞作为最基本的生命系统的独特性和复杂性。在细胞的物质性的基础上,引导学生关注细胞精巧的结构对其能高效完成各项复杂的生命活动所具有的重要性,渗透结构观和系统观。

教师：说到细胞的结构精巧、功能复杂,我想给大家一个比较直观的实例分析。1965年,我国科学家在世界上首次人工合成了蛋白质——结晶牛胰岛素。时至今日,即便我国现在已经具备更先进的科学技术,但当医学领域需要大量胰岛素时,仍旧需要借助细胞(利用转基因技术在大肠杆菌内)完成胰岛素的大量合成。为什么靠人力很难完成的工作,对细胞来说却轻而易举呢?细胞具有怎样的"生产线"呢?下面我们就来学习细胞内各种细胞器的分工合作。

【设计意图】在逻辑推理的基础上,借助直观、具象的胰岛素合成和分泌的实例,通过科学家艰苦卓绝的科研突破才能人工合成胰岛素,与细胞轻松高效地合成胰岛素之间的鲜明对比,体现细胞内细胞器之间分工合作的精准高效,满足学生对细胞如何完成蛋白质的合成和分泌的好奇。渗透"结构是功能的基础"的结构与功能观,并在关注细胞器之间协调配合的基础上,初步形成"整体大于部分之和"的系统观。

活动1　制作"细胞器名片"

学生活动:阅读教材第48~第49页动植物细胞亚显微结构模式图,填写"细胞器名片"(表2-11),尝试挑选与胰岛素合成和分泌相关的细胞器,并根据其参与生命活动的先后顺序进行排序。

表2-11　细胞器名片

细胞器	结构特征	位置	功能	是否参与及参与顺序
核糖体	微小颗粒状	附于粗面内质网上或游离在细胞质基质中	合成蛋白质(多肽链)	是 (1)
内质网	膜性管道系统,分为粗面内质网和光面内质网	略	合成、加工和运输蛋白质等大分子物质	是 (2)
高尔基体	扁平囊状、泡状结构	略	对来自内质网的蛋白质进行加工、分类和包装	是 (3)
线粒体	略	略	为细胞生命活动提供能量	否
······				

【设计意图】结构与功能观可拆分为结构观与功能观。学生首先需要准确理解各种细胞器的结构和功能,即细胞器之间的分工,这是理解细胞器之间合作的基础。在阅读、梳理过程中,学生自然会思考各种细胞器是如何通过其特定的结构来行使其功能的。在挑选与胰岛素合成和分泌相关的细胞器并排序的过程中,学生会自发地将细胞器按照其功能的相关性进行分类,并依据它们的功能进行排序,初步形成结构与功能观。

思考与讨论 1 展示胰岛细胞和上皮细胞的亚显微结构图,通过比较两者的结构特征,判断哪个是胰岛细胞。

【设计意图】利用"结构是功能的基础"的观点,引导学生逆向思考,从细胞的功能猜测细胞可能具有的结构特征,通过直观的对比和实践应用,深化结构与功能观。

活动 2 以胰岛素的合成和分泌为例,完成细胞器之间分工合作的流程图

学生活动:先阅读教材第 52 页内容,并在教师引导下分析同位素标记实验,检验自己提出的假说,完善"胰岛素合成和分泌流程图"。

学生通过阅读和分析实验,很容易得出图 2-26 的流程图,而对囊泡、细胞膜是否应该绘入该图存有疑惑。

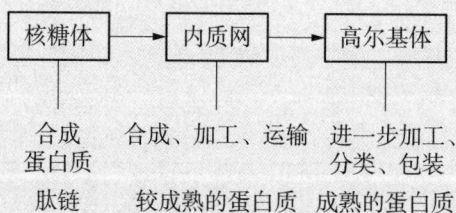

图 2-26 胰岛素合成和分泌流程图

思考与讨论2 仅依赖核糖体、内质网、高尔基体,细胞就能完成蛋白质的合成和分泌过程吗? 该过程还需要哪些细胞器或细胞结构的参与?

结合学生产生的疑惑和本题的提示,学生能够补充、完善线粒体、细胞膜、囊泡等细胞结构参与蛋白质合成和分泌的过程(图2-27),同时明确了细胞器与细胞结构的概念。

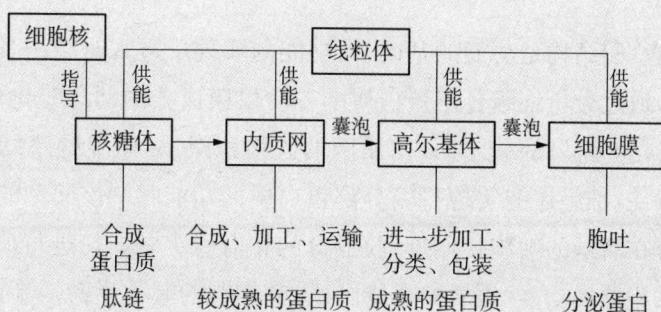

图2-27 完善胰岛素合成和分泌流程图

【设计意图】在问题的引导下,学生能够进一步关注细胞器、细胞结构之间更广泛的合作,初步形成"细胞各部分结构既分工又合作,共同执行细胞的各项生命活动"的概念。

思考与讨论3 在该过程中内质网、高尔基体、囊泡、细胞膜都是具膜结构,请结合你对细胞膜结构和功能的学习,分析膜结构在该过程中发挥的功能,以及膜是如何实现其功能的?

【设计意图】在总结各种膜结构在该过程中所承担的功能时,学生能发现其共性——参与物质运输。结合已经学习过的细胞膜的结构和功能,学生可以得出"膜结构的流动性是形成囊泡、囊泡与细胞结构结合、实现物质运输的基础"的结论,深化"结构是功能的基础"的观点。通过对多个具膜结构的结构和功能进行综合分析,学生可自主构建"生物膜系统"的概念雏形。借助生物膜的连续性将多个细胞器、细胞结构的功能联系起来，认识到细胞是协调统一的整体，深化结构观和功能观。

思考与讨论4 细胞完成一次蛋白质的分泌后，细胞内的各种膜成分会发生怎样的变化？细胞分泌蛋白质可以持续进行吗？

【设计意图】结构是功能的基础，而功能的实现反过来对结构具有一定的影响。学生通过分析细胞分泌蛋白质的各阶段膜成分的动态变化过程，会发现问题：完成蛋白质的分泌后，内质网的膜面积减小，而细胞膜的膜面积增大。长此以往，细胞还能实现持续分泌蛋白质的功能吗？该问题的实质是引导学生思考在活跃的细胞代谢中，膜成分的相对稳定是如何进行调节的。此时再结合细胞器的功能（内质网合成脂质）和细胞的其他生命活动（胞吞等），分析在复杂的生命活动中各种细胞结构能够维持相对稳定的状态，而相对稳定的状态又是其稳定高效地完成生命活动的基础和保障。由此使结构与功能相适应的观点从细胞器水平上升到细胞水平。

教学特点分析

本案例使学生不仅能够理解各种细胞器的结构和功能，细胞器之间的分工合作，还能够阐明细胞各部分的结构与其功能相适应，强化结构与功能观。在认同细胞各部分结构与其功能相统一的基础上，渗透系统观点，以系统观的视角理解细胞是一个有机的整体。

1. 渗透系统观

在课上提问环节，以"能否用物质构建细胞"的设问引导学生思考，通过学习"系统"的概念，使学生认识到每个系统层次不仅包含其下位的各个组分，还应包含各组分之间的联系、结构。引导学生用系统的视角认识细胞。

在导入环节，教师设置人工合成牛胰岛素困难重重与细胞高效合成胰岛素的冲突情境，使学生直观且震撼地认识到，细胞通过细胞器之间的分工合作实现细胞功能，提高代谢效率，进而理解"整体大于部分之和"，强化系统观。

2. 初步形成结构与功能观

在初中阶段，学生已初步建立了结构与功能观。在引导学生制作"细胞器名片"时,学生能够自发地基于结构阐释功能。而教师进一步设置有一定思维含量的活动——尝试挑选与胰岛素合成和分泌相关的细胞器,引导学生关注细胞器在结构上的相似性和功能上的连续性,为"生物膜系统"概念的建构奠定基础。

在形成"生物膜系统"的概念和完成"胰岛素合成和分泌流程图"的基础上,教师进一步提出思考题"细胞完成一次蛋白质的分泌后,细胞内的各种膜成分会发生怎样的变化?细胞分泌蛋白质可以持续进行吗?"这样,教师将学习情境向更深层次引领,使学生认识到功能的实现可能会对结构产生一定的影响。进一步理解细胞结构的相对稳定和功能的持续发挥,需要细胞对复杂的生命活动进行调节,认识到细胞结构的动态变化保证了细胞连续的生命活动,完善、深化了对结构与功能观的理解,帮助学生从细胞器水平上升到细胞水平的结构与功能观。

二、建立适应与进化观的案例

适应与进化观是生命观念的重要组成部分,如何指导学生学习细菌的适应与进化现象,建立"生物的生存是适应环境的表现,适应是自然选择的结果"的进化思想,是教学的一个难点。下面的案例从学生自身健康的角度引入,让学生在对抗生素的作用和使用有了初步认识的基础上,再构建一个抗生素对细菌选择作用的实验,通过科学实验说明细菌的适应和进化现象,帮助学生建立相应的适应与进化观。案例由北京市育英学校邓晓丽老师提供。

自然选择与适应的形成

教师:同学们,在日常生活中,如果因抵抗力下降而感冒发烧了,你会怎么处理?

学生:不严重就在家吃点药,严重就去医院抽血、开药。

教师:去医院抽血、验血的目的是什么?

学生:医生会根据检测指标判断是细菌性感染还是病毒性感染。如果是细菌性感染,就会建议服用抗生素类药物;如果是病毒性感染,就会建议服用抗病毒类药物。

教师：这位同学非常有经验。在家随意服药是不科学的,有时还会耽误治疗而加重病情。如果是细菌性感染,需要服用抗生素类药物时,医生会有什么建议? 或者根据你自己的经验,服用抗生素类药物的时间有什么需要注意的?

学生：一般不超过 3～5 d,最长不能超过 1 周。

教师：超过 1 周可能会有什么后果?

学生：抗生素可能会杀死肠道中的益生菌,引起菌群失调。严重的可能会筛选出具有耐药性的"超级细菌"。

教师：细菌以二分裂的方式进行增殖,每 20 min 即可分裂一次,在此过程中容易产生基因突变。这意味着什么呢? 我们共同来阅读一则材料。

【资料】

科学家在一块巨型培养基上模拟抗生素对大肠杆菌的选择作用。他们在固体培养基中设置了不同的抗生素浓度形成梯度,让大肠杆菌在表层可以扩散到它们能够生存的区域。紧接着,他们在抗生素浓度为 0 的区域正中间位置接种对该抗生素没有耐药性的大肠杆菌,并用延时摄影技术观察记录大肠杆菌的扩散方向、速度和最终能到达的位置。结果如图 2-28 所示。

教师：在最初的 44 h 内,大肠杆菌从接种点扩散到了抗生素浓度为 0 的所有区域,为什么没有扩散到其他具有抗生素的区域?

学生：大肠杆菌没有耐药性,扩散到 3 个浓度单位的抗生素区域的全部大肠杆菌,由于抗生素的作用而死亡。

教师：随着时间的变化,大肠杆菌的扩散呈现什么结果?

学生：大肠杆菌逐渐往高浓度的抗生素区域扩散,并且在 264 h(约 11 d),扩散到了最高浓度的抗生素区域。

教师：产生这种现象的原因是什么?

学生：大肠杆菌产生了耐药性。

教师：这种耐药性是如何产生的呢?

学生 1：抗生素的选择作用?

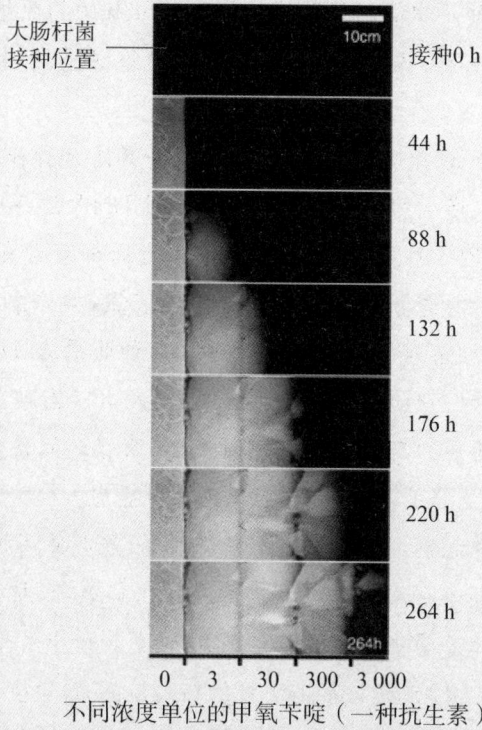

图 2-28　抗生素对大肠杆菌的选择作用

学生 2：抗生素的诱导作用？

学生 3：耐药性的产生应该是自发的吧……

教师：抗生素的选择作用使耐药性个体存活，耐药性个体的增殖导致其数目在群体中不断积累。但是耐药性是如何产生的呢？是刚才同学说的自发突变，还是抗生素诱导的突变呢？该如何证明？

学生：……

教师：同学们注意观察抗生素浓度为 0 的区域和 3 个单位浓度的抗生素区域的交界处。如果是抗生素诱导了耐药性的产生，那么最先接种在正中间位置的大肠杆菌向右横向增殖扩散时，必定最先抵达交界处，接触抗生素的时间最长。而一般情况下，一种诱变剂诱导细菌发生突变的概率应该是一样的。那么，大家认为最先出现抗性突变菌的位置是哪里？

学生：交界处正中间的位置。但是图中88 h的拍照结果，突变菌落主要出现在中下部分，说明菌落的突变是自发的、随机产生的，不是抗生素诱变的结果。

教师：很好！以此类推，后面各个浓度交界处大肠杆菌产生的突变也是自发的、随机产生的。并且科学家也通过DNA测序验证了抗性菌耐药性突变的原因。可见，耐药性的产生是大肠杆菌自发、随机突变的结果，通过抗生素的选择作用，强耐药性不断积累，群体中抗药基因频率迅速增加。这是细菌对抗生素的一种适应。如此看来11 d的时间，就能让大肠杆菌的耐药性增加1 000倍左右。人类不断研发和使用新的抗生素，细菌对新药的耐药性也在不断提高，两者之间仿佛发生了一场竞赛。作为这场竞赛的参与者，你可以做些什么呢？

学生1：严格控制，尽量减少使用，遵医嘱、规范使用抗生素。

学生2：难怪青霉素都有好几代的药物了。老师，抗性菌进化得那么快，医生怎么知道哪些抗生素不宜使用，该更新换代了呢？

教师引导学生阅读教材第114页的拓展应用3，学生回答问题。教师引导学生关注我国卫生部门及医疗机构对抗生素使用情况的监测，关注抗生素的使用规范和制度，体会国家相关制度和规范的日益完善。

教师：同时我们发现，在与耐药菌争分夺秒的竞赛中，科学家走在了前列。我们一起观看纪录片《抗击超级细菌》的部分节选，感受科学的智慧与光芒。（看完视频）同学们可以总结一下，视频中的科学家都通过什么方法对抗耐药菌的增加呢？

学生1：在特殊的环境中，比如很深的钟乳石溶洞中，寻找产生新的抗生素的产生菌进行培养，开发抗生素类新药。

学生2：科学家研究并利用细菌的"天敌"——噬菌体进行细菌性感染的治疗，并谨慎地进行临床试验，希望能早日应用于临床治疗。

学生3：科学家还研究了细菌交流的"语言"——即信号分子，通过实验成功地阻断了细菌的"交流"及"破坏"行为，为非抗生素类新药的研发提供了方向。

> 教师：综上可见，人类从未停下与耐药菌竞赛的脚步。科学家顺应自然规律，不断开拓创新，才能为人类健康保驾护航。因此也希望同学们持续关注，不断更新自己的观念，理解生物科学技术在生活中的应用和价值。我们只有理解了，才能更好地指导自己的行为，才能更加科学理性地生活。

教学特点分析

本案例以"抗生素对细菌的选择作用"为主题，分析了耐药菌对抗生素的适应现象，帮助学生建立适应与进化的生命观念，同时形成健康用药的意识。

在导入环节中，教师从日常生活中感冒发烧的处理经验出发，引导学生思考在使用抗生素的过程中要注意的事项，帮助学生形成安全用药的健康生活意识，同时引导学生思考生活中过度使用抗生素的危害。将身边抗生素的使用方法与资料中直观的耐药菌进化实验联系起来，通过实验分析，让学生领悟实验设计的巧妙，理解实验、实证在探究细菌耐药性中的重要作用，帮助学生形成进化的概念，并建立适应与进化的生命观念。引导学生关注国家对抗生素的使用规范和制度，关注人类与耐药菌的竞赛，理解科学家进行基础研究的应用价值和意义，培养学生的社会责任。

第三节　训练科学思维的教学案例

在一节生物学课堂教学目标中，不可能只有训练学生的科学思维目标，因为科学思维必须建立在知识的基础上，离开了具体的知识来训练科学思维，就如同空中楼阁一样，是一种空想。因此，本节的案例并不只是训练科学思维，而是在训练科学思维方面的表现更明显、更突出一些。

科学思维是形成概念的工具和途径，或者说概念是通过科学思维而建构的，因此，科学思维主要表现在建构概念的过程中，或者应用概念分析问题和解决问题的过程中，具体表现为分析与综合、抽象与概括、建构模型、批判性思维等。

训练科学思维的教学案例设计有如下特点：

1. 需要以知识作为载体；

2. 需要具体的情境；

3. 要明确科学思维方法和特征；

4. 经常在探究活动中得到发展。

一、运用科学思维建构重要概念的案例

下面的案例充分体现了在建构概念的过程中训练学生科学思维的特点。案例由北京市第十一中学王红娜老师和北京市东城区教师研修中心郑近老师提供。

光合作用的原理

【环节1】 导入——尊重学生的认知逻辑，温故知新，提出问题

教师：回顾初中阶段学过的光合作用知识，说说对光合作用的理解。

学生回答，其他学生补充，回顾初中阶段光合作用的概念。

教师：现在我们用化学式来表示光合作用（将光合作用的反应式书写在黑板上）。

设问：CO_2 和 H_2O 是如何生成有机物和 O_2 的？光能又是怎样储存在有机物中的？这些是我们今天要解决的问题，本节课主要从 O_2 的来源和（CH_2O）的合成途径进行学习。

【环节2】 O_2 的来源——以史为证，创造性地使用教材，逐步探究推理，构建光反应过程

教师：先解决 O_2 的来源问题。

设问：O_2 的来源有哪些可能性？

学生：可能来自 H_2O，也可能来自 CO_2，还可能来自 H_2O 和 CO_2。

教师：（将3种可能性列在黑板上）让我们沿着科学家的研究历程来逐步解决这一问题。请阅读教材第102页"思考·讨论"第一段内容。

19世纪末，科学界普遍认为，在光合作用中，CO_2 分子的 C 和 O 被分开，O_2 被释放，C 与 H_2O 结合成甲醛，然后甲醛分子缩合成糖。1928年，科学家发现甲醛对植物有毒害作用，而且甲醛不能通过光合作用转

化成糖。

设问：基于上述文字，你对 O_2 来源的可能性有怎样的初步判断？

学生回答：来自 CO_2 的可能性较小，最可能的来源是 H_2O。

教师：事实与我们的推测是否一致？继续沿着科学家的足迹来进行研究。阅读教材"思考·讨论"第二段：希尔的实验。

1937 年，英国植物学家希尔(R. Hill)发现，在离体叶绿体的悬浮液中加入铁盐或其他氧化剂(悬浮液中有 H_2O，没有 CO_2)，在光照下可以释放出氧气。像这样，离体叶绿体在适当条件下发生水的光解、产生氧气的化学反应称作希尔反应。

PPT 呈现补充资料：充当氧化剂的 Fe^{3+} 变成了 Fe^{2+}。

学生基于上述资料，思考并完成学案上的希尔实验表达式(图 2-29)。

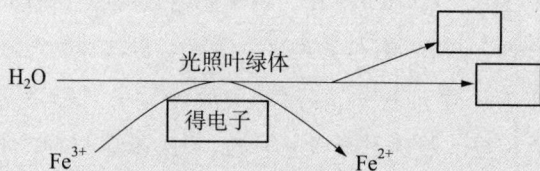

图 2-29　希尔实验表达式

教师：反应式的产物之一是 O_2，另一产物如何确定？

学生：Fe^{3+} 得电子成 Fe^{2+}，电子来自于水中的 H，H 失去电子变成 H^+。

设问：希尔实验可以证明 O_2 来自 H_2O。能否确定 O_2 全部来自 H_2O？若要证明 O_2 全部来自 H_2O 或者来自 CO_2，可采用什么方法？请说出基本思路。

学生：同位素示踪法。设置两组实验，一组用同位素标记 H_2O，不标记 CO_2；一组用同位素标记 CO_2，不标记 H_2O。如果第一组产生的 O_2 有标记，第二组产生 O_2 的没有标记，说明 O_2 来自 H_2O；反之，则说明 O_2 来自 CO_2。

设问：阅读教材"思考·讨论"第三段：鲁宾和卡门利用同位素示踪

法进行的实验。你能得出什么结论?

1941年,美国科学家鲁宾(S. Ruben)和卡门(M. Kamen)用同位素示踪的方法,研究了光合作用中氧气的来源。他们用^{16}O的同位素^{18}O分别标记H_2O和CO_2,使它们分别变成$H_2^{18}O$和$C^{18}O_2$。然后,进行了两组实验:第一组给植物提供H_2O和$C^{18}O_2$,第二组给同种植物提供$H_2^{18}O$和CO_2。在其他条件都相同的情况下,第一组释放的氧气都是无同位素^{18}O标记的O_2,第二组释放的都是$^{18}O_2$。

学生:O_2全部都来自H_2O。

教师引导学生思考水中的H的去向,PPT呈现阿尔农的实验资料。

1954年,美国科学家阿尔农(D. Arnon)发现,在无CO_2条件下,给叶绿体光照时,当向反应体系供给ADP、Pi和$NADP^+$时,体系中就会有ATP和NADPH产生($NADP^+$、H^+和电子结合形成NADPH,NADPH属于还原性物质)。1957年,他发现这一过程总是与水的光解相伴随。

基于上述实验,学生获知,在水的光解过程中,伴随发生合成ATP和NADPH的反应。教师引导学生明确,伴随着物质的变化,能量从光能转化为化学能,暂时储存在ATP和NADPH中。结合上节课学习的叶绿体结构的内容,明确水的光解发生在叶绿体的类囊体上。

【环节3】 (CH_2O)的合成途径——补充经典实验,学生参与设计和探究,建构卡尔文循环的简要过程

教师:光合作用的产物除了O_2,还有糖类等有机物。20世纪40年代,美国科学家卡尔文等用小球藻作实验材料,利用同位素示踪法追踪了CO_2中C的转移路径。

(PPT展示实验装置,介绍实验装置和卡尔文实验的过程)

实验结果1:照光30 s,^{14}C分布于多种化合物中,有C_3、C_5、C_6等化合物。

设问:如何能确定CO_2中的C先转移到C_3、C_5、C_6中的哪种化合物中呢?

学生:缩短反应时间。

实验结果 2：当反应进行到 5 s 时，^{14}C 同时出现在 C_5 和 C_6 中。缩短到几分之一秒时，几乎所有的 ^{14}C 都集中在一种 C_3 化合物上。

设问：请据此大致描述 CO_2 中 C 的转移路径。

学生：C 先转移到 C_3，再转移到 C_5 和 C_6。

设问：推测 CO_2 与什么物质结合生成 C_3？

学生：应该是 C_2，也可能是 3 个 CO_2 生成的 C_3。

教师引导学生考虑反应前后 C 的数目，CO_2 与 C_5 结合也可以生成 C_3。

设问：卡尔文等经过反复实验，并没有检测到 C_2。通过改变 CO_2 的量进一步实验，请预期，如果增加 CO_2 的量，对 C_3 和 C_5 的影响是怎样的？减少 CO_2 的量，C_3 和 C_5 又会有什么变化？

学生说出预期后，教师展示卡尔文的实验结果。发现 C_3 的变化与预测一致，而 C_5 则正好相反。由此引导学生从反应物的角度分析 C_5 含量的变化（图 2-30）。

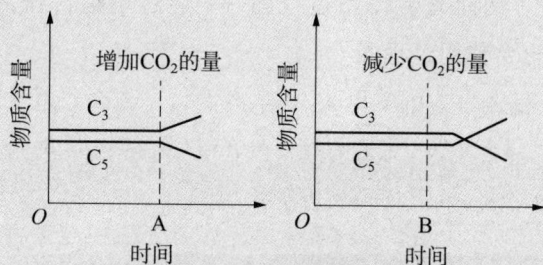

图 2-30　增加或减少 CO_2 量对 C_3/C_5 化合物的影响

设问：除了上述线性的表达方式，CO_2 中 C 的转移路径有无其他可能？

学生：环形的、循环的。

教师板书呈现（图 2-31）：

教师讲述卡尔文循环的简要过程，说明该过程所需要的酶位于叶绿体基质中，点明卡尔文循环发生的场所。

过渡：关于 C 的转移路径的研究暂时告一段落。卡尔文循环呈现

$$CO_2 \rightarrow C_3 \rightarrow C_5$$
$$\rightarrow C_6$$

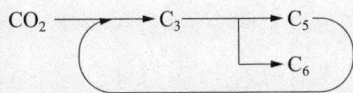

图 2-31　卡尔文循环的简要过程示意图

了 C 的转移路径，即有机物的形成过程，与前面研究水的光解产生 O_2 的过程是否存在一定的联系？再回到阿尔农的实验继续研究。

PPT 展示补充资料：阿尔农发现，在黑暗条件下，只要供给了 ATP 和 NADPH，叶绿体就能将 CO_2 转化为糖类，同时 ATP 和 NADPH 含量急剧下降。

学生：水的光解为卡尔文循环提供了 ATP 和 NADPH。

教师：ATP 和 NADPH 参与生成 C_3、C_5、C_6 的过程。思考光合作用过程中光能是经过怎样的转化储存到糖类中的。

学生：光能首先被光合色素吸收，转化成 ATP 和 NADPH 中的化学能，再转移到糖类等有机物中。

【环节4】　构建光合作用过程图——通过小组合作，加工整理思路，自主构建光合作用过程图

教师：请根据本节所学内容，在学案上构建光合作用过程图。

学生分组讨论交流，完成学案。8 min 后，两名学生到黑板上共同完成过程图的绘制，如图 2-32 所示。

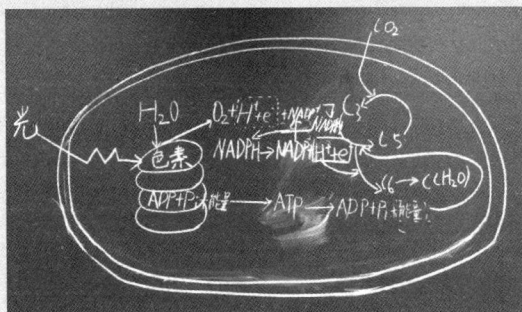

图 2-32　光合作用的过程示意图

教师小结，并给出光反应和暗反应的概念。

教学特点分析

1. 尊重并创造性地使用教材,充分利用科学史,引导学生建构概念,提升思维,体验探究历程

学习生物科学史能使学生沿着科学家的足迹,理解科学的本质和科学研究的思路和方法,学习科学家献身科学的精神,这对发展学生的生物学学科核心素养是很有意义的。本案例充分尊重并使用教材中的经典实验,在此基础上依据科学史事实补充希尔、鲁宾和卡门的实验结果,补充希尔实验中 Fe^{3+} 被还原成 Fe^{2+},补充阿尔农实验中 NADPH 的合成,补充卡尔文实验的装置及实验过程和结果。学生能真实完整地体验科学探究历程,加深对光合作用过程的理解,同时提升获取证据、逻辑推理等方面的能力。

2. 联系初中知识以及相关学科,基于学生已有的知识和经验,体现概念进阶

本案例基于学生初中阶段已有的光合作用知识,从初中的光合作用反应式入手,引导学生学习新知,体现学科重要概念在初高中的衔接。此外,在本节课的学习过程中,学生需要运用有关化学反应中的氧化剂、还原剂以及同位素示踪法等知识,体现了跨学科概念之间的衔接。

3. 充分发挥科学思维在概念建构过程中的作用,基于概念的理解形成生命观念

概念建构是科学思维的过程,概念教学本质上也是思维教学。课程标准指出,学生应在较好地理解生物学概念的基础上形成生命观念。本案例在引导学生探究 O_2 的来源和 (CH_2O) 的合成途径后,放手让学生根据整节课的探究和思考,自主构建光合作用过程图,建立光反应和暗反应之间的联系,并基于此说明光合作用过程中的物质变化和能量转化,深刻体会生命的物质与能量观。

二、分析概念、运用概念提升科学思维的案例

光合作用强度的表示方法是光合作用原理的应用的拓展,通常情况下是由教师讲解选择 CO_2 的吸收量或 O_2 的释放量作为指标的原因,让学生记住这种方法即可。但下面的案例中,蔡磊老师通过光合作用的化学反应式,引导学生一步步分析推理选择 CO_2 的吸收量或 O_2 的释放量作为指标的原因,整

个过程中的科学思维非常明显。案例由中国人民大学附属中学蔡磊老师提供。

光合作用原理的应用——光合作用强度的表示方法

教师：光合作用的强度直接关系农作物的产量，研究环境因素对光合作用强度的影响，对改进农业生产非常重要。那么如何定量地表示光合作用强度的大小呢？这是我们首先需要解决的问题。请回忆光合作用的化学反应式，结合化学知识，说一说可以用什么指标来表示光合作用强度。

学生：光合作用的化学反应式是 $H_2O + CO_2 \longrightarrow (CH_2O) + O_2$。在研究化学反应时，一般用反应物的消耗速率或者产物的生成速率表示反应速率，所以根据化学反应式，H_2O 和 CO_2 的消耗速率或 (CH_2O) 和 O_2 的生成速率应该都可以表示光合作用强度。

教师：想法非常好，能够利用化学知识来解决生物学问题，非常有创造性！但是，请你再仔细思考一下，植物除光合作用外，还能同时进行哪些生理活动或代谢活动？是不是上面的这四项指标都适合作为光合作用强度的指标呢？

学生：嗯……（思考）。植物还能进行蒸腾作用，考虑蒸腾作用会消耗大量水，那么用 H_2O 的消耗速率表示光合作用强度就不妥当了。

教师：反思得非常到位。在实际检测中，植物吸收的水分绝大部分都用于蒸腾作用散失，只有很小一部分用于光合作用，所以不容易通过测定水分变化来表示光合作用强度。除了蒸腾作用，还有其他生理活动或代谢活动也会影响 CO_2、O_2 或 (CH_2O) 作为指标吗？

学生：对了，还有呼吸作用！从化学反应式来看，呼吸作用的过程与光合作用正好相反，用 CO_2 的消耗速率或 (CH_2O) 和 O_2 的生成速率实际上不能真实地反映光合作用强度了。

教师：确实如此，那么什么样的指标才能真实地反映光合作用强度呢？接下来请结合以下植物细胞示意图（图 2-33）进行分析。

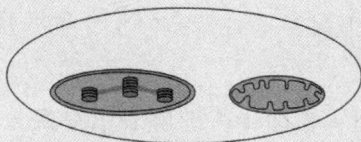

图 2-33 植物细胞示意图

【活动一】 请同学在图中用箭头标出光照比较充足时,CO_2 和 O_2 的各种可能的流动或交换途径

学生:思考,尝试。

教师:巡视,交流。有些同学很快画出来了,请一位同学在黑板上画出这些流动或交换的途径。

学生:在黑板上绘图(图 2-34)。

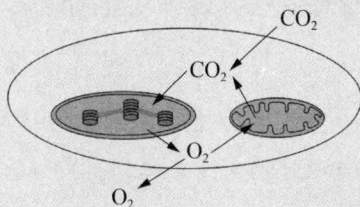

图 2-34 CO_2 和 O_2 在植物细胞中的
流动或交换途径示意图

教师:很好,请绘图的同学解释一下这些箭头所代表的含义。

学生:光照时,植物的叶绿体能吸收光能进行光合作用,所以就会有 CO_2 进入叶绿体,并且从叶绿体中释放 O_2。细胞还同时进行呼吸作用,所以 O_2 会不断地进入线粒体,线粒体会不断地向外释放 CO_2。

教师:细胞内的箭头流向解释得非常好。为什么还有细胞外的 CO_2 进入细胞,而 O_2 从细胞释放出来的箭头呢?

学生:因为光照比较充足时,光合作用的强度较大,所以叶绿体除了能将线粒体释放的 CO_2 都吸收以外,还能再从外界环境中吸收 CO_2。同理,从叶绿体释放的 O_2 除了能满足线粒体所需,还会将多余的释放出细胞。

教师：解释得非常好。那么真实的光合作用强度应该用哪些箭头表示呢？

【活动二】 请同学在图中将能够表示真实光合作用强度的箭头加粗

学生：应该是CO_2直接进入叶绿体的箭头和O_2直接从叶绿体释放出的箭头（图2-35）。

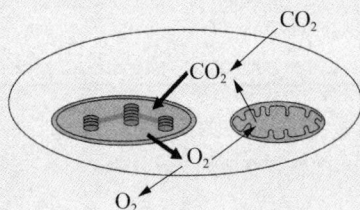

图2-35 CO_2和O_2在叶绿体中的
流动或交换示意图

教师：非常好。为了方便，我们可以分别称这两个箭头所代表的参数为CO_2的固定速率和O_2的制造速率，它们可以作为真实的光合作用强度的表示方法。但是请各位同学思考，这两个数据是否容易在实验中测定呢？

学生：这是细胞内的变化，不容易测定。

教师：那么上面哪些箭头所代表的数据容易测定呢？

【活动三】 请同学在图中将推测较容易测定的箭头用数字标出（图2-36）

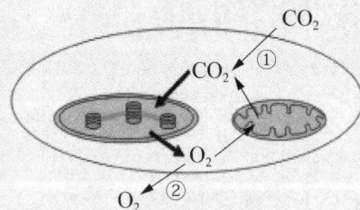

图2-36 上述过程中易于测定的
CO_2和O_2量示意图

学生：应该是细胞从外界吸收 CO_2 和细胞向外界释放 O_2 这两个箭头所代表的数据比较容易测定，因为这两个数据可以直接在细胞外测定。

教师：推测得很有道理。实际上，科学家已经开发出了便携的红外线 CO_2 分析仪，能够直接快速测定植物从外界吸收 CO_2 的速率。不过，①②两箭头所代表的 CO_2 吸收速率或 O_2 释放速率并不表示真实的光合作用强度，如何通过这个数据计算真实的光合作用强度呢？请结合图上的箭头分析回答。请各位同学相互讨论一下。

学生：思考，讨论。

教师：参与部分学生讨论。挑选思路较为正确的同学回答。

学生：我认为①②两箭头所代表的速率和真实的光合作用强度之间差了呼吸作用的强度，如 CO_2 进入叶绿体的加粗箭头所代表的 CO_2 固定速率，等于箭头①所代表的 CO_2 吸收速率与线粒体释放 CO_2 速率（即呼吸速率）之和。同理，O_2 从叶绿体释放的加粗箭头所代表的 O_2 制造速率，等于箭头②所代表的 O_2 释放速率和 O_2 进入线粒体的速率（即呼吸速率）之和。

教师：总结得非常好！虽然 CO_2 的固定速率和 O_2 的制造速率才能表示真实的光合作用强度，但是这两个参数不易测量，所以实际实验中经常使用更易测量的 CO_2 吸收速率和 O_2 释放速率表示光合作用强度。为了区分这两种表示方法，CO_2 的固定速率和 O_2 的制造速率一般称为真实（总）光合速率，CO_2 吸收速率和 O_2 释放速率一般称为表观（净）光合速率。那么两者之间的数量关系是什么呢？请用数学表达式写出来。

学生：真实（总）光合速率＝表观（净）光合速率＋呼吸速率

教师：非常好！现在我们已经把最常见的两种光合作用强度的表示方法弄清楚了。除此之外，我们还可以通过测量有机物的积累量表示表观光合速率，通过计算植物有机物的制造量表示真实光合速率。明确了光合作用强度的表示方法后，接下来我们就可以通过定量分析研究不同环境因素对光合作用影响的规律了。

教学特点分析

在本案例中，为了解决如何表示光合作用强度这一问题，引导学生根据所学的光合作用化学反应式，并结合化学反应速率的知识，综合运用演绎与推理、模型与建模、批判性思维等科学思维方法，最终建构出真实和表观光合速率这两种光合作用强度的表示方法，并分析推导出两者之间的数量关系。

本案例侧重训练科学思维的核心素养：如通过构建植物细胞的 O_2 和 CO_2 流动途径示意图，形象生动地探讨光合作用强度的表示方法，这是建模思维的充分体现；引导学生思考 H_2O 的消耗速率不适合表示光合作用强度的过程，充分体现了批判性思维的特点；分析总结真实和表观光合速率关系的过程，是演绎与推理思维方法的充分运用。

第四节　开展科学探究的教学案例

科学探究是一种从无知到有知、从有知到应用的活动。教师开展探究性教学，学生进行探究性学习，从探究活动中获取新知、提升能力、发展素养是探究式教学的主要目的。

开展科学探究的教学活动，不能认为只有动手操作的实验或调查类的活动才算是探究活动，才能发展学生的科学探究能力；只要遵从科学研究的过程，探寻科学研究的结果，从中获得相应的结论，就可以认为是科学探究；创设相应的情境，提出相应的问题，通过科学思维活动解决这些问题，并获取相应的结论，也可以认为是一种探究活动。因此，从本质上看，探究就是一种分析问题并解决问题的思维活动。

开展探究性教学，需要创设相应的学习情境，引导学生主动观察、思考、提问，发展学生的科学思维，也需要引导学生在提出假说的基础上进行探究方案的设计和实施，并对探究的过程和结果进行讨论或评价。

开展科学探究的教学案例设计有如下特点：

1. 有明确的探究能力的体现；

2. 体现科学思维活动；

3. 学生积极主动参与；

4. 结论来自于探究活动。

一、重现科学探究的思路和过程，发展科学思维的案例

下面的案例不只重现了科学研究的经典实验，还安排学生动手操作实验，体现了思维上的探究和探究学习丰富多样的形式。案例由北京市朝阳区教育研究中心白建秀老师提供。

生物膜的结构和功能

【探究活动1】

教师：展示光学显微镜下未经染色的动物细胞，如图2-37甲。

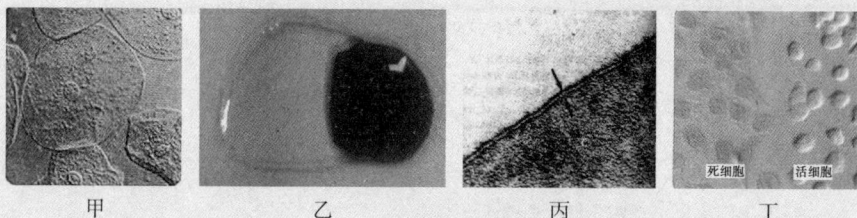

图2-37　细胞膜的探究活动

问题：图中有几个完整的细胞？判断依据是什么？

学生：1个，依据是有细胞膜的完整结构。

教师：请再观察油滴和红墨水滴，如图2-37乙。你们认为有细胞膜的完整结构吗？

学生：（愣）没……有。

教师：刚才大家不假思索地回答细胞有膜，是根据初中所学知识吧？但细胞真的有膜吗？你们看到过吗？细胞膜是不是物质的实体？这个看似不是问题的问题，是不是值得思考和需要证明呀？现在我们有实证知道细胞是有细胞膜结构的，因为科学家用电子显微镜清晰地观察到了 8 nm（1 m＝10^{10} nm）左右厚的细胞膜（如图2-37丙），请看图。

细胞是有膜的。但是，电子显微镜出现在20世纪30年代以后，事实上，科学家在用电子显微镜清晰地观察到细胞膜之前，已经能够确定

细胞膜的存在了。你能推测一下,科学家是怎样确定细胞膜的存在的吗?

学生:不是所有的物质都能进入活细胞,进入活细胞的物质要通过选择性的屏障。

教师:怎样能证明?你有设计思路吗?

学生:实验,加入试剂,可以阻挡。

教师:非常好!展示用台盼蓝染液染色后的实验结果,如图2-37丁。活细胞不能被染色,只有死细胞才能被染成蓝色。证明活细胞有一道屏障,阻挡染色物质的进入。这正是科研上鉴别死细胞和活细胞常用的染色排除法。

教师:还有其他方法证实细胞确实存在边界吗?

学生:用针触碰……应会有感觉……不会像油滴、水滴那样没有阻挡。

教师:让我们一起先来观看显微注射技术的视频。

学生:惊叹!看到有触碰感,细胞边界有皱缩现象,一旦进入细胞内部,是很快的,无阻挡的感觉。

教师:同学们,刚才我们所说的这两种方法,早在1855年,瑞典科学家奈利就用到了。他在实验中发现,色素分子进入受损伤的植物细胞的速度比进入完整细胞的速度要快很多。为了进一步探究,奈利在显微镜下"解剖"了细胞:用微细的探针向细胞内刺入时,能看见细胞表面出现褶皱,同时还感到了阻力,一旦针尖刺破细胞进入细胞内部,阻力随即消失。

【环节点评】教师紧扣学生运用已有的知识回答了光镜下有几个完整细胞的问题,非常巧妙地对比展示油滴、红墨水滴的照片,随即自然而然地追问"细胞真的有膜吗?"引发学生的认知冲突。在教师提供电镜照片的实证后,立即让学生跟进思考科学家的推测是什么。这样巧妙的设计,不仅一下子吸引了学生,激发了学习兴趣,而且使学生进入了深度思考状态,为这堂课的教学做了很好的开局。

【探究活动2】

教师：既然细胞膜是物质的实体，那么它是由什么物质构成的呢？又是一种怎样的结构呢？让我们一起沿着科学家的足迹，探索细胞膜的组成和结构吧。

教师：（请学生先观看一段实验视频：取紫色的洋葱鳞片叶外表皮细胞制作临时装片并镜检，之后在盖玻片的一侧滴加甘油，对侧用吸水纸引流，观察到什么现象？等待，不做任何处理，继续观察）你能对此现象作出解释吗？

学生：先看到有些细胞出现质壁分离现象，等待一段时间后，这些细胞又发生了质壁分离的复原。原因是滴加甘油后，细胞液浓度小于外界溶液浓度，细胞液中的水透过原生质层流出，使细胞失水而出现质壁分离；可能是甘油分子进入细胞，细胞液的浓度逐渐增大，使得水又重新进入细胞液中，随后又出现质壁分离的复原。

教师：解释得很好！那谁能说说这个实验说明了什么？为什么甘油分子能够进入细胞呢？

学生：甘油分子小，容易进入细胞；细胞吸收甘油分子；细胞膜允许甘油分子通过。

教师：（学生答不到点上，先不急于纠正）接着讲，1895年，苏黎世大学的欧文顿用500多种化学物质，以这样的实验方式对植物细胞的通透性进行了上万次的实验，结果如图2-38所示。发现除水以外的物质穿膜的扩散速度与其脂溶性成正比，即溶于脂质的物质易于透过细胞膜。

你认为细胞膜中含有什么物质能够允许脂溶性物质透过？依据是什么？

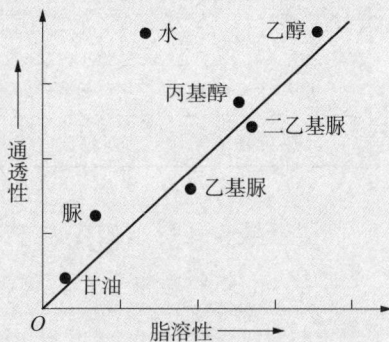

图2-38 植物细胞的通透性实验结果

学生：有脂质？相似相溶？

教师：我们一起做个小实验：取3个离心管，分别编号为1、2、3，并加入相应的物质（1号：香油＋水；2号：石蜡油＋水；3号：香油＋石蜡油），扣上盖，将3只离心管用力摇匀后，观察现象。

学生：1号和2号离心管都有分层现象，3号离心管中的物质溶在了一起，没有分层现象。

学生：这就是相似相溶原理。刚才的实验说明了细胞膜中含有脂质，所以脂溶性物质容易透过细胞膜。

教师：这样的判断是推理还是结论呢？为什么？如何获得结论？

学生：是推理，因为没有实证；需要获得细胞膜，进行化学分析，提纯并鉴定。

教师：确实是这样的。20世纪初，科学家第一次将细胞膜从哺乳动物的红细胞中分离出来，化学分析结果为：磷脂在脂质中的质量百分比为76.8%，胆固醇为23.2%。随后科学家又在不同的细胞中发现类似情况，如表2-12所示。

表2-12　不同细胞膜中磷脂与胆固醇的含量

细胞类型	磷脂/%	胆固醇/%
哺乳动物红细胞	76.8	23.2
玉米叶肉细胞	78.7	21.3
大肠杆菌	100	0

从上表中能得出什么结论？

学生：细胞膜中含有脂质，其中磷脂所占比例较大。

【环节点评】教师没有直接讲科学史，而是再现了科学家的实验研究工作。以甘油能使成熟植物细胞质壁分离和复原为例，让学生身临其境地感受脂溶性物质容易通过细胞膜的事实。教师准确地把握学情，非常了解高一学生的认知水平，用一个真实的小实验让学生明白了相似相溶原理。于是，学生得出了"细胞膜中含有脂质"的看法。教师又机智地紧扣学生所说的这一句话,继续引领学生思考这是推理还是结论,体现出科学的基本特点之一是要有确凿的证据,才能得出可靠的结论。随后展示科学家的提纯鉴定结果,这里教师提供的资料有两点值得注意:一是不仅有哺乳动物红细胞的数据,也有植物细胞的,不仅有真核细胞的,也有原核细胞的,带有普遍意义,得出的结论更科学、更准确;二是对原数据进行了处理,只突出脂质,并将磷脂和胆固醇含量换算成了在脂质中的质量百分比。这样的设计更具有针对性、更加突出重点。

【探究活动3】

教师:磷脂分子有怎样的结构?让我们一起来认识一下,展示磷脂分子结构示意图,如图2-39所示。磷脂分子的磷酸基团具有亲水性,两条脂肪酸长链具有疏水性,磷脂分子的结构可以简化成图2-40。

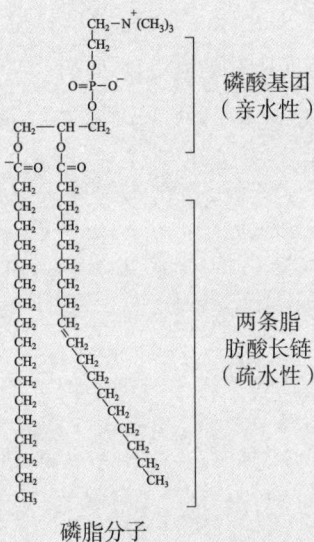

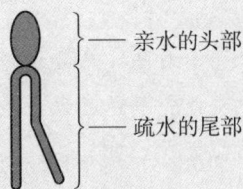

图2-39　磷脂分子结构示意图　　　　图2-40　磷脂分子结构简图

问题1　你认为磷脂分子是如何分布在空气—水界面上的?为什么?(教师提供胶棒和剪好的磷脂分子,要求学生在学案上摆出并粘贴)请两位学生在黑板上摆出。

学生:尝试完成,如图2-41所示。

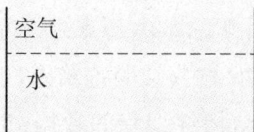

图2-41 尝试完成磷脂分子在空气—水界面上的分布

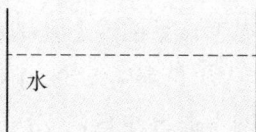

图2-42 尝试完成磷脂分子在水中的分布

教师：巡视，指导，评价。大家都摆得不错，看看前面两位同学的，正确吗？请其中一位同学解释一下。

学生：因为磷脂分子的头部是亲水的，尾部是疏水的，所以头部都向下，尾部都向上。

教师：说得很好！的确如此，1917年朗缪尔将从膜中提取的脂质分子铺展在空气—水界面上，发现脂质形成了单分子层。

大家再继续思考，如果把磷脂分子都推向水中，并用玻璃棒搅拌，磷脂分子在水中能自发地形成怎样的结构以达到稳定状态？

问题2：磷脂分子如何以稳定状态分布在水中？为什么？请同学们画在学案上(图2-42)。

学生：思考，尝试。

教师：巡视，交流。请学生将教师提供的磷脂分子学具摆在黑板上。

学生：活动。

教师：能解释这样摆排的原因吗？

学生：根据磷脂分子的特点，亲水的头部都面向水的一侧，疏水的尾部紧紧靠在一起，应该是一种稳定的状态。

教师：磷脂分子还有没有其他形式呢？

学生：思索，顿悟后继续完成双层结构。

学生：依然根据磷脂分子的双亲特点，两层磷脂分子的头部都面向水的一侧，中间的尾部为疏水侧，紧紧靠在一起。

教师：这两种结构都是稳定状态，在生物体中都有存在。你认为构成膜的磷脂分子是哪一种？为什么？

学生：第二种，因为膜内外都有水。

教师：确实是这样的。那是不是可以得出细胞膜中的磷脂就是双分子层的结论了？

学生：不行，一定要有实证。

教师：非常好！1925年，两位荷兰科学家戈特和格伦德尔利用朗缪尔的技术，从哺乳动物的红细胞中提取脂质，将在空气—水界面上铺展成单分子层的脂质所占的面积，与红细胞的表面积进行比较，结果如表2-13所示。

表2-13　戈特和格伦德尔的实验结果

	物种	红细胞表面积/μm^2（a）	红细胞膜全部脂质所占面积/μm^2（b）	比值 b∶a
1	狗	31.3	62	2.0
2	绵羊	2.95	6.2	2.1
3	兔A	5.46	9.9	1.8
4	兔B	0.49	0.96	2.0
5	猪	0.52	0.97	1.9
6	山羊	0.33	0.66	2.0
7	人	0.47	0.92	2.0

从上表中能得出什么结论？

学生：铺展成单分子层的脂质所占的面积，与红细胞表面积之比基本是2倍的关系，所以，可以得出细胞膜中的磷脂分子是双分子层的结论。

教师：那么这种单层结构在生物体中哪里存在呢？展示教师本人的化验单，大家听说过高密度脂蛋白和低密度脂蛋白吗，这种单层脂质体其实就是脂蛋白的存在形式，用来运输胆固醇等脂质。脂蛋白对于昆虫和哺乳动物细胞外脂质的包装、储存、运输和代谢起着重要作用，脂蛋白代谢异常与动脉粥样硬化症、糖尿病、肥胖症以及肿瘤的发生密切相关。

大家看,生命是多么地神奇,生命起源于原始海洋,生命又是如此地巧妙,在亿万年的演化过程中选择了磷脂双分子层作为细胞膜的结构成分,而单层结构也被保留下来运输身体中的脂质。

【环节点评】这一环节设计了两个学生活动,第一个活动是为第二个具有挑战性的活动作铺垫,体现了从浅入深的设计思路。为学生精心准备的学案、磷脂分子的贴纸、磷脂分子的磁性贴,既为学生的思考留下痕迹,又便于课堂教学效果的展示。在学生的几次解释和最后的讲解中渗透结构与功能观、进化与适应观,在推理、猜测与结论中再次体现科学思维的训练。

【探究活动4】

教师:资料1 1933年,科兰德和巴伦德发现,虽然细胞膜对某些物质的通透性与该物质的脂溶性有关,但有些小分子,如甲醇等,其透过细胞的能力大于其脂溶性所应有的通透能力。

资料2 也有科学家发现水溶性物质也能通过细胞膜。

资料3 1935年,英国学者丹尼利和戴维森研究了细胞膜的张力。他们发现细胞膜的表面张力明显低于油—水界面的表面张力。油脂滴表面如果吸附有蛋白质成分则表面张力会降低。

结合这3个资料,你有什么推测?

学生:细胞膜上可能还存在其他物质,如蛋白质。

教师:怎样证实?

学生:提取膜的成分,提纯并鉴定。

教师:非常棒!科学家首先提取红细胞膜并进行化学分析,得知细胞膜中还有蛋白质,又在其他生物中提取细胞膜,进行分离、鉴定,结果如表2-14所示(表中数据为质量百分比)。

表2-14 不同细胞膜中蛋白质的含量

细胞类型	蛋白质/%
哺乳动物红细胞	49
玉米叶肉细胞	47
大肠杆菌	75

从上表中能得出什么结论?

学生:细胞膜中还有蛋白质。

教师:刚解决磷脂分子的分布问题,那么蛋白质在细胞膜上是怎样分布的?请你结合电镜照片进行推测。

学生:思考,出现各种猜想。

教师:这是一个挑战性更大的问题,科学家们同样有着各种猜想,但始终无法"眼见为实"。直到20世纪60年代出现了一种新技术,让细胞膜中蛋白质分布的神秘面纱揭开了,这就是冰冻蚀刻技术。

教师:简介冰冻蚀刻技术的要领,展示刀劈开的细胞内外侧面的电镜照片,如图2-43、图2-44所示。

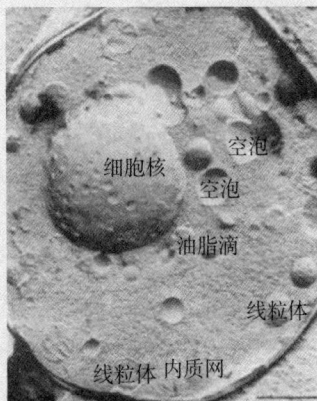

图 2-43　冰冻蚀刻技术下的细胞结构电镜照片

细胞外侧面　　　　细胞内侧面

图 2-44　冰冻蚀刻技术劈开的红细胞膜两侧切面电镜照片

为了让大家更直观,老师用面包代表"细胞",面包皮代表"细胞膜",撕下的面包皮代表刀劈开的内侧面,又用橡皮泥做"拓膜"进行说明。请结合电镜照片和模具说明推测,蛋白质是对称分布吗?是均匀的吗?是如何分布的?

学生:茫然、迟疑……

教师:根据劈开的不同厚度断面的电镜照片,可以看到凹凸不平的"颗粒",根据"颗粒"的多少以及分布情况,可以知道蛋白质是不对称、不均匀分布的。它们在磷脂双分子层中基本有三种分布形式,即贯穿于整个磷脂双分子层、嵌入磷脂双分子层中、镶在磷脂双分子层表面。

请两位同学上来,利用黑板上的磷脂双分子层标出蛋白质的三种分布形式(用白色磁性贴代表"蛋白质"),其他同学请画在学案上。

学生:展示图2-45。

教师:巡视,指导,评价。

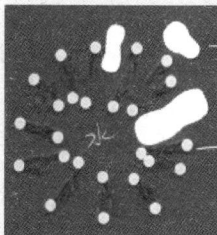

图2-45 蛋白质的三种分布形式示意图

【环节点评】老师利用3个资料又向学生发出了挑战的信号,在前面学习的基础上,学生轻松迎战提出了合理推测,并有了要提供证据才能得出结论的科学思维。随后进入"蛋白质在细胞膜中的分布问题"的重点环节,由于冰冻蚀刻技术对学生来说有些难以理解,老师在此巧妙比喻,用了面包、橡皮泥等形象化的演示手段,起到了一定的化抽象、微观为具象、直观的效果。

【探究活动5】

教师:细胞膜是静态的还是动态的? 你的判断依据是什么? 让我们一起先来观看白细胞吞噬细菌过程的视频。

学生:观看过程中表情很惊奇⋯⋯细胞膜表现出一定的流动性。

教师:细胞膜是流动的,是因为什么物质在流动? 如何证明? 请看资料4。

1970年,科学家弗莱和埃迪登等用发绿色荧光的染料标记小鼠细胞表面的蛋白质分子,用发红色荧光的染料标记人细胞表面的蛋白质分子,将小鼠细胞和人细胞融合。这两种细胞刚融合时,融合细胞的一半发绿色荧光,另一半发红色荧光。在37 ℃下经过40 min,两种颜色的荧光均匀分布。

学生:蛋白质在细胞膜中可以流动,依据是分别用不同颜色的染料标记人和鼠的膜蛋白,并且有荧光,可检测到起始状态和终末状态的颜色变化。

教师：回答得很好！构成细胞膜的蛋白质分子可以运动，你们认为磷脂分子可以运动吗？请大家看一下磷脂分子的运动。

教师：这是 20 世纪 60 年代，麦克康奈尔和格里菲思用电子自旋共振谱技术，证实构成细胞膜的磷脂分子可以运动。综合一下，你的结论是什么？

学生：构成细胞膜的蛋白质分子和磷脂分子都可以运动。

教师：1972 年辛格和尼科尔森在继承中创新，提出了细胞膜的流动镶嵌模型，且这个模型为大多数人所接受。这就是我们今天所学习的内容。

请大家结合我们绘制的细胞膜的结构模式图，用语言概述细胞膜的结构模型。提示语言表述的逻辑顺序：①组成成分；②各自分布；③具有的特点。

教师：在学生语言表述时，填补板书。

是不是因为这个模型很完美，人们对细胞膜的研究已经止步？请阅读资料 5。

对细胞膜的深入研究发现，细胞膜的外表面还有糖类分子，它和蛋白质分子结合形成的糖蛋白，或与脂质结合形成的糖脂，这些糖类分子叫作糖被。糖被在细胞生命活动中具有重要的功能。例如，糖被与细胞表面的识别、细胞间的信息传递等功能有密切关系。

用磁性贴补充糖蛋白，完善板书（图 2-46）。

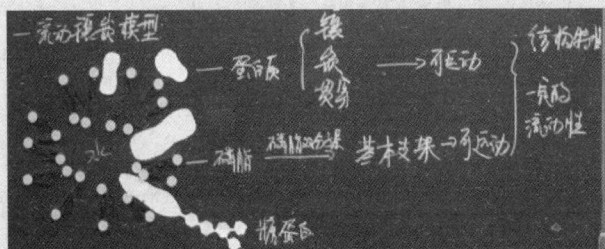

图 2-46　流动镶嵌模型示意图

学生：在学案上补充。

> 教师：时至今日，许多科学家仍在对细胞膜的物质结构进行研究，人类为何要研究清楚细胞膜的结构？
>
> 学生：弄明白了就能应用。
>
> 教师：非常好的思路，确实是这样的。从1895年最初对细胞膜成分的认识至1972年流动镶嵌模型的提出，历经70多年的研究，而且研究的脚步至今都未曾停止，研究透彻了，就能在医学、食品、化妆品生产等方面更好地造福人类。
>
> 同学们课下可以搜索生物膜研究的最新进展及应用，并进行交流；利用废旧物品制作生物膜模型。

【环节点评】教师没有局限于静态的刚性的"三明治"模型的解读与修正，而是从实例、现象入手，再深入探究其实质。将科学史素材以资料的形式呈现，让学生阅读并分析其中的实验过程与方法，体会科学发现的过程离不开技术的支持，正是技术的进步使人们对细胞膜的结构有了更多、更深入的研究。使学生认同科学的发展离不开技术的支持，技术的进步促进科学的发展，科学的发展推动社会的进步，从而正确认识科学、技术和社会之间的关系。

教学特点分析

这是一堂非常精彩的科学史教学课，以科学探究的形式展开，发展学生的科学思维。

1. 基于问题探究，发展科学思维

细胞真的有膜吗？有脂质成分吗？是磷脂双分子层吗？有蛋白质吗？它们又是如何分布的？膜是流动的吗？是什么在运动？以问题串贯穿本案例，使教学环环相扣，在教学过程中引导学生针对问题、疑问或者猜测，进行观察、提问、设计实验、实施方案以及对结果进行交流和讨论。在解决这些问题的过程中，体现了"以怀疑作审视的出发点、以实证为判别的尺度、以逻辑作论辩的武器"的科学的基本特点，训练学生分析与综合、模型与建模、归纳与概括、批判性思维等科学思维方法。让学生感受科学是一个动态的过程，是在不断的怀疑和求证、争论和修正中向前发展的，由此提升学生基于好奇心与求知欲来探究生命世界和发现新知的意愿和能力。

2. 重温经典,再现科技关系

教师很有创意地将欧文顿的实验引入课堂,让学生亲眼看到紫色的洋葱鳞片叶外表皮细胞发生质壁分离及复原的过程,真正体会甘油分子能够进入细胞,为理解物质的脂溶性与其透膜的扩散速度成正比的关系奠定了很好的基础,从而启发学生合理推测细胞膜中可能存在脂质成分。让学生亲自摆排磷脂分子在空气—水界面上的分布方式,并分析摆排的依据,相当于再现了1917 年朗缪尔的脂质单分子膜技术。

在构建膜结构的过程中,教师向学生介绍了所应用的多种技术,如化学分析、提纯、鉴定技术,脂质单分子膜技术,表面张力的测定,冰冻蚀刻技术,荧光标记技术,动物细胞融合技术,电子共颤技术,电子显微镜的发明及应用,等等。让学生深刻体会没有技术的进步就不会有生物科学的发展,同样如果不借助物理学、化学学科的成果也不会有生物科学的研究成果。

3. 设计多项活动,体现思维训练

本案例设计了多项活动,既有小实验(相似相溶),又有摆模型(尝试摆排磷脂分子在空气—水界面上的分布方式,推测磷脂分子在水中的分布方式),还有阅读分析资料和用语言概述细胞膜的结构模型的活动,这些活动不是停留在"是什么"而是深入到"为什么"的层次水平,即引导学生"知其然"一定要"知其所以然"。让学生积极参与动手和动脑的活动,通过探究性学习活动,加深对生物学概念的理解,提升应用知识的能力。在教学过程中注重引导学生进行深度思维,并让学生的思维看得见,凸显思维训练。

二、开展实验活动,提升探究能力的案例

下面是一个典型的探究实验案例,在教学过程中引导学生设计实验并具体实施,整个案例体现了科学探究的基本过程。案例由中国人民大学附属中学苏昊然老师提供。

影响酶活性的因素

【教学片段1】 层层设问,在定性实验的基础上探讨定量实验

教师:如果想研究酶,从我们自身取材,大家想一想,最容易获得的

是哪一种酶？

学生：唾液淀粉酶。

教师：我们就以唾液淀粉酶为研究对象，大家想一想，在设计实验时需要注意哪些方面？

学生1：应该控制单一变量、设置对照组。

教师：请具体说一说。

学生1：比如说，如果以温度为研究对象，要控制唾液淀粉酶的量。

教师：非常好！我们如果要研究温度对酶活性的影响，那么在控制变量时，这个唯一变量是什么？

学生2：温度。

教师：如果我们控制了温度，也控制了唾液淀粉酶的量，接下来检测什么具体指标来表示唾液淀粉酶的活性？

学生3：可以检测剩余淀粉的含量，比如通过加碘液显色可以大致反映淀粉的存在和含量。

（教师、学生普遍认同）

（省略部分教学环节）

教师：今天我们鼓励大家用定量实验的方法解决实际问题。

【环节点评】从这一教学环节可以看出，学生普遍具备基本的科学探究素养，能非常快速地掌握定性检测酶活性的方法，在这个基础上，为定量探究实验做好了铺垫。

【教学片段2】 学生自主探究实验的展示与分析

（1）用反应时间法检测不同温度下的酶活性

（播放学生自主实验视频1 学生利用家中的食材配制特定浓度的淀粉溶液，收集自己的唾液获取唾液淀粉酶，利用碘伏进行显色反应。实验时，预先将碘伏与淀粉溶液混匀，配制5瓶完全一样的混合液，分别以0 ℃、20 ℃、40 ℃、60 ℃、100 ℃水浴加热10 min，然后分别加入10 mL

稀释唾液,继续水浴直至瓶中蓝色完全褪去,记录反应时间。)

教师:同学们,我们来分析一下这个实验。请大家先告诉我,在这个实验中设定了哪几种反应温度?

学生:0 ℃、20 ℃、40 ℃、60 ℃、100 ℃。

教师:温度是实验的自变量还是因变量?

学生:自变量。

教师:好,自变量确定后,大家再想想在整个实验过程中,他们在哪些方面做得比较好?

学生 1:他们用淀粉含量来表示酶活性。

学生 2:他们控制加入淀粉酶的含量一致。

教师:还有没有? 酶的加入量相同,他们加入淀粉的量呢?

学生:也相同。

教师:在这个实验中,除温度变化外,尽可能地保证其他条件一致。也就是说,除自变量外,实验过程中还存在一些对实验结果造成影响的变量,也就是无关变量,需要保持一致。接下来我们看一看在这个实验中,他们最终是通过一个什么指标间接反映了酶活性(教师展示表 2-15)。

表 2-15 学生实验 1 的实验结果

反应温度/℃	蓝色完全褪去所需时间/min
0	无明显现象
20	120
40	20
60	65
100	无明显现象

学生:反应时间。

教师:具体什么样的反应时间?

学生:褪色时间。

教师:所以他们的实验结果是蓝色完全褪去所需要的时间。

(省略部分教学环节)

教师:把时间结果转换一下,以更直观的方式展示出来,大家思考褪色是由什么引起的。

学生：淀粉被水解。

教师：完全褪色呢？

学生：淀粉完全被水解。

教师：那么以100%淀粉被水解所需要的时间，可以计算单位时间内淀粉被水解的百分含量。这是不是就是一种相对定量的实验设计思路了？

（学生普遍表示认同）

教师展示实验结果图（图2-47A）。

教师：我们看到这个曲线图，大家要注意横纵坐标、点线位置，请一位同学来描述一下实验结果。

学生1：在0～40℃范围内，唾液淀粉酶的活性随温度的升高而升高；在40～100℃范围内，随温度的升高而下降，40℃时唾液淀粉酶的活性最高。

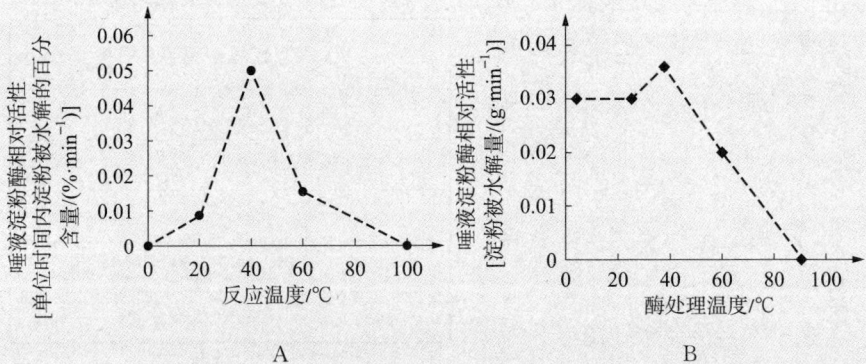

图2-47 不同方法半定量检测温度对唾液淀粉酶活性的影响

A. 通过淀粉遇碘伏显色后完全褪色的时间换算唾液淀粉酶的相对活性
B. 通过比色法检测唾液淀粉酶在不同温度下催化反应的活性

教师：描述得非常准确。这个结果说明了什么？有没有回答我们初始的问题？

学生2：温度确实影响了唾液淀粉酶的活性，而且还有一定的规律。

（2）用比色法检测不同温度下的酶活性

（播放学生自主实验视频2　学生借助天平与带刻度的注射器先精

确配制已知不同浓度的淀粉溶液,并分别加入 0.2 mL 碘伏显色,制备标准比色样液。随后配制 1% 淀粉溶液。在 5 个相同的小碗中分别加入 5 mL 唾液,将小碗分别置于 0 ℃冰箱,室温,37 ℃、60 ℃及 90 ℃水浴中,10 min 后,在每个小碗中分别加入 20 mL 1% 淀粉溶液,混匀,室温反应 5 min。分别加入 0.2 mL 碘伏显色后,与标准比色样液对比颜色,确定小碗中剩余淀粉的大致含量范围。)

教师:这个实验的方法是不是完全不一样了? 这是一种什么样的方法?

学生:标准曲线,比色法。

教师:上面一排不同颜色的溶液所起的作用是什么?

学生:起到做出标准曲线,和下面一排溶液进行对比的作用。

教师:这是一种比色的思想。也就是说,在这个实验中,实验结果是通过比色得到的。我们要更好地分析这个数据,因为我们的目的是尽量去定量检测,那么接下来我们怎么把颜色的感觉转换成一种数据的方式,来进行分析呢?

学生:可以对下面一排溶液进行拍照,通过软件分析 RGB 颜色,来确定差异。

教师:看得出来电脑技术非常好,这确实是一个方法,可是这样上面这些不同的标准溶液就没起到作用。我们请实施实验的同学来说说上面的标准溶液在配制时,有哪些细节非常重要?

学生:上面每一个标准溶液中的淀粉含量是人为设定的,根据已知淀粉含量所对应的颜色,通过上下比色,就可以推算出下面溶液中的淀粉含量范围。

(省略部分教学环节)

教师:按照实施实验的同学提供的数据,我们做了这样一个结果图(图 2-47B)。大家一定第一时间就发现了一个有意思的现象,我们来比较一下前后两次实验的结果(图 2-47A、B)。首先同学们告诉我这两个结果有什么共性?

学生：两者都是在 40 ℃时，酶活性最高；当温度高于 40 ℃时，温度越高，酶活性越低。

教师：好的，那么对差异性有没有什么好的解释？这个问题比较难，我们看看从两个实验操作的不同方面，能不能找到一些答案。我们请实施实验的同学分别来说说各自的实验操作细节。

学生 1(节选)：我们将整个反应体系始终放置在相应温度下，但我们发现高温会使碘升华，影响显色反应，高温下的褪色实际上是淀粉酶与碘升华共同作用的结果，所以 60 ℃的数据不太准确。

教师：请大家注意在两个实验结果中 60 ℃对应的点的位置不同，刚才的回答是在解释高温下淀粉酶活性差异的原因。

学生 2：第一次预实验时，发现高温好像对显色有影响，就调整了实验方案，改为只在相应温度下处理淀粉酶，然后在室温下加入淀粉溶液。但是这样做也有问题，淀粉酶是 5 mL，淀粉溶液是 20 mL，所以混合后反应最终的温度应该会有变化。

教师：大家注意看两个图的横坐标，分别是什么？

学生：反应温度和酶处理温度。

教师：也就是说第二个实验，在不同温度下处理酶之后，酶催化反应时，特别是在 40 ℃下，真正的反应温度已经接近室温，从这个角度看，大家能不能解释第二个实验结果 0～22 ℃曲线几乎水平的原因？

学生：低温确实影响了酶的活性，但当回到室温时，酶的活性恢复了。

【环节点评】在这一环节中，学生对自主设计探究实验十分感兴趣，已对设计探究实验的整体框架有了一个概括性的了解，能利用家庭所具备的条件较为严谨地完成简单的实验设计。这个教学环节最大的亮点是展示、分析、讨论两组学生自行设计并实施的探究实验。首先，这两个实验的设计十分巧妙，展示了两种不同的探究思路，让学生通过分析、讨论初步体会定量研究的思想。然后，通过对实验结果共性与差异性的对比，使学生能初步概括出温度对酶活性的影响，即酶催化反应有一个活性最高的最适温度，低于或高于这个温度都会使酶活性下降，从低温适当升高温度后酶活性能够恢复。最后，对实验中发现的问题进行讨论并及时纠正,有助于培养学生严谨的科学态度和科学精神。

【教学片段3】　严谨实验条件下的教师展示实验,体验定量科学实验的魅力

　　教师:为了在可控条件下更好地研究这个问题,我在实验室相对严谨的条件下,也做了这样一个实验(图2-48A)。大家可以看到,这几瓶是我配制的什么溶液呢?

　　学生:已知淀粉含量的标准溶液。

　　(省略部分教学环节)

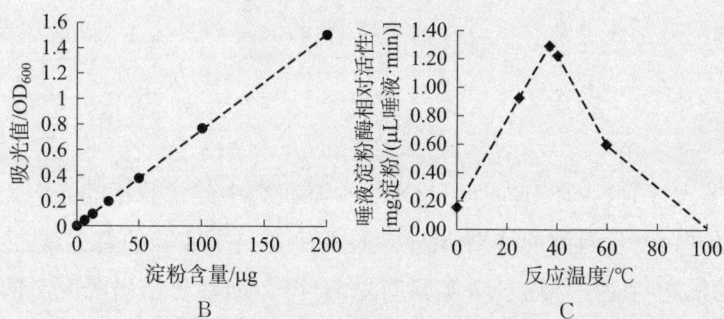

图2-48　光电比色法测定温度对唾液淀粉酶活性的影响
　　A. 已知不同浓度淀粉加碘液显色后的标准比色液
　　B. 淀粉含量标准曲线
　　C. 不同温度下唾液淀粉酶的活性

　　教师:我们用分光光度计检测不同标准溶液的吸光值,就可以得到这样一条标准曲线(图2-48B)。如果说刚才第二个实验所用的比色法是用肉眼观察颜色的变化并进行比较,那么现在这条标准曲线的获得能

够给我们什么帮助?

学生1:只要我们能测出吸光值,就可以计算出溶液中的淀粉含量。

教师:这是一个绝对含量的测定。在这个基础上,我也进行了不同温度下淀粉酶活性的测定,现在来看这个结果图(图2-48C),我们可以总结一下温度对淀粉酶活性或酶活性的影响。

(板书)

教师:首先,三个实验都呈现出酶具有最适温度的结论。其次,低于或高于最适温度,都会使酶的活性下降。回忆酶催化反应的机制,大家怎么解释高温、低温下酶活性的差异呢?

学生1:高温下,淀粉酶的活性完全消失;低温下,活性还是保留了一点。

教师:那么高温引起了什么变化?

学生2:高温破坏了淀粉酶的空间结构,活性位点就没有了,没办法结合底物催化反应。

教师:也就是说高温引起了热变性,进而使酶失活。大家再想想刚才第二个实验,低温对酶的影响又是什么呢?

学生2:低温没有破坏酶的空间结构,只是使反应变慢,温度回升,酶的催化能力恢复了。

【环节点评】这一环节向学生呈现了科学研究中经常采用的光电比色法对物质含量进行定量检测的结果,让学生体验定量科学实验的魅力,初步接触标准曲线的概念与应用。通过对实验结果的分析,准确总结出温度对酶活性的影响,并能关注空间结构与酶活性的联系。

【教学片段4】 构建酶的空间结构模型,强化科学探究结构与功能观

教师:王一苇老师以前是研究结构生物学的,在他的帮助下,我们做了一个结构模型,彩色的部分表示唾液淀粉酶不同区域的空间结构。我们通过分析推测,在它的活性位点上可能有两个关键的氨基酸催化淀粉的水解(图2-49A)。不同于之前我们更强调氨基酸的氨基和羧基在

构成肽键时的重要作用,现在我们讨论一个蛋白质的功能。大家想想看,特别是酶活性位点的重要氨基酸在催化反应时,我们反而更需要关注氨基酸的哪个部分?

学生:R基。

教师:很好! 有科学研究显示,当加入氯离子时,会有一些有趣的变化(图2-49B)[①]。

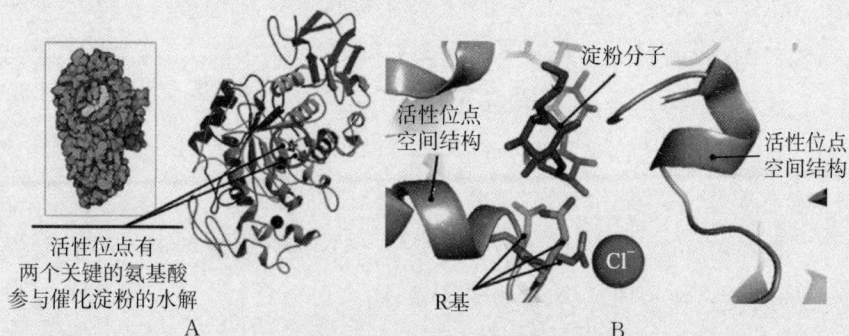

图2-49 唾液淀粉酶蛋白质空间结构模型

A. 教学时投影展示唾液淀粉酶的空间结构示意图
B. 唾液淀粉酶活性位点的空间结构模型以及Cl⁻对活性位点空间结构的可能影响(动画展示)

教师:氯离子让活性位点发生了怎样的变化?

学生1:氯离子让其中一个R基的位置发生了变化,与淀粉分子更近了。

教师:也就是说,氯离子改变了活性位点的什么呀?

学生1:空间结构。

教师:氯离子改变了活性位点的空间结构,按照我们的理解,结构决定功能,那么氯离子很可能对唾液淀粉酶的活性有一定的影响,大家推测一下这种影响可能是什么呢?

---

① Ragunath C, Manuel SGA, Kasinathan C, Ramasubbu N. Structure-function relationships in human salivary alpha-amylase: role of aromatic residues in a secondary binding site [J]. *Biologia*, 2008 (63): 1028-1034.

207

学生 2：可能促进，也可能抑制。

教师：如何来设计实验探究这个问题？可以相互讨论一下。

（学生讨论）

学生 3：实验分三组，一组加入淀粉、淀粉酶和 NaCl，第二组加入淀粉和 NaCl，不加酶作对照，第三组加入淀粉、淀粉酶和 Na_2SO_4，各组同一物质的浓度和量都要保持相同。

学生 4：还需要再加一组，单独的淀粉和淀粉酶作对照。

教师：这样设计分组是不是就更完善了？

学生 5：我觉得不应该是 Na_2SO_4，是不是 KCl 会更好。看一下 KCl 和 NaCl 组的曲线是不是相似，也可以再多做 LiCl 等，就可以看一下碱金属离子是否对酶活性有影响。

教师：因为我们想研究的是氯离子，所以加入含有氯离子的不同化合物，排除阳离子的影响，非常好的设计。

（教师展示实验结果，见图 2-50。）

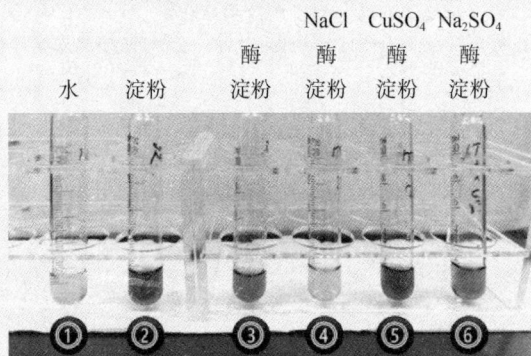

图 2-50 不同离子对唾液淀粉酶活性的影响

教师：我的实验设计基本上和同学们是一样的，首先来描述一下前 4 组的实验现象。

学生：淀粉和淀粉酶溶液加入 NaCl 后，溶液颜色更接近于加入水这一组的颜色。不加 NaCl 的淀粉和淀粉酶的溶液颜色更深，更接近于只加淀粉的溶液颜色。

教师：这个结果说明了什么？

学生：加入氯离子会对酶活性有促进作用。

教师：说得非常好！但有一点，如果就这样结束实验，很显然，我们能得出的结论好像不是氯离子的作用，而是什么呢？

学生：氯化钠的作用。

教师：刚才有的同学建议加入含有氯离子的不同化合物如 KCl，确实很好，我是怎么做的呢？其实当时做这个实验时，恰好也查到有研究明确报道了 Cu^{2+} 离子对淀粉酶活性的抑制作用[①]，那么我们也可以同时做一个验证实验，我就想到了 $CuSO_4$，接下来就做了这样一个实验。大家可以看一看，第 5 组的颜色和哪一组接近？

学生：第 2 组。

教师：所以 $CuSO_4$ 的作用是什么？

学生：可以抑制淀粉酶的活性。

教师：但是，我们得排除 Na^+ 和 SO_4^{2-} 离子的影响，所以我设计了第 6 组，用 Na_2SO_4 同时为第 4、第 5 组作对照。第 6 组的颜色和哪一组接近？

学生：第 3 组。

教师：所以我们可以初步排除这两种离子的影响。

【环节点评】这一教学环节主要是探究离子对酶活性的影响。首先展示唾液淀粉酶活性位点的空间结构模型示意图以及 Cl^- 对活性位点空间结构的可能影响的动画，更生动地让学生体会蛋白质空间结构的变化对功能的影响，强化结构与功能观。其次，针对教学中生成的"氯离子很可能对唾液淀粉酶的活性有一定的影响"这一问题，让学生继续设计实验探究氯离子对唾液淀粉酶活性的影响，是对学生科学思维与科学探究能力的一次检验。通过课堂实际展示发现，学生普遍表现出较强的实验设计能力与严谨的科学思维。最后，师生

① 倪娟.“探究影响酶活性的因素”实验操作过程的再设计[J]. 中学生物学,2016,32(10)：51—53.

分析与讨论教师课前完成的实验,引导学生自主归纳出不同物质对酶活性产生抑制或促进的不同作用,教给学生设计实验时如何控制自变量和无关变量的方法和技巧,让学生感觉意犹未尽。

教学特点分析

本案例为学生提供了亲自参与探究实践的机会,通过提出问题、查找信息、作出假设、验证假设、思维判断、作出解释,并与他人合作和交流,培养严谨的科学思维与科学探究能力以及创新精神。主要有以下三方面的特点。

1. 以学生实验视频、教师实验结果作为分析素材,体现实验探究的过程。通过对实验方案、结果、结论的全面分析与讨论,不仅进一步培养学生的科学思维与科学探究能力,同时也引导学生积极主动地解决课堂中的生成性问题,训练学生思维的敏捷性和探究的灵活性。

2. 在教材设计的定性实验的基础上,拓展实验内容,引入定量实验,给学生提供机会学习生物学常用的测量方法,实事求是地记录、整理和分析实验数据,定量表述实验结果等,让学生依据变量的变化,分析不同环境因素对酶活性的影响,提升了实验探究、科学思维的素养水平。

3. 教师在指导学生学习酶活性的影响因素时,关于酶的调节剂,从知识角度分析,这确实不是难点,更多地是简单告知。而本案例中创新性地通过蛋白质的空间结构模型从分子水平解释了激活剂的机制,较为新颖且贴近科学前沿。学生在获取新知的同时,也非常生动、直观地强化了结构决定功能这一重要的生命观念。

第五节 提升社会责任的教学案例

提升学生的社会责任,不能硬性说教式输入,要创设条件开展各种活动,在活动中提升学生的社会责任,达到"润物细无声"的目的。要结合所学内容让学生讨论与人体健康有关的问题,认识到健康生活的重要性,养成健康的生活方式,并主动向他人宣传关爱生命的理念;鼓励学生运用所学知识和科学思维讨论社会事务,引导学生作出理性解释和判断;结合本地资源开展科学实践,鼓励学生解决现实生活问题和生产实践问题;结合生态学的知识和原理,认识到环境保护的重要性,参与环境保护实践,树立和践行"绿水青山就是金山银山"的理念;等等。

在生物学教学中提升学生的社会责任,是学科育人的重要举措,也是立德树人的必然要求。在每一节课的教学中,教师都要有这种教育意识,并将这种意识付诸实践。

一、依托生态恢复的实例,提升保护环境的社会责任的案例

在生物学课堂教学中,社会责任的形成和提升必须建立在理解概念的基础上,并且需要逻辑生成,这样建立的社会责任才具有真实意义。下面的案例就体现了这样的思路,该案例由清华大学附属中学吴丹丹老师提供。

群落演替

【教学片段1】 次生演替的学习

教师:请观察下面3张照片(图2-51)。这是研究者分别于3个年份在美国黄石公园同一区域拍摄的3张真实照片,请根据你的观察,把这3张照片按时间顺序排列,并说明理由。

图2-51 群落演替

学生1:顺序为②①③。火灾后树木都烧黑了,所以②之后是①,③长出树来了,①中只长出草,应该是先长草后长树。所以①之后是③。

学生2:顺序为①③②。①③原因同上,②是长出很多大树后再烧的。

学生3:顺序为②①③,因为③中有烧焦的树。

教师:经过大家的讨论,基本上对3张照片的排序已经形成共识,现在揭晓答案,图②为1988年黄石公园火灾时,图①为几年后所摄,图

③为 2006 年所摄。

刚才同学们在陈述排序理由时,提到了一个关键信息是"先长草后长树",我们可能有这样的生活常识,比如一处建筑工地废弃后,先长出杂草之后出现矮小的灌木,比如一个弃耕农田可能会出现荒草丛生。但我们深究这背后的生物学原理是什么? 为什么群落演替时,往往优势种先为草本后为木本? 草本和木本在适应环境方面的差别是什么?

学生 1:因为草长得快,且繁殖能力很强。

学生 2:草对水分的需求少,只需要少量的资源就可以生长。

教师:的确如此,生物以不同的方式适应环境,每种生物都有自己适应的环境。火灾后,由于草的繁殖能力强,可能从非火灾区由风、动物带来了草籽,也可能由土壤中多年生草本的地下部分再萌发长出新芽;又由于其生长周期短,所以快速长出。但这里长出了什么类型的草,是不是说明所有的草籽都能在这里"安家"?(停顿,等学生思考)这取决于其是否适应该区域的温度和水分等环境条件。所以群落的物种数目及每个种群数量的变化,是生物与环境之间相互选择的结果。

请问长出了草本后,该群落中的物种组成还会发生什么变化? 哪些是这 3 张照片所显示不出来的?

学生:可能以这些草为食物、栖息地的昆虫等动物也在这里定居了。

教师:的确如此,生产者是生态系统的基石,除动物定居外,土壤的腐殖质增多后,分解者也会大量增加。随后为什么木本成为优势种? 是不是意味着草本逐渐消失了?

学生 1:木本比草本高,获取光的能力更强,在竞争中有优势。

学生 2:木本的根系更粗壮发达,能深入土壤深层获得更多水分。

学生 3:草本应该不会完全消失。

教师:首先大家从适应的角度,解释清楚了木本对光、水分等资源的利用能力更强,所以具有竞争优势,草本增多后腐殖质增多,增加了土壤的肥力。木本因为生长周期长,所以较后成为优势种。在草本向木本更替的过程中,有些对光需求量较大的草本可能无法生活在木本的林下,因此在本区域就被淘汰了,但有些对光需求量较小的草本就继续保留了,并非是完全消失。所以群落在演替过程中物种数目、每个种群的数量都在动态变化之中。表 2-16 为高寒草甸植物群落演替过程中物种多样性的变化。

表 2-16　高寒草甸植物群落演替过程中物种多样性的变化

演替阶段	一年生草本	多年生草本	半灌木
演替前期	9	13	0
演替中期	13	34	2
演替后期	8	40	2

表中数据显示不同演替阶段的物种数目和优势种逐渐替代的过程。所以,演替的本质是生物与环境、生物与生物相互选择后,优势种逐渐替代、群落逐渐替代的过程。这个过程中不仅有环境对生物的选择,也有生物对环境的改变。

教师:长期以来,由于人们对草地的经营管理不善,尤其是过度的放牧利用,导致草原不同程度的退化。在探索改良草原的过程中,围栏封育、松土改良、补播羊草等成为较好的措施。我国科学家对内蒙古锡林郭勒盟的一处退化牧场,采取人为浅耕翻处理(松土改良方法的一种)的方式进行为期 18 年的研究后,结果如表 2-17 所示。通过分析表格,你能得出什么结论?

表 2-17　退化草原经浅耕翻处理后的群落物种组成

年份	实验组			对照组
	1983 年	1993 年	2000 年	2000 年
群落中物种数目	22 种	27 种	32 种	26 种

学生:由表 2-17 可知,人为浅耕翻处理组比对照组的效果更好,其物种数目增长速度更快。由此看来人工恢复草场的措施是有益的。

教师：采取人为浅耕翻松土措施后，草场群落物种数目增长速度更快，更有利于草场的恢复。该研究还发现，经人为浅耕翻处理后，使得原来因过度放牧而板结的土壤通气性增加，有助于原来的种群——羊草的地下茎萌发和增生。可见人类活动能影响群落演替。

【教学片段2】 应用新知解决生态恢复问题

教师：通过前面对次生演替和初生演替的学习，我再给大家看两张照片。

第一张是发生在身边的案例。在北京市门头沟区，由于矿山采石，该区妙峰山采石场的植被被破坏，且采石场关闭后废弃（图2-52）。这对周边生态环境、居民生活带来了很大的影响。结合所学的演替知识，你们觉得在采石场生态恢复中，我们首要解决的问题是什么？

图2-52 北京市门头沟区妙峰山镇
担礼采石场

图2-53 北京市门头沟区妙峰山镇
担礼采石场生态恢复后对
比图

学生1：土壤问题，因为采石场是暴露的石块，其演替应该类似于裸岩上的初生演替。

学生2：种地衣！

学生3：地衣形成土壤要好多年，你等得了吗？

教师：你们的原理和方向是对的，确实有一个和时间赛跑的效率问题。既然想到只有从恢复土壤开始，才能进一步恢复植被，所以我们直接一步到位直接补充土壤如何？我们看看北京林业大学专家们是如何做的，是不是起到了应有的效果？

　　北京林业大学水土保持学院焦一之等用有机质、保水剂、黏合剂、土壤改良剂、缓效肥、植物种子等材料配制成核心基质材料,挂网以稳定坡面,在可降解的植被袋内装入营养土,按照坡面防护要求码放,经浇水养护,实现施工现场的生态修复,图 2-53 所示是该采石场生态恢复后对比图。所以,只有土壤恢复了,才能进一步恢复植被。

　　长汀县坚持不懈地开展水土流失综合治理,该县水土流失面积从1985 年的 146.2 万亩降至 2015 年底的 39.6 万亩,近三十年累计减少的水土流失面积达 106.6 万亩。调查发现,经过前期的初步治理,目前已退出水土流失斑块的 106.6 万亩山地,植被虽然得到初步恢复,但是存在两个问题:一是树种以马尾松为主,存在林分结构单一、防火防病虫害能力差、水源涵养等生态功能低下的问题;二是土壤质量低,表现为养分含量低、土壤结构差,存在难以支撑植被的后续生长的问题。

　　提问:针对这两个问题,你们觉得应该怎么办?

　　学生 1:多种植不同种类的其他树种,增加物种多样性,提高群落丰富度。

　　学生 2:土壤问题是否可以仿效前面的恢复过程,直接填埋土壤?

　　学生 3:土壤腐殖质来自于枯枝烂叶、遗体遗骸,可否增加一些生命周期短的植物,使其通过自身能力恢复?

　　教师:第一个建议很好,该县通过补植阔叶树种,优化现有的马尾松单一林分情况。第二个土壤方面,的确有一个成本问题,该县通过恢复区山地播撒宽叶雀稗等草籽,同时施用有机肥,改良土壤结构,提高养分含量,改变原有退化土壤板结贫瘠的状况,这与第二位同学的想法一致。

　　小结:可见在生态恢复的过程中,我们要利用演替等生态学原理,遵循科学规律,合理种植植物种类,既要避免生物入侵,又要考虑生物多样性等来维持生态系统的稳定性。在生态被轻度破坏后,人类可以用演替原理加速演替过程,更快地恢复多样性。但我们想一想,如果生态系统被严重破坏呢？人类举一己之力还能恢复得了吗？所以最好的恢复是不破坏！希望我们今后在各行各业的岗位上，记住"自然不一定需要人类，但是人类离不开自然！"保护唯一的地球，是所有人的职责。

教学特点分析

在教学片段1中，教师用真实的研究数据，让学生理性地认识演替过程中生物的种类和种群数量的变化趋势。同时用不同演替阶段的生物量变化曲线，让学生理解演替在趋向顶级群落过程中的"变"与"不变"，引导学生用稳态观去理解演替的动态过程。

教师让学生给照片排序，凸显学生的前概念；理性分析"先长草后长树"的常识，用问题引导学生理解演替的本质是适应，与"群落中生物的适应性"相联系，用适应观理解演替过程。

在教学片段2中，教师选用学生身边的例子激发兴趣，用对比图、科研论文让学生认识身边的生态恢复案例，从而让学生体会依据生态学等科学原理实现高效恢复。教师还用长汀县的实例，进一步帮助学生认识群落中物种多样性对群落稳定性的影响。

二、建立远离毒品、崇尚健康生活的社会责任意识的案例

大家都知道毒品可怕，吸食毒品极大地危害人体健康，为什么还有人要主动吸食毒品呢？其中有一个重要的原因：这些人在吸食毒品前都认为自己有自制力，偶尔吸食一下，只要自己能控制不再吸了，毒品就没有那么可怕，但事实绝非如此。因此，必须从生理上弄清毒品的作用机制，从根源上认清毒品成瘾的分子机制，以及对人体神经系统的危害，这是一种基于科学知识和理性思维而形成的一种责任意识。这样建立的责任意识是非常牢固的，能切实地影响人的行为。

下面的案例就体现了这种教育思想。该案例由中国人民大学附属中学苏昊然老师提供。

远离毒品,健康生活

教师:我们已经知道神经冲动沿着神经纤维传递到轴突末梢时,会暂时转变为化学信号,也就是通过突触前膜释放神经递质,神经递质进一步作用于突触后膜上的受体,使突触后神经元兴奋或抑制,从而完成神经冲动在细胞间的传导。这里有一个问题,神经递质如乙酰胆碱在释放并与受体结合发挥作用以后会去哪里呢?

学生:会被分解,分解产物会被突触前膜吸收以便重复利用。

教师:回答得非常准确! 那么是不是所有的神经递质发挥作用以后都会被分解呢?

学生:这个不一定吧?(普遍比较迟疑)

教师:大家说得没错,确实有很多神经递质在发挥作用以后不会被分解。多巴胺就是这样一种神经递质,它的作用是传递兴奋。

教师:展示图2-54A。请大家观看这幅图,描述图中的生物学过程。

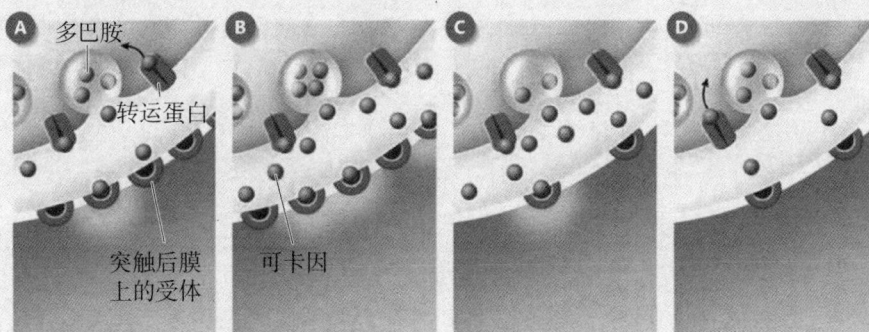

图2-54　成瘾性药物对突触结构与功能的影响①
  A. 多巴胺的正常释放与回收机制
  B. 成瘾性药物如可卡因对突触前膜的影响
  C. 突触后膜的代偿性变化
  D. 戒毒后的突触功能

---

① 图片改编自:GB Johnson. Unit 6/28. 4. Addictive drugs act on chemical synapses. The living world (7th edition). McGraw Hill Higher Education,2011.

学生 1：突触前膜释放多巴胺，多巴胺与受体结合，多巴胺也会与突触前膜上的蛋白质结合。

教师：打断一下，多巴胺与受体结合，多巴胺也会与突触前膜上的蛋白质结合，这两个过程哪个发生在前？

学生 1：应该先与受体结合使突触后神经元兴奋，然后再与突触前膜上的蛋白质结合。

教师：这样表述就比较严谨了。那么再仔细观察一下，多巴胺为什么会与突触前膜上的蛋白质结合呢？这是一种什么类型的蛋白质？

学生 1（简短思考后）：从图中可以看出，这是一种转运蛋白，它会帮助多巴胺经由突触前膜被运回来。

教师：是的，观察得非常仔细，描述得也很准确。多巴胺正是通过这种方式被重吸收，并用于下一次神经冲动的传导。这种机制是不是也非常精妙啊？

教师：如果这种多巴胺转运蛋白的功能异常，会出现什么结果呢？大家注意看，图 2-54B 中的物质表示多巴胺转运蛋白阻断剂，它的存在导致多巴胺无法被运回突触小体，而停留在突触间隙，那么大家设想一下，会发生什么？

学生：那突触后神经元岂不是一直会兴奋!?

教师：说的没错呀，那机体会有什么反应呢？

学生（笑）：过度兴奋啦！

教师：那这样对我们来讲到底是好还是不好呢？

学生普遍认为不好。

教师：太过兴奋而且是持续兴奋当然是不利于健康的。所以大家请看我们的细胞，特别是突触后神经元会怎么来应对这种变化呢？

（学生观察图 2-54C）

学生（很快发现）：突触后的受体变少了！

教师：同学们的观察非常敏锐啊，很快就找到了答案！在这种突触间隙多巴胺异常增多的情况下，突触后神经元不得不代偿性地减少了受体蛋白的表达,使神经元的兴奋还能维持在正常水平。所以这样是不是问题就解决了呀? 反正也恢复正常了!

学生:老师,那这个阻断剂是哪儿来的啊? 为什么必须得有这种阻断剂呢?

教师:这个问题问得非常好! 尽管通过刚才的分析,我们发现细胞虽然也有办法恢复正常的兴奋程度,但事情显然没有这么简单! 现在我可以告诉大家,我们都知道的、被严厉禁止的毒品,如可卡因就是这样一种多巴胺转运蛋白阻断剂(图 2-54B 此时出现可卡因标注)! 那么为什么毒瘾如此难以戒除呢? 从刚才的分析和细胞所发生的变化,大家能否找到答案?

学生 2:这是不是和受体减少有关啊?

教师:切入点很好啊! 那么与受体减少有怎样的具体联系呢?

学生 2:如果毒品存在,那么细胞间隙的多巴胺多,受体少一点还能基本维持兴奋;可是如果戒毒了,突触间隙的多巴胺就少了,受体也少了,这样兴奋就少了吧?

教师:大家觉得这个解释合理吗?

(学生短暂思考后普遍能够接受)

教师:分析得太对了! 简单来说就是这个原因。戒毒后,由于多巴胺转运回流的机制恢复,突触间隙的多巴胺含量下降,其实是恢复到正常水平,但突触后膜上的受体已经减少了(图 2-54D)。大家想一想,我们一直在讨论的这部分是什么结构啊?

学生:突触。

教师:对,这是一个突触,是一个非常重要的生物学结构,在神经系统的兴奋传递过程中发挥关键作用。而长期吸食毒品导致突触这个结构中的关键组成部分——突触后膜上的受体减少,这是很容易再补充回来的吗?

学生:这个应该不容易。

教师:所以戒毒后,正常的多巴胺水平却只能作用于显著减少的受体,就会让人非常非常难以兴奋,那么这种情况怎样才能解决呢?

学生:好像只能继续吸毒了吧!?

教师:这正是毒品的可怕之处!

学生3:如果一直吸毒,不也避免了不能兴奋这个问题吗? 为什么一定要戒毒呢? 我是作一个假设啊!(这个问题争议很大,该学生反复强调只是一个假设。)

教师:大家不要简单地认为毒品就只有让人兴奋这一个作用。实际上,可卡因会干扰神经系统发挥作用,导致心脏功能异常,还会抑制免疫反应,所以长期吸食可卡因会带来生理、心理上的巨大危害! 而且这还将是一个恶性循环!

教师小结:同学们,相信通过刚才的分析,大家已经非常清楚毒瘾的产生与难以戒除,以及强制戒除后引发的强烈戒断反应,其实都和突触的功能密切相关。正是因为吸毒会从结构上根本性地影响突触的功能,而结构的改变又很难轻易恢复,所以吸毒才会引发如此严重的生理、心理问题。希望同学们通过今天的学习,能够更加明确吸毒的危害,远离毒品,健康生活!

教学特点分析

落实社会责任教育不能仅靠空口说教来实现,最好能结合所学知识,通过适度的拓展,引用科学研究成果等实证,让学生自发地、理性地运用生物学知识解决生产生活问题,如本案例所讨论的吸毒的危害。教师应更多地通过这种潜移默化的渗透,帮助学生在面对实际问题时形成正确的价值观念,表现出应有的担当和责任感。

本案例在培养学生认识毒品危害的过程中,首先采用新颖的图片,直观地向学生呈现毒品如可卡因作用于突触,并引发一系列突触结构及生理功能改变的分子机制,学生通过对图片中信息的准确获取与解读,能够从生物学原理角度更深入、准确地解释毒品成瘾、难以戒除等严重问题,在原本常识性地认识毒品危害的基础上,更深刻地体会毒品的可怕之处,有助于进一步增强远离毒品的正确认识。其次,通过设计问题串逐步提升学生的科学思维,从学生所熟悉的乙酰胆碱过渡到多巴胺,从多巴胺的作用与回收机制递进到阻断剂所引起的变化,从激发学生思考阻断剂的作用自然而然地联系到毒品这一话题,进而将讨论推进到毒品成瘾与难以戒除的相关具体问题,最终建立对毒品作用机制及危害的正确认识。分析层层递进,既调动了学生思考的积极性,同时也帮助学生自主概括出相关要点,将社会责任教育的落实渗透到具体问题的分析过程中。

从前四节中能够明显看出,所列案例只是结合所学内容侧重于帮助学生提升某一项素养或某几项素养,但实际上一项素养的形成需要其他素养的支持,这需要在确定教学目标时综合考虑,以确定提升素养的侧重点和着力点。

第六节　发展综合素养的教学案例

综合素养在这里指的是生物学学科核心素养的综合内涵,包括生命观念、科学思维、科学探究、社会责任。

任何一项教学活动,不可能孤立地发展某一项素养,必定是各项素养的综合体现。在建构概念形成生命观念的过程中,离不开科学思维和科学探究;运用概念解决问题的过程,就是科学思维和科学探究的过程;在建构概念和运用概念解决生活、生产问题的过程中,就会形成相应的社会责任。图 2-55 反映了教学过程中综合素养的形成过程。

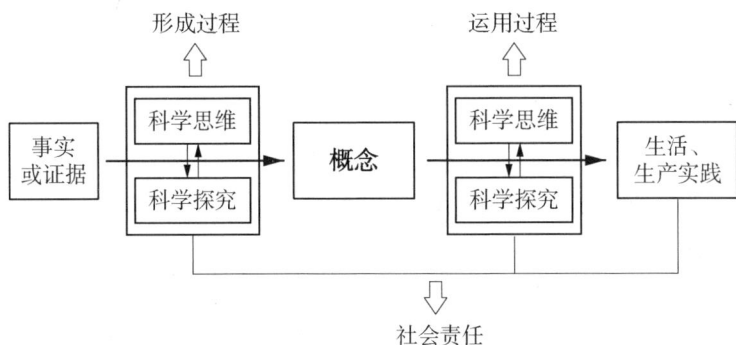

图 2-55　综合素养的形成过程

教学活动是一个帮助学生发展综合素养的过程,下面是发展学生综合素养的案例。

一、结合社会热点发展综合素养的案例

关注对科学技术和社会发展有重大影响的、与生命科学相关的热点问题,引导学生运用所学的知识分析、讨论、解决热点问题,发展学生的综合素养。下面的案例由清华大学附属中学徐丹老师提供。

核酸是遗传信息的携带者

教学目标

1. 通过分析核酸的种类及结构,阐明核酸与储存遗传信息相适应的结构特点,渗透结构与功能相适应的生命观念。

2. 引导学生运用核酸的知识,科学解释核酸检测等应用,尝试提出优化检测手段和治疗的合理方案。

3. 培养学生关注社会热点中的生物学议题的意识,关注核酸测序和检验技术在疾病检测、治疗等方面的应用,认同生物科学的发展对社会的积极作用。

教学设计思路

核酸是遗传信息的携带者,是本节需要帮助学生建构的重要概念。本节采用新型冠状病毒核酸检测作为情境,通过引领学生"认识核酸——分析核酸的结构——应用核酸的知识",从结构到功能完成相关概念的学习。

学习中借助识图、对比、归纳、概括以及模型建构等方法,以问题引导学生进行思维活动,渗透结构与功能相适应的生命观念。

具体教学流程如下。

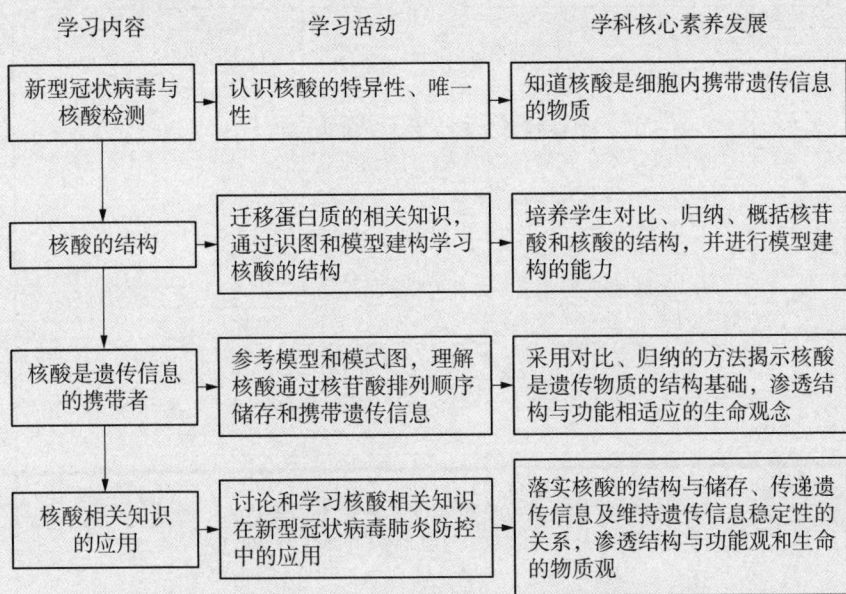

| 学习内容 | 学习活动 | 学科核心素养发展 |

新型冠状病毒与核酸检测 → 认识核酸的特异性、唯一性 → 知道核酸是细胞内携带遗传信息的物质

核酸的结构 → 迁移蛋白质的相关知识，通过识图和模型建构学习核酸的结构 → 培养学生对比、归纳、概括核苷酸和核酸的结构，并进行模型建构的能力

核酸是遗传信息的携带者 → 参考模型和模式图，理解核酸通过核苷酸排列顺序储存和携带遗传信息 → 采用对比、归纳的方法揭示核酸是遗传物质的结构基础，渗透结构与功能相适应的生命观念

核酸相关知识的应用 → 讨论和学习核酸相关知识在新型冠状病毒肺炎防控中的应用 → 落实核酸的结构与储存、传递遗传信息及维持遗传信息稳定性的关系，渗透结构与功能观和生命的物质观

教学过程

教学环节	教师活动	设计目的	学科核心素养
新型冠状病毒与核酸检测	【导入】2020年初，正值年岁更替之际，一场疫情席卷了神州大地。扩建医院，全力配备医疗人员和物资，尽快确诊疑似病例并进行隔离是传染病防治的重要一环。国家卫生健康委员会发布的《新型冠状病毒肺炎诊疗方案》中强调："对疑似病例要尽可能采取…核酸检测等方法，对常见呼吸道病原体进行检测。" 　全面细致的排查和早发现，是中国能够较好地控制新型冠状病毒肺炎扩散的原因。如何在第一时间确诊疑似病例，在大规	以社会热点作为教学情境引入新课，通过问题引出核酸检测的原因：普遍性、特异性。	引导学生关注并参与社会热点中的生物学议题的讨论，关注生物学技术在生活生产中的应用。（社会责任）

教学环节	教师活动	设计目的	学科核心素养
新型冠状病毒与核酸检测	模传染出现之前控制传染源,显然是这场疫情得以控制的关键。核酸检测成为了我们可以依靠的关键技术之一。 【提问】 (1) 为什么要检测核酸? (2) 核酸检测为什么能确定患者感染的一定是新型冠状病毒? (3) 核酸检测的优势是什么? 要解决这些问题,我们首先要认识什么是核酸。		
核酸的结构	1. 核酸的种类及其分布 1868年瑞士科学家米歇尔在脓细胞的细胞核中分离出一种含磷很高的酸性物质,这就是核酸。核酸包括两大类:一类是脱氧核糖核酸,简称 DNA;另一类是核糖核酸,简称 RNA。真核细胞的 DNA 主要分布在细胞核中,线粒体、叶绿体内也含有少量的 DNA。RNA 主要分布在细胞质中。 2. 核酸的结构 核酸同蛋白质一样,也是生物大分子。核苷酸是核酸的基本组成单位。 【识图】这是组成 DNA 的 4 种脱氧核苷酸的结构模式图,请对比 4 张图片,找出这 4 种脱氧核苷酸的相同和不同之处。图 2-56A 中标注了 1 号、4 号、5 号碳原子,2 号、3 号没标注;B、C、D 三图均没标注。	认识核酸的种类及其在细胞中的分布,与初中所学的生物学知识建立联系。 通过对比分析,认识核苷酸的结构。	培养学生从图片中获取信息的能力,归纳、概括核苷酸的结构通式。(科学思维)

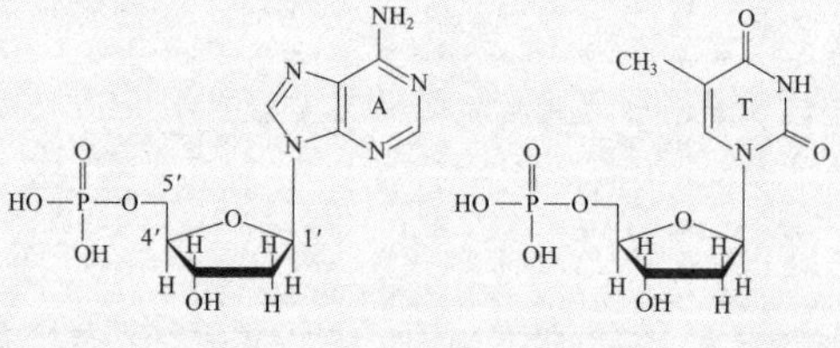

A   B

教学环节	教师活动	设计目的	学科核心素养
核酸的结构	 图2-56　四种脱氧核苷酸的结构 【活动】尝试写出组成DNA的核苷酸（脱氧核糖核苷酸）、组成RNA的核苷酸（核糖核苷酸）的结构通式（图2-57）。 图2-57　脱氧核苷酸和核糖核苷酸的结构通式 对比一下，找出脱氧核苷酸和核糖核苷酸的结构通式有什么差异。 两者的戊糖分子不同，一个是脱氧核糖，一个是核糖；除此之外，DNA和RNA各含有4种碱基，但组成两者的碱基种类不同。 【提问】核酸是由核苷酸连接而成的长链，回顾蛋白质和多糖的形成过程，请你描述核苷酸之间是如何连接在一起的（图2-58）。	通过蛋白质和多糖的形成过程，解读核苷酸的形成方式，	在"核酸"这个新情境中运用生物大分

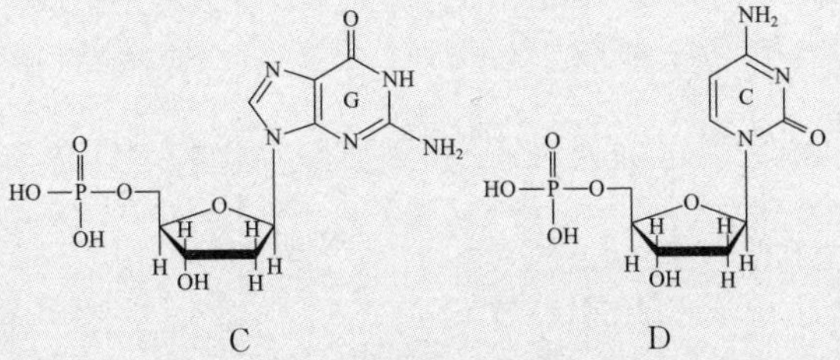

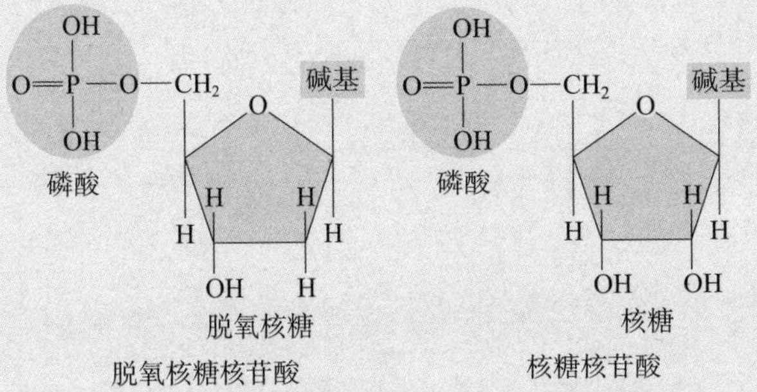

教学环节	教师活动	设计目的	学科核心素养
核酸的结构	图 2-58 核苷酸的连接方式 【活动——模型建构】请你利用老师准备的核苷酸模型,分别组装具有 4 个核苷酸的 DNA 链和 RNA 链(图 2-59)。 图 2-59 核酸的一级结构 老师要通过各组巡视,关注学生对两种核苷酸的区分和连接的位置是否正确,并给出指导。	帮助学生形成"核酸是由核苷酸连接而成的长链"的概念。 通过模型建构落实和评价学生对"核酸是由核苷酸连接而成的长链"的概念的理解。	子的形成方式对图像进行解读,完善对生物大分子形成规律的认识。(科学思维,生命观念)

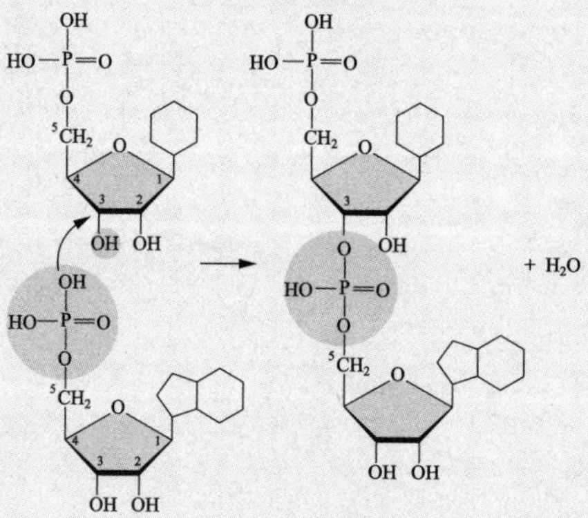

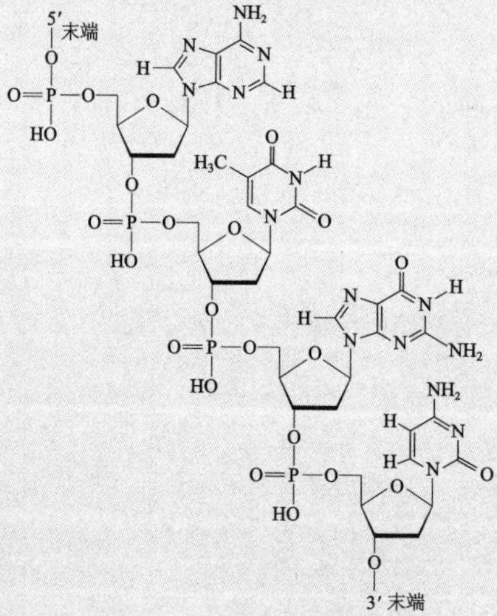

教学环节	教师活动	设计目的	学科核心素养
核酸的结构	通过形成磷酸二酯键,核苷酸可以脱水连接成相对分子质量很大的链状结构。这就是核酸的一级结构。 【观察】请各组之间相互比较一下,组装的核酸的一级结构是否完全相同?如果不同,是哪里不同? 大家组装的都是链状结构,但是各小组组装时选用的核苷酸及其排列顺序可能是不同的。这就是核酸一级结构的差异。 再来认识一下核酸的高级结构(图2-60)。 (利用学生模型,配合模式图,展示高级结构。) 与蛋白质的结构类似,核苷酸连接形成的链状结构也有空间的扭转和变化。 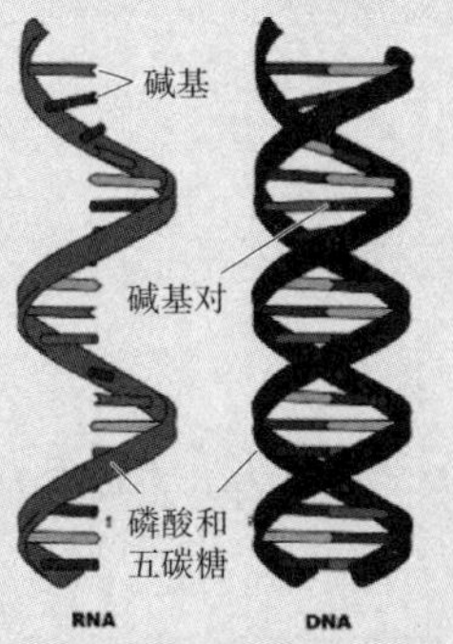 图2-60　RNA和DNA模式图 请同学们对比模型和模式图,描述DNA和RNA的高级结构。	借助核酸结构模型和模式图,帮助学生认识核酸的高级结构。 通过描述过程对学生的学习效果进行及时反馈和评价。	培养学生通过描述核酸的结构完成模型建构的能力。(科学思维) 培养学生识别结构图、并用规范的语言进行表达的能力。(科学思维)

续 表

教学环节	教师活动	设计目的	学科核心素养
核酸是遗传信息的携带者	1. 核酸是细胞内携带遗传信息的物质 　对疑似病例进行新型冠状病毒核酸检测，就是检测人体内是否含有一定量的新型冠状病毒。核酸是携带遗传信息的物质，不同生物的核酸决定它们各自具有不同的结构和功能，所以不同生物的核酸必然携带不同的遗传信息。 　【提问】请你再次观察核酸的一级结构和高级结构，推测核酸是如何储存和携带遗传信息的？ 　不同生物的 DNA 或 RNA 的高级结构非常相似，一级结构的核苷酸序列可能出现核苷酸种类、数量、排列顺序的差异，因此核苷酸的排列顺序储存着生物的遗传信息。核苷酸序列的排列顺序和长度都不同，因此它可以储存大量的遗传信息。 　【联系实际】我们之所以可以通过新型冠状病毒核酸检测确定是否感染了新型冠状病毒，就是因为新型冠状病毒核酸的核苷酸排列顺序与其他病毒和人都存在差异。 　【提问】自然界大多数生物利用 DNA 储存遗传信息，只有少数病毒以 RNA 作为遗传信息的载体。从两种分子的结构分析，DNA 和 RNA 在储存遗传信息时，可能具有怎样的不同特点？ 　DNA 的两条链相互缠绕在一起，把编码遗传信息的碱基保护在两条链的内侧；RNA 只有一条单链，更容易受到环境影响而发生链的断裂，甚至发生碱基的变化。因此 DNA 储存的遗传信息会更稳定，RNA 储存的遗传信息则更有可能发生变化。 　【联系实际】新型冠状病毒是以 RNA 作为遗传信息的载体，因此更有可能发生变异，造成感染性、致死率的变化。所以各个国家的医疗机构在进行疫情防控的同时，也在密切关注新型冠状病毒可能发生的变异。	通过对比学生制作的模型，归纳、概括核酸通过核苷酸排列顺序储存和携带遗传信息。 通过结构对比，认识 DNA 和 RNA 稳定性的差异，联系社会背景，解读医学技术的应用价值。	培养学生基于已有的生物学知识，采用对比、归纳的方法揭示核酸是遗传物质的结构基础，渗透结构与功能相适应的生命观念。（科学思维、生命观念）

续　表

教学环节	教师活动	设计目的	学科核心素养
核酸是遗传信息的携带者	2. 基因是特定的核酸片段 　　当然，核酸所携带的遗传信息并不能直接表现为生物的具体特征，它还需要通过控制蛋白质的合成，决定蛋白质的空间结构，最终影响生命活动的具体过程，以及生物的遗传和变异。 　　核酸的不同片段，核苷酸序列的排列顺序和长度不同，携带不同的遗传信息，这些控制特定性状的核酸片段就是基因。一个核酸分子上有许多个基因。	联系初中所学的生物学知识，形成基因是特定的核酸片段的概念。	
核酸相关知识的应用	2020 年初，中国因为新型冠状病毒肺炎疫情全面进入疫情防控阶段，科学家在第一时间分离出了新型冠状病毒的毒株，并对病毒的核酸进行了鉴定和测序。在新型冠状病毒的数据库中，已经有分离自不同采集地和宿主的超过两万个毒株、3 万条以上的核酸序列数据。 　　【讨论】科学家利用这些数据可以开展哪些相关研究？ 　　1. 诊断 　　核酸储存着生物的遗传信息，因此不同生物、不同个体间具有特异性、唯一性。根据新型冠状病毒特有的序列设计探针，进行检测，可以更早地发现感染情况，第一时间进行隔离和治疗，控制传染源，减少病毒传播。 　　视频：新型冠状病毒的核酸检测流程。 　　【提问】为什么样品的包装要求严格无菌，检测中工作人员需要全程控制无菌环境？ 　　所有生物的遗传物质都是核酸，细菌和人体的核酸都可能成为检测的干扰物质，会稀释样品或降低样品检测的准确性，因此全程控制无菌环境能够减少对实验的干扰。 　　2. 治疗 　　新型冠状病毒的 RNA 携带病毒的全部	在真实的社会情境中联系核酸的结构和功能，解读核酸相关知识在新型冠状病毒肺炎防控中的应用。 在应用中落实本节课的重要概念： 核酸由核苷酸连接而成，是储存和传递遗传信息的生物大分子。 借助应用帮助学生充分理解： 1. 核苷酸序列是核酸储存遗传信息的方式； 2. 核酸具有物种和个体间	关注核酸相关知识在新型冠状病毒肺炎防控中的应用。（社会责任） 落实核酸的结构与储存、传递遗传信息及维持遗传信息稳定性的关系，渗透结构与功能观和生命的物质观。（生命观念） 对核酸检测的实验过程进行解释和评价，提出优

续　表

教学环节	教师活动	设计目的	学科核心素养
核酸相关知识的应用	遗传信息,通过与已知病毒的对照,科学家可以更加详细地了解病毒的感染和传播方式,并且据此开发出更加有针对性的药物。 目前用来治疗各种病毒引起的疾病的药物,主要是根据一种病毒的催化其核酸复制的酶而设计的核糖核苷酸或脱氧核苷酸类似物。这些核糖核苷酸或脱氧核苷酸类似物进入细胞内,掺入正在连接延伸的新核酸分子,导致病毒核酸的合成提前结束,这样等于使病毒核酸的复制半途而废,也就阻断了病毒在宿主细胞内的繁殖。 当然,因为人类的遗传物质也是核酸,因此可能影响到我们自身的核酸"工作"的过程。 【拓展】结合新型冠状病毒是 RNA 病毒而人类的遗传物质是 DNA,请你提出如何设计药物进行新型冠状病毒的控制。	的特异性; 3. 核酸储存着生物体的遗传信息,控制生物体的性状。性状的改变可能源自核苷酸序列的改变。	化检测实验和设计药物控制新型冠状病毒的合理方案。(科学探究和社会责任)

教学特点分析

1. 利用社会热点,创设深度学习情境

介绍新型冠状病毒核酸检测,激发学生学习的积极性。按照核酸是什么、核酸的结构怎样、为什么要检测病毒核酸的思路,引导学生学习核苷酸和核酸的结构。

在学习"核酸通过核苷酸排列顺序储存和携带遗传信息"时,通过对比 DNA 和 RNA 的结构,认识 DNA 作为遗传物质的稳定性和 RNA 的多变性,理解 RNA 病毒变异率高的原因,了解在疫情防控中时刻关注病毒变异的方法和意义,更好地关注并参与社会热点中的生物学议题的讨论。

在学习"核酸相关知识在新型冠状病毒肺炎防控中的应用"时,从检测、治疗、监控和溯源等角度,引领学生全面应用核酸相关知识分析社会热点,解读科学技术的应用价值。同时鼓励学生提出科学合理的方案,利用热点情境帮助学生树立正确的价值观念,增强学生的民族自信心。

2. 通过对比、概括、模型建构等多种活动建构重要概念

借助模型建构,将图像信息转化为模型,边做边学,使学生体会不同生物的核酸

之间的差异性,体会 DNA 和 RNA 高级结构的差异性,在"做中学"中加深对概念的理解。在学习"核酸相关知识在新型冠状病毒肺炎防控中的应用"时,将"核酸携带着遗传信息,遗传信息控制生物体的性状"这一概念拆解作为具体应用的基础,通过对诊断、治疗和变异等环节的科学分析,让学生理解概念的内涵,使抽象的知识具体化。

3. 发展学生的科学思维,提升社会责任

鼓励学生设计检测和治疗新型冠状病毒肺炎的合理方案,学以致用,提升学生的社会责任意识,体会生物科学的发展对社会的积极作用。

二、依托表观遗传现象发展综合素养的案例

在学生已有概念的基础上,让学生认识到表观遗传不同于经典的孟德尔遗传,形成表观遗传的概念,探究表观遗传的遗传方式和特点,发展学生的科学思维和科学探究能力;通过分析吸烟等不良行为的表观遗传现象,培养学生的社会责任。下面的案例由中国人民大学附属中学李朴老师提供。

表观遗传

学习任务	教师活动	学生活动	设计意图
引入:回顾基因与性状的关系	展示镰状细胞贫血患者与正常人基因型的差异,以及镰状细胞贫血的病因,引导学生回答下列问题。 1. 镰状细胞贫血患者与正常人的红细胞形态和功能存在差异的根本原因是什么? 2. 由此说明基因与性状的关系是怎样的?	阅读资料,学生回答。 1. 根本原因是两者的基因型不同,镰状细胞贫血患者是 aa,而正常人是 AA 和 Aa(携带 a 基因的杂合子,表型正常)。患者具有 a 基因,控制合成异常的血红蛋白。 2. 相对于 A 基因,a 基因的碱基序列发生改变,导致血红蛋白氨基酸序列和血红蛋白结构的改变,进而影响血红蛋白的功能,也影响红细胞的形态。	明确基因与性状的关系,为本节表观遗传概念的建立创设认知冲突。

学习任务	教师活动	学生活动	设计意图
引入：回顾基因与性状的关系	引导学生回顾基因与性状的关系，为后续的认知冲突作铺垫。		
认识DNA甲基化影响表型的表观遗传现象	问题：基因型相同的个体，表型一定相同吗？ 　　教师展示资料。 【资料】 　　展示两种不同花型的柳穿鱼植株——具镜面对称型花（野生型花）的A株、具辐射对称型花的B株，并介绍相应的杂交实验：将A株和B株杂交，得到5株F_1植株，其花的形态均与A株相似。 　　问题： 　　1. 依据所学知识，你能推测解释出现F_1表型的原因吗？（注：如需描述基因型，可以选择B/b、D/d等表示。） 　　2. 请推测F_1自交得到F_2的表型及比例。 　　展示结果：F_1自交得到39株F_2，仅5株表现为辐射对称型花，即镜面对称型花与辐射对称型花的植株数量比约为7∶1。 　　问题：你认为可能的原因是什么？ 　　教师：为了解释上述实	面对老师的设问，产生好奇心：基因型相同，表型一定相同吗？ 　　阅读杂交实验资料，基于孟德尔遗传规律，学生回答： 　　1. 镜面对称型花与辐射对称型花为一对相对性状，若假设由一对等位基因B/b控制，则认为A植株的基因型很可能为BB，B植株为bb，故F_1的基因型为Bb，所以与A植株一样均为野生型花。 　　2. F_2植株有镜面对称型花、辐射对称型花两种表型，其性状分离比很可能为3∶1。 　　学生阅读、分析实际结果后，大部分不能作出合理的解释，极少数学生认为是基因突变引起的结果。 　　学生了解各植株的基因型、Lcyc基因的表达情况后，结合基因影响性状的方式，回答。	培养学生分析和演绎的科学思维。 　　培养学生的批判性思维。

学习 任务	教师活动	学生活动	设计 意图
认识 DNA 甲基化 影响表 型的表 观遗传 现象	验,科学家检测了花型相关 *Lcyc* 基因的序列和表达情况,发现上述杂交实验的亲代A植株、B植株及子代基因型均为 *Lcyc*/*Lcyc*,但是辐射对称型花的植株中 *Lcyc* 基因几乎不表达。 　　问题:你认为柳穿鱼花形态的差异与 *Lcyc* 基因有关吗? 　　引导学生认识到基因型的差异并不是唯一影响性状的因素。 　　教师介绍甲基化现象。科学家发现,在除酵母菌以外的所有真核生物中,在DNA甲基转移酶(DNMT)的作用下,可使DNA的特定碱基发生甲基化修饰(图2-61)。 　　教师展示科学家检测镜面对称型花、辐射对称型花植株 *Lcyc* 基因的DNA甲基化程度的实验结果(图2-62)。	有关,具体为柳穿鱼花形态的差异与 *Lcyc* 基因序列无关,与其表达有关,即 *Lcyc* 基因不表达,植株表现为辐射对称型花。 　　通过资料分析,学生认识到除了基因型的差异,还有其他因素可以影响性状,激发其好奇心。 　　学生解读图示,认识DNA甲基化。 $$5' \text{━━} \begin{matrix} C \\ G \end{matrix} \begin{matrix} G \\ C \end{matrix} \text{━━} 3'$$ $$3' \text{━━} 5' \Rightarrow 5' \text{━━} \overset{CH_3}{\begin{matrix} C \\ G \end{matrix}} \begin{matrix} G \\ \underset{CH_3}{C} \end{matrix} \text{━━} 3'$$ 图2-61　DNA甲基化示意图	培养学生分析问题的能力。 培养学生的识图理解和概括能力。

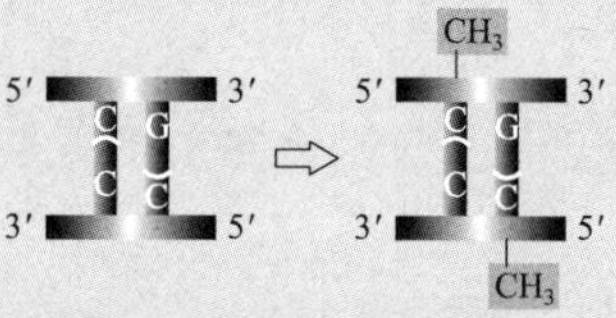

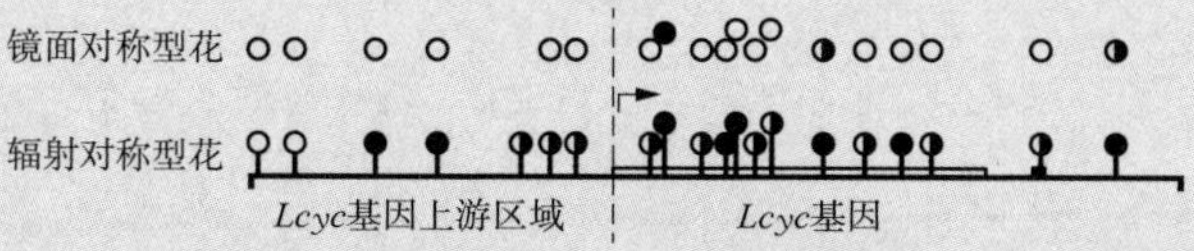

图2-62　*Lcyc* 基因及其上游区域的甲基化程度

　　注:其中"白色球形"表示无DNA甲基化,"半黑色球形"表示中等程度DNA甲基化,"黑色球形"表示完全DNA甲基化。

学习任务	教师活动	学生活动	设计意图
认识DNA甲基化影响表型的表观遗传现象	接着，教师描述另一实验结果：后续研究表明，基因型为 Lcyc/Lcyc、且 Lcyc 基因高度甲基化的 3 株辐射对称型花的 F₂ 植株，在 DNA 甲基化显著降低后，Lcyc 基因的表达显著提高。 问题：不同植株表现出镜面对称型花、辐射对称型花的原因是什么？	学生分析实验设计和结果，分析回答：Lcyc 基因 DNA 高度甲基化，抑制了其表达，进而使植株表现为辐射对称型花；反之无 DNA 甲基化，Lcyc 基因正常表达，则使植株表现为野生型花。	培养学生分析问题的能力。
	教师提出新的问题： 基因的甲基化差异是不同花型植株之间个别基因的差异，还是很多基因的普遍差异呢？ 问题：如何通过实验证明呢？	学生明确实验目的后，分析明确自变量是镜面对称型花与辐射对称型花植株，因变量是基因的甲基化差异，进而初步提出实验方案：随机检测多株不同花型的柳穿鱼植株基因的甲基化程度，获得相关实验结果。	训练学生设计实验、预测实验结果的科学探究能力。
	教师描述结果： 镜面对称型花与辐射对称型花植株其他基因的甲基化程度无明显差异。	学生根据实验结果，形成了对不同的柳穿鱼植株花型差异的认识： Lcyc 基因，而非普遍的基因甲基化，抑制了 Lcyc 基因的表达，使植株表现为辐射对称型花。	
	教师：这种有趣的遗传现象在动物中也有发现。 进而介绍小鼠的毛色遗传： 某种实验小鼠的毛色受一对等位基因控制，Aᵛ 为显性基因，表现为黄色体毛，a 为隐		

学习 任务	教师活动	学生活动	设计 意图
认识 DNA 甲基化 影响表 型的表 观遗传 现象	性基因,表现为黑色体毛。将纯种黄色体毛的小鼠与纯种黑色体毛的小鼠杂交,发现F_1小鼠的毛色有黑色、黄色、介于黄色和黑色之间的颜色。 问题: 　1. F_1小鼠的基因型是什么?表型是什么?两者有明确的因果关系吗? 　2. 为了解释上述现象,首先需要明确的问题是什么? 　教师描述相关实验结果: 　通过检测发现F_1小鼠不同个体A^{vy}基因的表达量有差异:黄色小鼠A^{vy}基因的表达量很高,而伪灰色(最接近黑色)小鼠A^{vy}基因的表达量极低,即黄色程度与A^{vy}基因的表达量呈正相关。 　问题:这个实验说明了什么? 　教师引导学生设计合理的实验进行探究:造成上述F_1毛色差异的原因是什么?怎样设计实验证明,请简述实验思路。	学生根据资料内容,分析并回答: 　1. F_1小鼠的基因型均为$A^{vy}a$,表型不同,有黄色的,也有介于黄色和黑色之间的,且程度不同。可见,F_1小鼠的基因型和表型没有明确的因果关系。 　2. 需要验证不同个体毛色的差异是否与A^{vy}基因、a基因有关。 　学生分析实验结果,明确毛色的差异确实与A^{vy}基因的表达量有关,即A^{vy}基因充分表达时毛色为黄色。 　学生类比柳穿鱼花型的实例,回答:小鼠毛色的差异可能是A^{vy}基因的甲基化影响A^{vy}基因的表达量,进而影响小鼠的毛色。基于该假设,需要检测F_1小鼠A^{vy}基因的甲基化程度,建立其与毛色的联系。	 训练学生设计实验、预测实验结果的科学探究能力。

生物学学科核心素养的教学与评价

续　表

学习任务	教师活动	学生活动	设计意图
认识DNA甲基化影响表型的表观遗传现象	教师描述实验结果： F₁小鼠不同个体Aʷ基因的甲基化程度不同，黄色小鼠DNA甲基化程度较低，而伪灰色（最接近黑色）小鼠DNA甲基化程度很高。 　问题：基于上述事实，你能简单解释F₁小鼠毛色差异的原因吗？ 【总结】 　通过柳穿鱼花的形态、小鼠毛色遗传的实例，你对基因型与表型的关系有什么新的认识吗？ 教师引入新的学习任务： 　在小鼠杂交实验中，F₁非黄色小鼠Aʷ基因的甲基化是如何获得的呢？请提出你的设想。	学生分析实验结果，结合F₁小鼠Aʷ基因的表达量差异，回答： 　F₁小鼠的基因型均为Aʷa，但不同个体Aʷ基因的甲基化程度不同，高度甲基化抑制Aʷ基因的表达，从而使F₁小鼠呈现伪灰色（最接近黑色）。 学生总结：生物的性状不一定完全由基因型决定。即使在基因型相同的情况下，特定基因的甲基化会抑制该基因的表达，进而影响个体的性状。 学生基于遗传学基础、有性生殖的知识，提出可能的原因： 　1. 子代基因的甲基化遗传自亲本，通过生殖细胞遗传给子代。 　2. 子代在发育过程中受到环境影响（例如妊娠过程），因而获得该DNA甲基化，不是来自亲代遗传。	
探究DNA甲基化的可遗传性	【设计实验一】 　为验证"亲代基因的甲基化通过生殖细胞遗传给子代"，教师设问，引导学生构建实验思路。 　问题： 　1. 如果子代基因的甲基	学生思考回答： 　1. 会，因为不同亲本会导	通过对

236

学习任务	教师活动	学生活动	设计意图
探究DNA甲基化的可遗传性	化遗传自亲本,那么亲本的改变会不会影响子代的表型?为什么? 教师提示: 2. 怎样的实验可以验证"子代基因的甲基化是否遗传自亲本"呢?请简单描述实验思路。 教师肯定并完善学生的实验思路,展示实验设计及结果。 实验设计:分别选取雄性小鼠、雌性小鼠各三种不同DNA甲基化的$A^{vy}a$个体,与基因型为aa的个体杂交,观察后代Aa个体的表型及比例。 实验结果见图2-63。	致子代基因甲基化的改变,进而使子代的性状发生变化。 学生思考回答: 2. 可以用不同DNA甲基化的亲本进行杂交实验,若子代甲基化也出现相应的变化,则证明亲代基因的甲基化可以遗传给子代;反之则不能。	DNA甲基化来源的探究,培养学生提出合理假设的能力。 培养学生进行实验设计的能力。

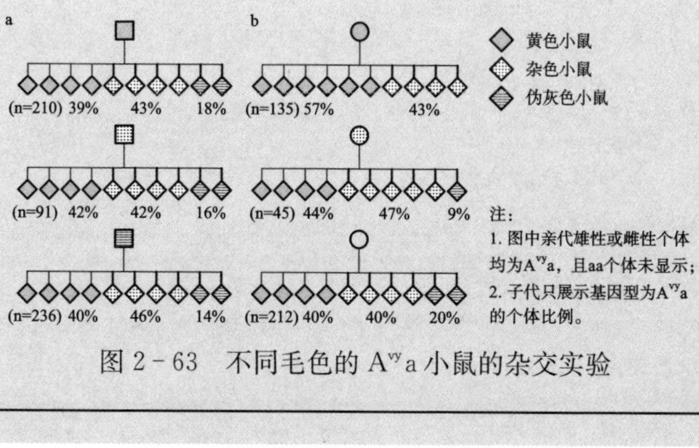

图 2-63　不同毛色的 $A^{vy}a$ 小鼠的杂交实验

学习任务	教师活动	学生活动	设计意图
探究DNA甲基化的可遗传性	问题1：哪些杂交实验可以互为对照？相应的自变量是什么？	学生分析图2-63实验结果，回答问题1： a组或b组的三次杂交实验可以互为对照，自变量是基因的甲基化程度。 a组与b组互为对照，自变量是在一次杂交实验中的角色，即作为父本或者母本。	认识互为对照实验。
	问题2：这样的实验设计，是为了验证什么假设呢？	学生分析图2-63实验设计，回答问题2： 两个自变量的设置验证"父本或母本细胞中基因的甲基化是否通过生殖细胞遗传给子代"。	
	问题3：根据实验结果，能得出怎样的结论？	学生分析图2-63结果，回答问题3： 仅母本细胞中基因的甲基化可以遗传给子代。	
	【设计实验二】 教师引导第二种DNA甲基化来源的假设。问题： 1. 相对于遗传因素对性状的影响，环境造成的影响有什么特点？	学生回答： 1. 环境对性状的影响一定与特定的环境因素有关，特定的环境一定会出现特定的性状。	
	2. 若探究胚胎发育过程（或妊娠过程）是否影响子代 A^{vy} 基因的甲基化，实验的自变量和因变量分别是什么？	2. 自变量是不同的胚胎发育环境（即进行妊娠的雌性小鼠），因变量是子代 A^{vy} 基因的甲基化程度。	
	教师展示实验设计及结果（图2-64）。 问题： 1. b组实验中"组合M"的两个亲本的基因型和表型分别是什么？为什么？	学生回答： 1. 两个亲本分别为黄色小鼠（A^{vy}a）和黑色小鼠（aa）。因为探究环境因素的影响，那么遗传因素的影响就应该是无关变量，即a组和b组应该是一致的。	识图并分析。

续　表

学习任务	教师活动	学生活动	设计意图
探究DNA甲基化的可遗传性	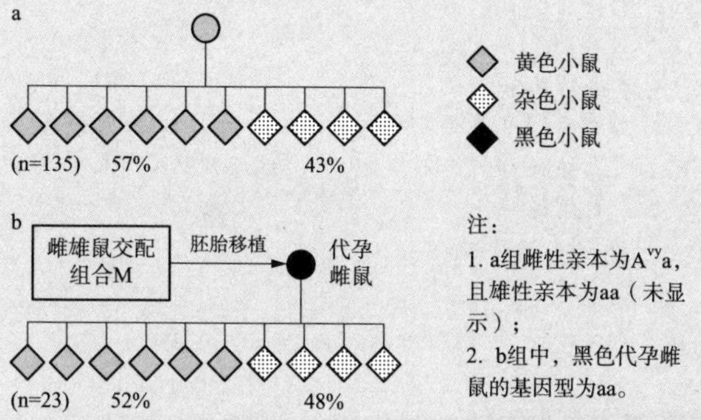 图2-64　黄色 $A^{vy}a$ 雌鼠与黑色 aa 雌鼠对胚胎DNA甲基化的影响		
	2. 根据上述实验结果，你的结论是什么？ 【总结】 教师引导学生总结，形成对子代小鼠 A^{vy} 基因的甲基化来源的认识。	2. 子代 A^{vy} 基因的甲基化程度与胚胎发育过程中的环境因素无关。 雌性小鼠 A^{vy} 基因的甲基化可以通过卵细胞遗传给子代，进而影响子代小鼠的毛色。	
归纳形成表观遗传的概念	教师引导学生总结通过实验探究认识的"DNA甲基化影响性状"现象的特点： 我们知道，亲代的基因可以传递给子代，并且不同的基因编码不同的蛋白质，从而决定不同的性状。问题：对比基因与性状的关系，DNA甲基化是怎样影响性状的呢？ 【总结】 教师根据学生的回答，归纳表观遗传的概念： 像DNA甲基化这样，生物体基因的碱基序列保持不变，但基因表达和表型发生可遗传变化的现象，叫作表观遗传。	学生总结、回答： 1. 不同个体的同一个基因序列是相同的，但是DNA甲基化程度不同； 2. 基因的甲基化会抑制基因的表达，减少相应的表达产物； 3. 亲代特定基因的甲基化可以通过生殖细胞传递给子代。 学生结合自己对DNA甲基化的认识和教师的归纳，初步形成表观遗传的概念。	通过总结实验结论，对比基因与性状的关系，认识特殊的生命现象——表观遗传。

学习任务	教师活动	学生活动	设计意图
归纳形成表观遗传的概念	教师设问： 那么基因的甲基化是如何影响其表达的呢？ 教师展示 DNA 甲基化影响基因表达的原理（图 2－65），学生解读原理。	学生通过基因表达的学习，解读图中 DNA 甲基化影响基因表达的原理。	通过解读和科学思维，理解 DNA 甲基化、组蛋白修饰等基本原理。

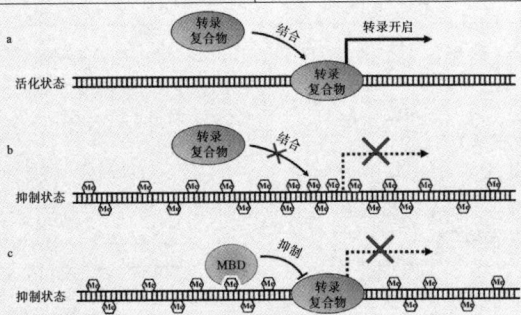

图 2－65　DNA 甲基化抑制基因转录的可能模型

DNA 甲基化可能会使一个基因的启动子由非甲基化的活性状态转变为甲基化的抑制状态。例如，b 中密集的 DNA 甲基化阻止某些转录复合物结合基因的启动子，c 中甲基化结合蛋白（简称 MBD）会结合 DNA 甲基化，并抑制转录复合物的功能，两种模型均可抑制基因的表达。图中"Me"表示 DNA 甲基化。

| | 教师介绍其他表观遗传现象：
除 DNA 甲基化以外，组成染色体的组蛋白也可以发生乙酰化、甲基化等修饰，这样的改变也可以影响基因的表达。组蛋白作为染色质的重要成分，对染色质的结构有一定影响。在组蛋白乙酰化酶的作用下，组蛋白 N 端比较保守的赖氨酸残基被乙酰化，该乙酰中和了赖氨酸所带的正电荷，从而减少组蛋白与带负电荷的 DNA 之间的结合强度。
这样，染色质打开，转录复合物更容易结合 DNA，开启基因的表达；反之，染色质会更加紧凑而不利于基因的表达。 | | 对比学习，开阔眼界，拓展思维。 |

学习任务	教师活动	学生活动	设计意图
表观遗传与人类健康	教师引入生活习惯引起表观遗传的改变： 虽然表观遗传是细胞内特定的变化，但我们的生活环境、习惯等也会使其发生改变，从而影响我们的健康。同学们都知道吸烟、过量饮酒有害健康，你知道为什么有害吗？ 【资料】请阅读关于吸烟的资料和图片，并回答问题。 **资料 1** 英国和美国科学家的研究表明，与无吸烟史人群相比，有吸烟史人群的体细胞整体 DNA 甲基化程度升高，同时组蛋白修饰也发生了改变。此外，吸烟引起的体细胞突变和 DNA 甲基化改变是诱发肺癌等肿瘤的重要原因。 问题1：吸烟对人体有什么影响？ **资料2** 科学家研究了吸烟人群和非吸烟人群的精子状态对比（表 2-18），精子中141 个与吸烟相关的特定基因位点的 DNA 甲基化情况（图 2-66）和 21 条染色体的 DNA 甲基化情况（图 2-67）。 问题2：吸烟对精子的影响是什么？请你提出造成此影响可能的机制。	学生阅读资料1，回答： 吸烟使人体细胞的 DNA 甲基化程度升高，并更容易引发肿瘤发生。 学生阅读资料2，解读图表，分析回答： 吸烟可降低精子总数，减弱精子活性。吸烟可能改变精子中 DNA 甲基化水平，其中大部分基因的甲基化程度明显降低，最终减弱精子活性。	通过分析科学结论和数据，训练学生的科学思维，学生归纳吸烟、饮酒有害健康的部分证据，养成健康的生活方式，落实社会责任教育。

学习 任务	教师活动	学生活动	设计 意图

表2-18 吸烟与非吸烟人群的精子状态对比

	吸烟人群	非吸烟人群
烟龄/年	10.6±0.7	
年龄/岁	32.4±0.9	31.2±0.6
精液体积/mL	3.2±0.2	4.3±0.2
精子总数/百万	245.6±30.8	316.0±26.4
具活性精子所占比例/%	48.4±2.6	51.8±2.3
具活性精子总数/百万	136.5±19.6	177.8±17.3

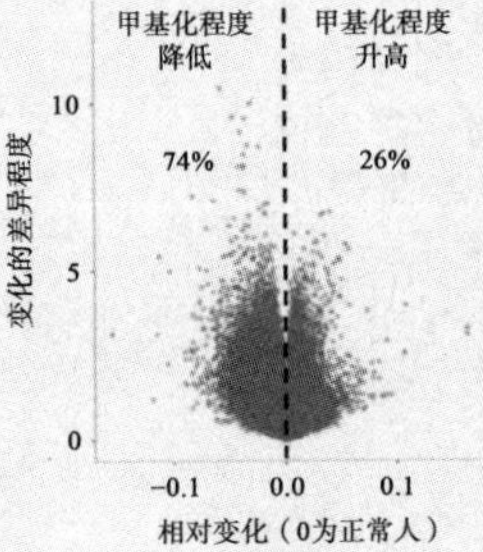

表观遗
传与人
类健康

图2-66 141个吸烟相关基
因位点的DNA甲
基化程度的变化

注：不同颜色的点代表
DNA检测位置的甲基化程度。

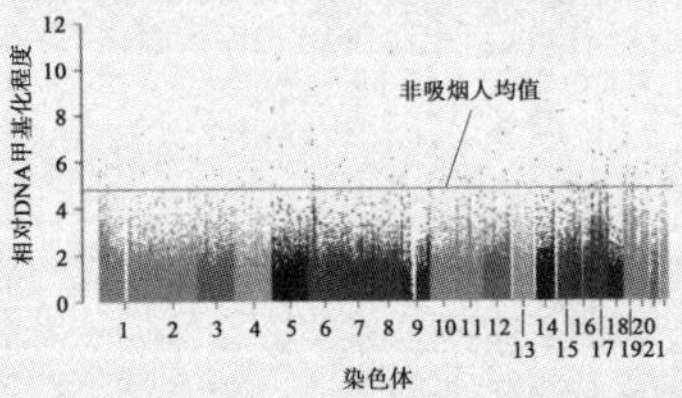

图2-67 精子染色体DNA甲基化程度的变化

注：不同颜色的点代表DNA检测位置的
甲基化程度。

学习任务	教师活动	学生活动	设计意图
表观遗传与人类健康	**资料3** 研究表明,乙醇可以诱导表观遗传发生明显改变。例如,乙醇的体内代谢产物乙醛,可显著抑制细胞内DNA甲基化酶的活性,从而降低DNA甲基化程度(图2-68)。此外,小鼠动物实验证明,孕鼠过量摄入乙醇会显著降低胚胎的DNA甲基化水平(图2-69),被认为是导致包括发育迟缓、颅面畸形和中枢神经系统受损等胚胎畸形的重要原因之一。 问题3:过量饮酒对人体有什么影响?	学生阅读资料3,回答: 过量饮酒会抑制DNA甲基化相关酶的活性,降低基因DNA甲基化的程度,进而影响个体健康。同时,也会诱发胚胎畸形。	

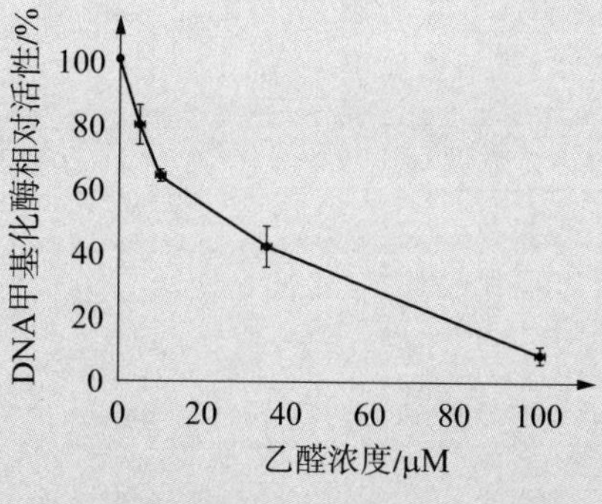

图2-68 乙醛对DNA甲基化酶活性的影响

注:本实验在体外完成检测。图中"酶相对活性"是指以无乙醛条件下DNA甲基化酶的活性作为参照,即为100%,来表示酶活性的相对改变量。

学习 任务	教师活动	学生活动	设计 意图
表观遗传与人类健康	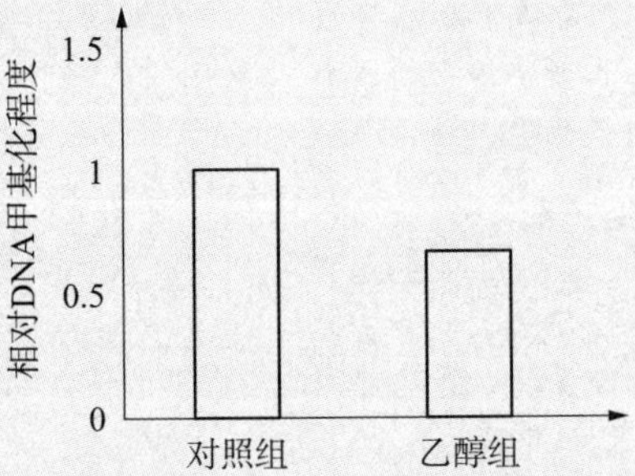 图 2-69　孕鼠饮用乙醇对胎鼠 DNA 甲基化的影响 注：乙醇组为孕鼠按 3g/体重 kg 的量、饮用 50% 乙醇。相对 DNA 甲基化程度是指以不饮用乙醇组的 DNA 甲基化程度作为参照，即为"1"。		
	【总结】 　　教师引导学生，基于科学证据认识吸烟和过量饮酒的危害：吸烟、过量饮酒均可影响人体 DNA 甲基化水平等表观遗传现象，进而损害健康，乃至影响下一代。为了健康，我们应该怎么做呢？	学生基于科学事实，回答： 　　为了健康，我们应远离烟酒，也要劝说亲人朋友远离烟酒。	
提升与评价	【本节总结】 　　这节课我们初步认识了表观遗传这种特殊的遗传现象，其实它在我们的生活中十分常见，并对我们的生命活动有重要意义。 【布置作业】 　　请同学们课后阅读教材（必修 2）第 75 页"拓展应用"第 3 题有关某种猫雌雄个体毛色差异的小资料。课后查阅资料，尝试解释这一现象。下节课我们邀请 3 位同学来分享自己的成果。	学生带着对表观遗传现象的好奇，课下阅读教材第 75 页"拓展应用"第 3 题有关某种猫雌雄个体毛色差异的小资料，通过查阅资料解释现象。	提升学生独立进行科学探究的能力，并评价本节课对其能力培养的效果，加深对表观遗传现象的认识。

教学特点分析

本案例通过分析柳穿鱼花的形态、小鼠毛色的遗传,建构表观遗传的概念,探究表观遗传的本质,进而运用表观遗传的原理解释遗传现象,指导学生养成健康的生活方式,提升社会责任,发展学生的生物学学科核心素养。

1. 分析科学研究的过程和结果,建构表观遗传的概念

引导学生从科学家的角度,亲历柳穿鱼花的形态、小鼠毛色遗传的实例等探究过程,在提升科学探究、科学思维能力的同时,逐步认识到,在基因的碱基序列保持不变的情况下,DNA 甲基化可降低基因的表达,进而影响生物的表型。通过提出假设、设计实验,探究 DNA 甲基化的可遗传性,使学生初步形成表观遗传的概念,强化结构与功能观。

2. 合理设置情境,发展学生的科学探究和科学思维素养

引导学生从科学家的角度,完成提出问题、作出假设、实验验证等科学探究步骤,从而提升科学探究能力。例如,在"探究 DNA 甲基化的可遗传性"时,先引导学生对 DNA 甲基化的来源作出多个合理假设,并针对每个假设的特点,设计胚胎移植、不同甲基化亲本杂交、正反交等遗传实验,再进一步分析实验结果,最终验证假设的正确性,既调动了学生的主观能动性,又发展了科学探究和科学思维素养。

3. 构建解释模型,提升学生解读图表和分析问题的能力

DNA 甲基化、组蛋白修饰等表观遗传现象是细胞和分子水平的现象,合理地利用图表,能够帮助学生快速理解新概念。同时在分析各个实验的过程中,运用多种图示,可以提升学生解读图表的信息处理能力。

4. 以科学实验结果为依据,提升社会责任

通过分析吸烟、过量饮酒的科学实验数据,归纳吸烟和过量饮酒对人的体细胞、生殖细胞 DNA 甲基化的影响,以及对人体健康和生殖的危害。使学生直观、深刻地认识到远离烟酒的科学性,促进他们宣传健康生活的好习惯,并劝说身边的人远离烟酒,崇尚健康的生活方式,提升社会责任。

5. 联系生活,拓展视野,学以致用

以生活中常见的某种猫雌雄个体毛色差异的小资料作为课后阅读资料,引导学生通过查阅资料得出结论,让学生运用表观遗传的原理解释遗传现象,认识到表观遗传的复杂性,形成结构与功能相适应的生命观念。

第三篇

指向生物学学科核心素养的评价

本篇所述评价的对象是学生,内容相关学生的阶段性考试评价、学业水平考试评价和升学考试评价。无论哪种评价,总的评价原则都是指向生物学学科核心素养。

评价指向生物学学科核心素养是国家意志,从党的十八大提出立德树人作为教育的根本任务,到十九大提出要贯彻落实立德树人的根本任务,如何落实立德树人,就是要发展中国学生的核心素养,具体到各个学科,就是各个学科要发展学科核心素养,生物学科就要发展生物学学科核心素养。学生的生物学学科核心素养水平和发展状况需要评价,评价指向生物学学科核心素养,又可以引导教学改革的方向。

从评价的内容来看,评价要以生物学重要概念等主干知识为依托,检测学生生物学学科核心素养的发展水平。具体来说,就是要评价学生建立的生命观念,以及运用这些生命观念探索生命活动规律、解决实际问题的能力;评价学生科学思维的发展,即运用科学思维方法阐释生命现象及生命活动规律的能力;评价学生的科学探究能力,即学生具备的分析问题和解决问题的能力;评价学生的社会责任意识,即分析和判断与个人健康和社会发展相关的议题的能力,以及开展社会实践活动的能力。

从评价的技术手段来看,要设置合适的情境,依托情境素材提出相应的问题,考查学生的生物学学科核心素养,同时在命制试题时明确试题的层次和要求,以利于精准评价。

依据生物学学科核心素养的考查目标,选择合适的情境素材供学生回答,在设计问题时,应该注意两个方面:一是确立侧重于考查哪一项或哪几项学科核心素养;二是划分所考查的学科核心素养的等级水平,让素养发展状况不同的学生真实表现。

明确优质评价试题的标准可以提高试题的命制水平,可以准确客观地对学生生物学学科核心素养的发展状况进行评估,可以更好地引导教学和改进教学。同样,精选和分析优质的生物学高考试题也可以达到上述目的。

高考是一种大规模的选拔性考试,其核心功能是落实"立德树人、服务选才、引导教学"的要求。利用好高考的"指挥棒"功能,对于发展学生核心素养有着十分重要的推动作用。新时代的高考必须在考查学科核心素养上下功夫,以此确保教育教学的正确方向,推动课程改革的顺利进行,实现"招—考—教—学"全流程各环节无缝衔接、良好互动。

第一章

评价要指向学科核心素养

评价指向学科核心素养是党和国家的意志,也是课程标准的要求。落实这些要求,是任务,也是目标。

第一节　国家意志的要求

本节以事件发生的时间顺序,梳理评价指向学科核心素养的国家要求。

2012 年,党的十八大报告提出:把立德树人作为教育的根本任务,培养德智体美全面发展的社会主义建设者和接班人。全面实施素质教育,深化教育领域综合改革,着力提高教育质量,培养学生社会责任感、创新精神、实践能力。2017 年,党的十九大报告提出:要全面贯彻党的教育方针,落实立德树人根本任务,发展素质教育,推进教育公平,培养德智体美全面发展的社会主义建设者和接班人。十八大和十九大报告,都从国家意志的层面对教育的根本任务提出了明确要求,"立什么德、树什么人、培养什么人、怎样培养人"成为基础教育的价值追求。

2014 年 4 月,教育部颁布的《关于全面深化课程改革 落实立德树人根本任务的意见》(以下简称《意见》)明确提出,将发展学生核心素养体系的研制与构建作为推进课程改革深化发展的关键环节。《意见》的出台,为课程改革指明了方向,即落实立德树人是课程改革的核心和根本任务,发展学生的核心素养是育人的重要目标。《意见》还指出了当前存在的差距,如"重智轻德,单纯追求分数和升学率,学生的社会责任感、创新精神和实践能力较为薄弱""与课程改革相适应的考试招生、评价制度不配套,制约着教学改革的全面推进",等等。《意见》十分明确地告诉我们,不仅课程标准需要基于核心素养来设计和实施,学生的学业评价标准和高考考试标准同样需要围绕核心素养来设计。2014年9月,国务院颁布《关于深化考试招生制度改革的实施意见》,对加强高考内容改革顶层设计提出要求,明确要依据高校人才选拔要求和国家课程标准,科学设计考试内容。

2016年2月公布的《中国学生发展核心素养(征求意见稿)》中提出,要发展学生的9大核心素养。基于此,生物学课程标准、生物学学业评价标准、生物学高考考试标准都需要基于生物学学科核心素养来设计和实施。

2018年1月颁布的《普通高中生物学课程标准(2017年版)》在"评价原则"中有下列要求:评价应遵循立德树人的指导思想,重视学生爱国主义情操和社会责任感的形成;评价应关注学生对生物学大概念的理解和融会贯通;评价应指向学生生物学学科核心素养的发展。[①]

2018年9月,习近平总书记在全国教育大会上明确指示:要努力构建德智体美劳全面培养的教育体系,形成更高水平的人才培养体系;要深化教育体制改革,健全立德树人落实机制,扭转不科学的教育评价导向,从根本上解决教育评价指挥棒问题;要把立德树人融入思想道德教育、文化知识教育、社会实践教育各环节,贯穿基础教育、职业教育、高等教育各领域,学科体系、教学体系、教材体系、管理体系要围绕这个目标来设计,教师要围绕这个目标来教,学生要围绕这个目标来学。凡是不利于实现这个目标的做法都要坚决改过来。习总书记的讲话更是给教育教学改革指明了方向。

2019年教育部印发《深化新时代高考改革,建立健全科学的高校考试招生评价体系工作方案》,进一步明确要贯彻立德树人的教育思想,构建包括必备知识、关键能力、学科素养、核心价值的高校考试招生评价体系工作方案考查内容的体系。

2020年1月,教育部考试中心发布了《中国高考评价体系》,提出了"一核四层四翼"的高考评价体系,解决高考"为什么考、考什么、怎么考"的重大问题,对"培养什么人、怎样培养人、为谁培养人"这一教育根本问题给出了高考

---

① 中华人民共和国教育部. 普通高中生物学课程标准(2017年版)[S].北京:人民教育出版社,2018:61.

领域的答案。高考评价体系的科学构建,是健全立德树人落实机制、构建德智体美劳全面培养的教育体系的必经之路,是落实发展学生核心素养的重要举措。

从党的十八大开始,到课程标准的颁布和实施,再到教育部考试中心高考评价体系的颁布,可以清楚地看到对于学生的评价应立足于"立德树人",落实发展学生核心素养的评价方向。就生物学科来说,评价必然指向生物学学科核心素养,充分体现学科育人价值,从而落实立德树人根本任务。

第二节　评价要引导课堂教学的方向

评价是检验教学效果的重要方式,是教学的重要环节,但评价又可以引导课堂教学改革的方向,对课堂教学发挥着"指挥棒"的作用。

评价既可以针对教学效果,也可以针对学生的学习状况,但这两者基本上是统一的,即教学效果最直接的反映就是学生的学习效果。对教学效果进行评价,可以了解教学行为是否达成了教学目标,从而判断教学的质量和水平、成效和缺陷,有利于调整教学行为和方向,进而改进教学。对学生的学业进行评价,可以反映教学在多大程度上实现了教学目标,同时还能对成绩的形成进行部分归因,找出成绩不良的教学和学习原因。可见评价是对教学进行严谨的科学诊断,也是对学生学习状况的科学诊断。

有什么样的评价,就会指挥、倡导什么样的教学。

一、知识清单式评价不可取

有不少学生把生物学当成文科,甚至有些生物学教师也认为生物学是文科,或者认为生物学是"理科中的文科"。生物学被认为是文科的理由有:公式定律太少(只有基因的分离定律和自由组合定律等少数几个定律);概念中有例外(不存在没有例外的概念);规律不显性、不明确、不经典;知识面广泛,需要背诵和记忆的内容太多;考试试题的思维含量不够深,作答速度比较快,作答时间较短。上述理由有一定的道理,在生物学科的教学和评价中也得到了一定的体现,但是,这些理由恰恰是对生物学科的认识不足所造成的,而且很大一部分原因是采用了不正确的评价观和错误的评价内容和方式。

填空式的知识清单

例1：完成下列有关核酸的填空。

核酸包括<u>DNA 和 RNA</u>，其基本单位是<u>核苷酸</u>，它由 1 分子五碳糖（<u>脱氧核糖或核糖</u>）、1 分子磷酸和 1 分子含氮碱基组成。DNA 主要存在于<u>细胞核</u>中，RNA 主要存在于<u>细胞质</u>中。DNA 是生物体的<u>主要遗传物质</u>，储存着遗传信息，控制细胞的所有活动。RNA 是<u>合成蛋白质必需</u>的物质，少数起着<u>酶</u>的作用。

例2：完成下列有关基因工程的填空。

（1）基因工程的操作对象：<u>基因</u>。操作水平：<u>DNA 分子水平</u>。操作环境：<u>生物体外</u>。操作意图：<u>定向改变生物的遗传特性</u>。操作技术：<u>体外 DNA 重组技术或转基因技术</u>。基因工程的原理：<u>（人为的）基因重组</u>。基因工程的变异类型：属于<u>可遗传的变异</u>。

（2）基因工程操作的三种基本工具：<u>限制酶、DNA 连接酶、基因进入受体细胞的载体</u>。基因工程操作的两种工具酶：<u>限制酶、DNA 连接酶</u>。基因工程的基本操作程序包括四个步骤：<u>目的基因的获取、基因表达载体的构建（基因工程的核心）、将目的基因导入受体细胞、目的基因的检测和鉴定</u>。

（3）限制酶（分子手术刀）的来源：<u>主要从原核生物中分离</u>。作用特点：<u>能够识别双链 DNA 分子中某种特定的脱氧核苷酸序列，并使每一条链中特定部位的两个脱氧核苷酸之间的磷酸二酯键断开，具有专一性</u>。作用结果：<u>产生黏性末端或平末端</u>。

上面的知识清单相信不少教师用过，或在命制考试试题时，或在设计课堂教学前的"预习案"时，或在设计复习课中的"知识梳理"时。有些教师还把生物学教材中的重要内容做成"挖空"式的知识清单，要求学生一一填空完成，认为这种"扫描"式学习或复习，就是生物学有效的学习方式，可以保证不遗漏考点，学生认真完成这类知识清单，就能理解和掌握概念。评价时，完成相应的填空,就会获得高分。有这种想法的教师不在少数,有些教辅用书也是按照上述思路来编排设计的,以满足教师的教学需要,这类教辅书销售数据惊人,充分反映了市场的需求。

上述评价就是把生物学当成文科而采取的学习和评价方式。当然文科也绝不仅仅依靠背诵和记忆,文科也有科学思维,依据事实和证据进行分析、推理、判断,以及批判性思维等也是文科考试的重点。

二、理科的典型特征是"讲理"

生物学作为科学课程的特征,用简练的词语表述就是"讲理"。什么叫"讲理",具体来说,就是尊重事实和证据,以逻辑思维来认识事物的发展规律,即结论的获得建立在事实和证据的基础上,以逻辑思维来获得相应的结论。因此,科学课程最重要的学习方式就是基于事实和证据,通过逻辑思维来学习概念(包括原理、规律和定律),并在生活生产实践中应用概念,在应用概念的过程中,逻辑思维又在其中发挥重要的作用。生物学中生命观念的形成就离不开概念,科学思维和科学探究主要体现的就是逻辑思维。因此,学习生物学和评价学习生物学的效果,应以建构概念、发展科学思维为重要方向。

概念的考查以理解和应用为主,考查的形式不应是直接判断概念的对或错,也不应是直接挖空填空,而是在新的情境中考查概念的理解和应用,这些都是逻辑思维的体现,同时也是科学探究的体现。

三、建构式评价可以促进建构式教学

教育评价是一种基于证据的推理过程,即通过学生在某些评价任务上的表现来推断他们在某些心理或教育建构上的特征或水平。评价人员最为关心的不是学生在特定任务上的外在表现,而是导致这些表现背后的各种建构。[①]依据这种观念而建立的测评模式如图3-1所示。

在上述学科核心素养的测评模式中,强调的是建构过程,这一过程的载体是任务情境,在这个任务情境中,学生表现出具体的素养。

---

① 杨向东.指向学科核心素养的考试命题[J].全球教育展望,2018,47(10):40.

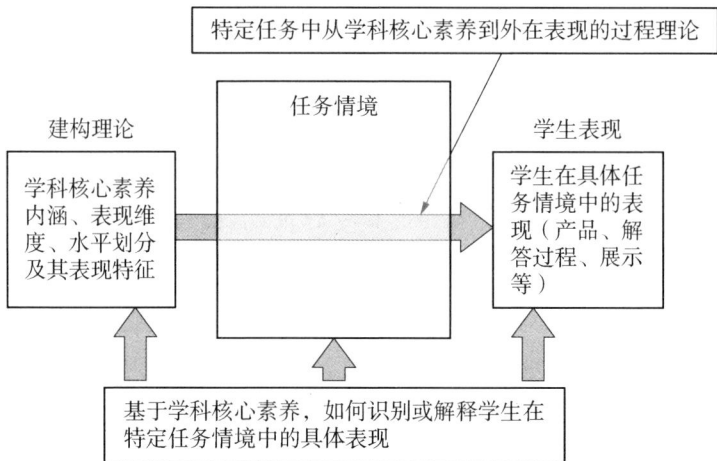

图 3-1 以建构为核心的学科核心素养测评模式①

建构测评的理论和模式反映在课堂教学中,就会促进教学的发展,即以建构过程为核心的测评需要在学习过程中得到反映,只有学习过程建构的实现才能保证测评建构的顺利进行,反过来说,测评时的建构可推动学习过程的建构。

四、指向核心素养的评价推动核心素养的发展

课堂教学以发展学生的生物学学科核心素养为教学目标,最为重要的促进措施和推动力量旨在评价方向的变革,即评价也要朝着以生物学学科核心素养的方向命制试题。如果评价不改革、方向不变化,再好的教育理念也难有落实的动力。

评价着眼于学科核心素养,必然引导在教学中落实发展学生的学科核心素养,也必然要考查学生学科核心素养的发展状况。可以这样说,能否有效开展核心素养的评价,直接关系到基于核心素养的教育改革的成败。

指向核心素养的评价可以帮助教师诊断学生核心素养的发展状况。建设指向学生核心素养发展的课程,改变教师对课程和教学的理解,进行基于核心素养发展的课堂教学实践,从而推动学生核心素养的发展。

科学有效的评价是落实发展学生学科核心素养的强大动力。

---

① 杨向东.指向学科核心素养的考试命题[J].全球教育展望,2018,47(10):41.

第二章

生物学学科核心素养的评价内容

评价的方式多种多样,有传统的纸笔测验、交流式评价、表现性评价,也有过程性评价、阶段性评价和终结性评价,还有学生的自评和互评、教师的评价等。以上评价方式都可用于评价学生生物学学科核心素养的发展状况。限于篇幅,本处所阐述的评价主要是纸笔测验,即通过试题测试的方式考查学生生物学学科核心素养的发展状况。

第一节　生命观念的测评

测评学生的生命观念,必须先弄清楚这样几个问题:(1)什么是生命观念?(2)高中阶段需要建立的生命观念有哪些内涵?(3)如何具体考查这些生命观念?弄清楚这些问题需要对生命观念进行深入的分析。

一、概念与生命观念的关系

关于生命观念的概念及其内涵在第一篇中有详细阐述,在这里再重复一下。生命观念由生命的系统观、生命的物质观、结构与功能观、物质和能量观、生命的信息观(也可以表示为物质、能量和信息观)、稳态与调节观、适应与进化观、生态观等组成。这些生命观念是抽象和概括的产物,它们由一系列一级概念所支撑,而一级概念下面又由一系列二级概念所支撑,二级概念下面还有一系列三级概念,三级概念对应的就是生物学现象和事实。当然,从生物学现象和事实到生命观念不一定都得遵从三级概念这个模式,概念的分级也不一定都是三级的形式。

下图表示生命观念与概念的关系。

生物学现 → 三级概念 → 二级概念 → 一级概念 → 生命观念
象和事实

图 3-2 生命观念与概念的关系

以一个具体的生命观念物质与能量观的分解来说明。

物质与能量观包含如下一级概念(图 3-3)。

1. 细胞的生存需要能量和营养物质;

2. 物质和能量总是相伴相随的,物质的合成与分解总是伴随着能量的储存和释放,光合作用和呼吸作用是最基础的物质代谢和能量代谢;

3. ATP 是生命活动的直接能源物质,是生命系统中物质和能量的直观体现;

4. 能量可以推动物质的转化、运动和空间结构的变化,也可以推动信息的产生、加工和传递。

图 3-3 物质与能量观包含的一级概念

以上一级概念可以分解为一系列二级概念,二级概念再分解为三级概念。图 3-4 反映了这些概念之间的层级关系,这种层级关系体现了从宏观到微观的认知逻辑。

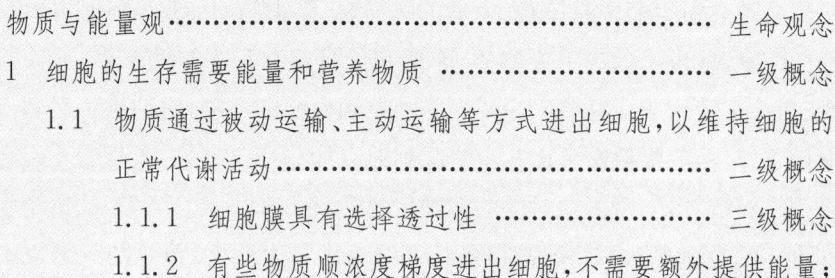

物质与能量观 ··· 生命观念

1 细胞的生存需要能量和营养物质 ················· 一级概念

   1.1 物质通过被动运输、主动运输等方式进出细胞,以维持细胞的

        正常代谢活动 ································· 二级概念

        1.1.1 细胞膜具有选择透过性 ············· 三级概念

        1.1.2 有些物质顺浓度梯度进出细胞,不需要额外提供能量;

有些物质逆浓度梯度进出细胞,需要能量和载体

蛋白 ●●●●●●●●●●●●●●●●●●●●●●●●●●●●●●●●●●● 三级概念

1.1.3　大分子物质可以通过胞吞、胞吐进出细胞

●●●●●●●●●●●●●●●●●●●●●●●●●●●●●●●●●●● 三级概念

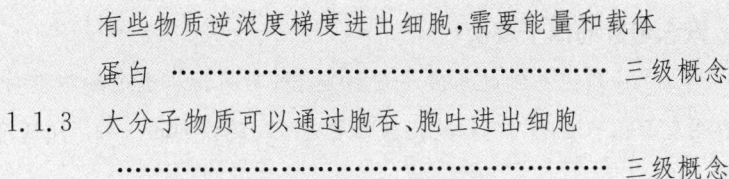

图 3-4　物质与能量观的层级关系

由上述可以看出,考查生命观念通常可以通过考查概念而实现。

事实上,生物学本身就是由一系列重要的事实、概念所组成的认知结论和认知过程,学习生物学的主要任务之一就是建构重要概念,形成一系列的生命观念。因此,以概念考查为载体,可以渗透考查学生生命观念的发展水平。

二、概念考查的等级

在考查概念的过程中,首先要界定概念的考查等级,概念的考查等级可以分为四级:了解、理解、掌握、应用。

了解:从具体的现象或活动中知道或举例说出对象的有关特征;根据对象的特征,从具体情境中辨认或者举例说出对象。

理解:说明对象的特征和由来,阐述对象与相关对象之间的区别和联系。

掌握:在理解的基础上,把对象用于新的情境。

应用:综合使用已掌握的对象,选择或创造适当的方法解决问题。

界定具体概念的考查等级可参考生物学课程标准中的"内容要求",该部分内容就是以概念的形式表述学生需要达到的目标要求。三级概念中用了行为动词表明学习概念需要达到的层次,可以准确地阐述概念的学习要求。在"核心素养目标要准确体现教学的达成度"中都有详细的阐述。

一般来说,处于了解层次的概念不属于生物学学科核心素养的范畴,但有些概念的确需要了解,是发展生物学学科核心素养的前提和基础。考查的概念如果处于了解层次,可以认为这类概念的学习要求是学生会考水平。不过,概念的学习也在不断发展,随着学习进度的深入,了解层次的概念也可能会上升到理解、掌握和应用层次。

下面以"物质通过被动运输、主动运输等方式进出细胞,以维持细胞的正

常代谢活动"为例,呈现概念考查的 4 个层次。

概念考查的四个层次

例 1　物质进入细胞都要透过细胞膜,不同物质透过细胞膜的方式不同,下列各图表示在一定范围内细胞膜外物质进入细胞膜内的三种不同情况。

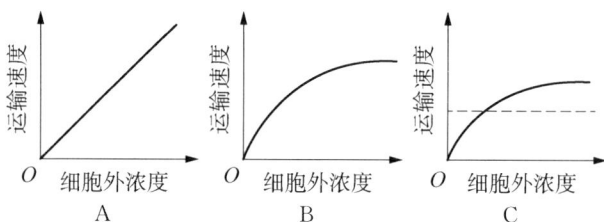

图 3 - 5

完成下列问题。

(1) 乙醇、CO_2、氨基酸进入细胞的方式分别是_____、_____、_____。

(2) 据图指出 A、B、C 所表示的物质运输方式,A 是_____,B 是_____,C 是_____。

(3) 上述三种运输方式中,哪一种加入呼吸抑制剂后曲线会发生变化?为什么?

(4) 现要判断一种有机小分子物质进入细胞的方式,请设计实验进行确定。要求简要写出实验设计思路,并预测实验结果和得出实验结论。

参考答案:

(1) 自由扩散　自由扩散　主动运输

(2) 自由扩散　协助扩散　主动运输

(3) C,主动运输需要呼吸作用提供能量。

(4) 略。

本题考查了学生对不同概念的了解、理解、掌握和应用 4 个层次,这 4 个层次是依次递进的。第(1)问考查的是了解层次,乙醇、CO_2、氨基酸进入细胞的方式非常简单,属于识记水平,相当于"从具体的现象或活动中知道或举例说出对象的有关特征";第(2)问是理解层次,需要学生结合图形曲线与物质跨膜运输的类型、特点进行联系,相当于"阐述对象与相关对象之间的区别和联系”;第(3)问是掌握层次,需要学生掌握主动运输的特点,并应用于"加入呼吸抑制剂后"的新情境而进行推测和判断,相当于"在理解的基础上,把对象用于新的情境";第(4)问是应用层次,要求学生设计实验并预测结果和得出实验结论,这就需要在理解和掌握物质跨膜运输的类型和特点的基础上,创造性地解决问题,并根据实验结果进行比较判断,从而得出相应的结论,这相当于"综合使用已掌握的对象,选择或创造适当的方法解决问题"。

大多数概念的考查通常是理解和掌握层次,理解层次的概念需要"说明、概述、区别、解释和阐明",掌握层次的概念需要"推理、判断"。理解和掌握层次的概念都离不开科学思维;一些重要概念可以达到应用层次,应用层次的概念与科学思维有关,也与科学探究密切相关。

概念之间建立逻辑联系,称为概念图。构建概念图需要理解每个概念,同时要理解概念与概念之间的关系。通过考查概念图的建立,可以集中考查多个概念及这些概念之间的关系,这是考查概念理解能力的高阶形式。

考查概念之间的逻辑关系

例 2 将与生物学有关的内容依次填入下图各框中,其中包含关系错误的选项是   (   )

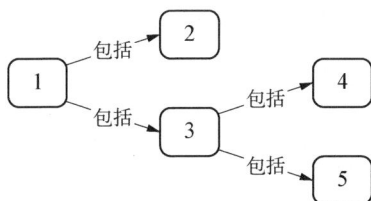

图 3-6

表 3-1

选项\框号	1	2	3	4	5
A	组成细胞的化合物	有机物	无机物	水	无机盐
B	人体细胞的染色体	常染色体	性染色体	X 染色体	Y 染色体
C	物质跨膜运输	主动运输	被动运输	自由扩散	协助扩散
D	有丝分裂	分裂期	分裂间期	染色单体分离	同源染色体分离

参考答案：D

本题考查了细胞中的化合物、染色体类型、物质跨膜运输、有丝分裂等概念及其之间的内在联系，只有理解这些概念的内涵和外延才能正确作答。

三、考查生命观念

除了考查概念、渗透生命观念外，有些生命观念是可以直接考查的。例如，结构与功能观，分子、细胞、个体和生态系统都有其结构，结构与功能又是紧密联系的，因此，考查结构与功能的关系，也是命题的常考点。

直接考查结构与功能观

例 1　细胞器是细胞的重要组成成分，各种细胞器的功能与其结构密切相关。下列关于细胞器结构和功能的叙述中错误的是　　　（　）

A. 细胞器的种类、数量及分布与细胞的功能相适应

B. 分泌蛋白的加工与内质网和高尔基体密切相关

C. 叶绿体和线粒体与细胞内物质和能量的转化有关

D. 无叶绿体和线粒体生物的代谢类型为异养需氧型

参考答案：D

本题以细胞中的各种细胞器为载体，考查学生对细胞器的结构与功能关系的理解，直接体现了结构与功能观中的"结构与功能相统一，结构与功能相适应"的生命观念。

渗透考查结构与功能观

例 2　生物体内的 DNA 常与蛋白质结合，以 DNA—蛋白质复合物的形式存在。下列相关叙述中错误的是　　　（　）

A. 真核细胞染色体和染色质中都存在 DNA—蛋白质复合物

B. 真核细胞的核中有 DNA—蛋白质复合物，而原核细胞的拟核中没有

C. 若复合物中的某蛋白参与 DNA 的复制，则该蛋白可能是 DNA 聚合酶

D. 若复合物中正在进行 RNA 的合成，则该复合物中含有 RNA 聚合酶

参考答案：B

本题尽管没有直接说明结构与功能的关系，但可通过判断 DNA—蛋白质复合物的存在场所，确认 DNA—蛋白质复合物中参与某些生理过程的蛋白质

名称,体现结构与功能相统一的生命观念。

除了结构与功能观可以直接考查外,物质观、能量观、信息观、稳态与调节观、进化观、生态观都可以命制相应的试题进行测评。但更多的是考查对相关概念的理解、掌握与应用,在其中渗透考查生命观念的发展状况。

考查多种生命观念

例3　病原细菌产生抗生素耐药性的主要机理如下图所示。

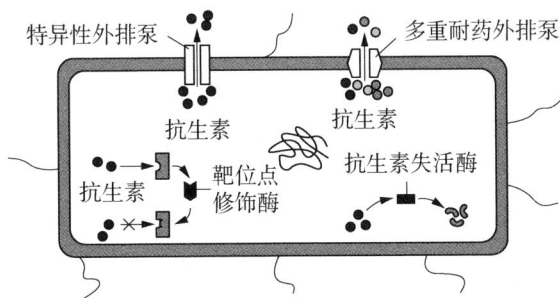

图 3-7

(1) 据图可知,病原细菌产生耐药性的途径有_____

_____

_____。

(2) 研究发现,由于抗生素的大量生产和滥用,导致人类肠道中病原细菌的耐药性不断增强,从进化的角度分析细菌耐药性增强的原因是_____

_____。

(3) 由于抗生素在医疗以及养殖业中的大量使用,导致环境中出现了大量抗性污染热点区,抗性基因可以通过多种直接或间接的扩散途径最终进入水体和土壤。请你提出一项对应抗生素耐药性蔓延的措施:_____

_____。

参考答案:

(1) 通过(特异性或多重耐药)外排泵将抗生素排出细胞,降低胞内抗生素浓度而表现出抗性;通过对抗生素靶位点的修饰,使抗生素无法与之结合而表现出抗性;通过抗生素失活酶使抗生素降解,失去功能

(2) 抗生素对病原细菌的选择作用,导致病原细菌中耐药基因频率增大

(3) ①管理或减少抗生素的生产、使用及向自然环境排放;②监测医院、养殖场等周围环境中细菌对抗生素的耐药性;③研制新型替代药物;④加强抗生素耐药性相关的基础与应用研究,消除和缓解耐药性的发生和传播;⑤加强科普宣传,提高公众的认识,减少抗生素滥用(选择一项作答即可)。

上述试题中,第(1)问考查获取信息的能力,但实际上,这种信息是以结构与功能相适应的结构与功能观作为判断的依据;第(2)问考查进化观;第(3)问考查解决实际问题的能力(社会责任),但这种能力是建立在正确的生命观念基础上的。

第二节　科学思维和科学探究的测评

科学思维和科学探究通常是不可分割的,科学思维是科学探究的内在本质,科学探究是科学思维的外在表现,两者在学习上是统一的。因此,在测评学生的生物学学科核心素养时,科学思维和科学探究通常是联系在一起考查的。

在第一篇中已详细阐述了科学思维和科学探究的定义、内涵和特征,在此再作简单陈述。

科学思维主要表现为科学思维方法和能力,科学探究可以分为探究的方法、技能和能力。如果把两者合并在一起,可以说科学思维和科学探究主要表现为能力体系。

科学思维的最高素养水平表现为一系列的能力水平:(1)能够在新的问题情境中,基于事实和证据,采用适当的科学思维方法揭示生物学规律或机制的能力;(2)在面对生活中与生物学相关的问题时,能进行合理的逻辑推理,并作出正确决策的能力。

科学探究是学习科学知识、发展科学思维、形成科学态度和科学精神的一种过程,既是学习方式也是研究方式。科学探究表现为一种综合能力,其本质是提出问题和解决问题,其核心内涵包括探究的问题、方法、过程、结果和交流,科学探究还包括科学态度和科学精神。学科教学中的科学探究一般包括提出问题、作出假设、制订计划、实施计划、得出结论、表达交流几个环节。科学探究的最高素养水平由一系列能力组成。(1)观察能力:能够恰当选用并熟练运用工具进行观察;(2)提出问题的能力:针对日常生活中的真实情境提出清晰的、有价值的、可探究的生物学问题;(3)制订并实施方案的能力:基于对相关资料的查阅,设计并实施恰当可行的方案;(4)获取证据或数据的能力:运用多种方法如实记录,并创造性地运用数学方法分析实验结果;(5)表达和交流的能力:能够在团队中起组织和引领作用,并运用科学术语阐明实验结果,展开交流。

科学思维和科学探究的考查常常结合在一起,在科学探究活动中考查学生的科学思维,是常考的方式。考查基于逻辑提出问题、作出假设和预测结果的能力;探究步骤的设计和评估能力;对科学方法的运用能力;对探究结果的分析和评估能力,等等。

考查科学思维和科学探究的融合

例1　细菌会产生内毒素,高浓度的内毒素进入人体会引发广泛的炎症反应和内毒素血症。研究者测定了不同温度下药物单独或联合处理细菌时内毒素的释放量。下列相关分析或推理中错误的是　　　　　　　　　　(　　)

表 3－2

温度/℃	内毒素浓度/($\mu g \cdot mL^{-1}$)			
	对照组	溶菌酶 A	抗生素 B	溶菌酶 A＋抗生素 B
37	5.4	5.1	22.4	8.2
40	5.0	1.5	16.8	2.3

A. 对照组的处理是培养细菌但不添加药物,结果说明细菌可自发地释放内毒素

B. 在两种温度下,抗生素 B 在杀菌的同时均可引起较多的内毒素释放到细菌细胞外

C. 与单独使用抗生素 B 相比较,溶菌酶 A 与其联合处理时可显著降低内毒素的释放量

D. 若因细菌感染引起高烧,单独使用溶菌酶 A 进行治疗对缓解内毒素血症的效果最差

参考答案:D

试题以科学实验的设计思路和实验结果为载体,考查学生对科学方法——设计实验组和对照组的理解能力,并根据实验结果进行逻辑推理而获得实验结

论的能力。本题既考查了科学思维,又考查了科学探究。事实上,很多测试题都是将两者结合在一起考查的。当然,也可以单独对科学思维进行考查。

2019 年教育部考试中心颁布的《2019 年普通高等学校招生全国统一考试大纲(理科)》(以下简称"考试大纲")生物中,在考查的要求中建立了一个能力考查体系。这个能力体系包括:理解能力、实验与探究能力、获取信息的能力、综合运用能力。在这四种能力中,获取信息的能力和理解能力是基础,实验与探究能力是重点,综合运用能力是核心。这四种能力不是绝对分开的,实际上它们是相互融合的,在实际的能力表现中不可分割。

这个能力体系符合对科学思维和科学探究考查的要求,本处围绕这个能力体系阐述考查的具体实施。

一、理解能力[①]

(1) 能理解所学知识的要点,把握知识间的内在联系,形成知识的网络结构。

(2) 能用文字、图表以及数学方式等多种表达形式准确地描述生物学方面的内容。

(3) 能运用所学知识与观点,通过比较、分析与综合等方法对某些生物学问题进行解释、推理,做出合理的判断或得出正确的结论。

上述(1)(2)(3)逐步递进,层阶依次提升,它们构成了理解能力的基本内涵。考查理解能力,主要以考查概念为载体而实现,对概念的考查的确是一个很好的平台。概念反映了事物的内在规律,并能以恰当的方式表现出来,还能运用概念对新的事物进行解释、推理和判断。在《生命观念的测评》一节中,已对概念的考查层次作出了区分,并用例题进行了阐述,这里就不再赘述。

二、实验与探究能力

狭义的实验和探究是指学生完成操作性质的一些活动。在纸笔测试中,

---

① 教育部考试中心.2019 普通高等学校招生全国统一考试大纲(理科)[M].北京:高等教育出版社,2018:143.

虽无法实时提供真实材料对学生的操作能力进行检验,但对实验的原理、方法、步骤,对现象的描述,对结果的记录和分析,对数据的处理,以及相应的结论等,都可以在纸面上实现。实验是最为重要的探究,从提出问题到解决问题的所有环节都可以在实验中得到体现。广义的实验和探究是一类活动,这种活动可以是思维上的,当然更多的是实际操作上的,这类活动的本质特征是提出问题,并采取措施解决问题。学生的学习活动,是一种从无知到有知的活动,因此可以看成是一种探究活动。

在完成实验和探究活动中所表现出来的分析问题和解决问题的能力,就是实验与探究能力,它主要包括以下 4 点。①

(1)能独立完成“生物知识内容表”所列的生物实验,包括理解实验目的、原理、方法和操作步骤,掌握相关的操作技能,并能将这些实验涉及的方法和技能等进行运用。

(2)具备验证简单生物学事实的能力,能对实验现象和结果进行分析、解释,并能对收集到的数据进行处理。

(3)具有对一些生物学问题进行初步探究的能力,包括运用观察、实验与调查、假说演绎、建立模型与系统分析等科学研究方法。

(4)能对一些简单的实验方案做出恰当的评价和修订。

在考查实验与探究能力时,既可以仅对思维进行考查,也可以是对具体的实验原理、方法或操作步骤的考查。

考查具体的实验

例 1　采用样方法调查某地区(甲地)蒲公英的种群密度,下列做法中正确的是　　　　　　　　　　　　　　　　　　　　　　　　　(　　)

A. 计数甲地内蒲公英的总数,除以甲地面积,作为甲地蒲公英的种群密度

B. 计数所有样方内蒲公英总数,除以甲地面积,作为甲地蒲公英的种群密度

C. 计算出每个样方中蒲公英的密度,求出所有样方蒲公英密度的平均值,作为甲地蒲公英的种群密度

---

① 教育部考试中心.2019 年普通高等学校招生全国统一考试大纲(理科)[M].北京:高等教育出版社,2018:144.

D. 计数所有样方内蒲公英的总数,除以所有样方的面积之和,再乘以甲地面积,作为甲地蒲公英的种群密度

参考答案:C

该题以某地区(甲地)蒲公英的种群密度为载体,考查学生对调查法中样方法的理解和运用。样方法是一种植物种群密度的调查方法,是实验和探究中的科学方法。

教材中每个具体实验的原理、方法、步骤、结果和结论,都可以作为考查的对象,当然,设置新的情境考查学生的实验方法、技能等,更值得提倡和肯定。

考查实验的分析和推理

例 2 NPY 是由下丘脑分泌的含有 36 个氨基酸的神经肽,广泛分布于中枢和外周神经系统,在体重调节中起到重要的作用。为研究 NPY 对前脂肪细胞增殖和分化的影响,研究者将同一类型的前脂肪细胞等分成 5 组,每组培养液中加入如下物质。

表 3-3

第 1 组	第 2 组	第 3 组	第 4 组	第 5 组
不加任何药物	10^{-10} mol·mL^{-1} NPY	10^{-9} mol·mL^{-1} NPY	10^{-8} mol·mL^{-1} NPY	$1\ \mu g\cdot mL^{-1}$ 胰岛素

注:胰岛素组是经典诱导组,作为实验的阳性对照。

(1)本实验的自变量是_____;胰岛素可促进前脂肪细胞_____培养液中的葡萄糖并转化为脂肪囤积。

(2)培养一段时间后,研究者分别测定了各组细胞的增殖情况,结果见下图(吸光度值的大小用于反映细胞增殖能力的强弱)。

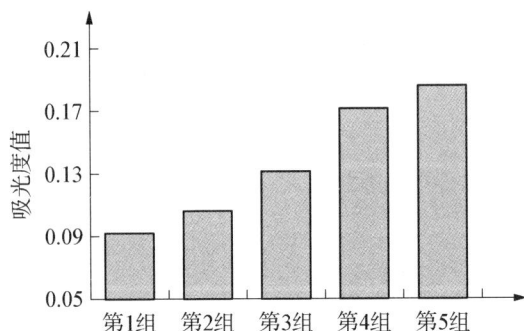

图 3-8

该实验结果说明_____

_____。

(3) 研究发现第 3、第 4、第 5 组细胞自培养的第 7 天起形态发生变化,第 12 天观测到成熟脂肪细胞,而第 1、第 2 组只有部分细胞在第 12 天出现形态变化。当细胞培养至第 12 天时,研究者利用_____技术测定了各组脂肪细胞中 C 蛋白和 P 蛋白的含量,结果显示第 4 组细胞中这两种蛋白质含量明显多于第 1 组,并与第 5 组相当。进行此项结果测定的目的是研究前脂肪细胞分化程度是否与 C 蛋白基因、P 蛋白基因的_____有关。

参考答案:

(1) NPY 浓度　摄取　(2) NPY 能促进前脂肪细胞增殖;在此浓度范围内,随 NPY 浓度增加,促进前脂肪细胞增殖的作用增强;但不如胰岛素的促进作用明显　(3) 抗原—抗体杂交　表达水平

本题考查学生的实验与探究能力,具体考查:对实验变量的理解;根据观察记录获得相应的实验结果,对实验结果进行分析和推理,以得出科学的结论。

考查实验方案的评价与完善

例 3　学习、记忆是动物适应环境、使个体得到发展的重要功能。通过电刺激实验,发现学习、记忆功能与高等动物的海马脑区(H 区)密切相关。

(1) 在小鼠 H 区的传入纤维上施加单次强刺激,传入纤维末梢释放的_____作用于突触后膜的相关受体,突触后膜出现一个膜电位变化。

(2) 如果在 H 区的传入纤维上施加 100 次/秒、持续 1 秒的强刺激(HFS),在刺激后几小时之内,只要再施加单次强刺激,突触后膜的电位变化都会比未受过 HFS 处理时高 2～3 倍,研究者认为是 HFS 使 H 区神经细胞产生了"记忆"。下图为这一现象可能的机制。

如图所示,突触后膜上的 N 受体被激活后,Ca^{2+} 会以_____方式进入胞内。Ca^{2+} 与_____共同作用,使 C 酶的_____发生改变,C 酶被激活。

(3) 为验证图中所示机制,研究者开展了大量工作。

① 对小鼠 H 区传入纤维施以 HFS,休息 30 分钟后,检测到 H 区神经细胞的 A 受体总量无明显变化,而细胞膜上的 A 受体数量明显增加。该结果为图中的_____(填图中序号)过程提供了实验证据。

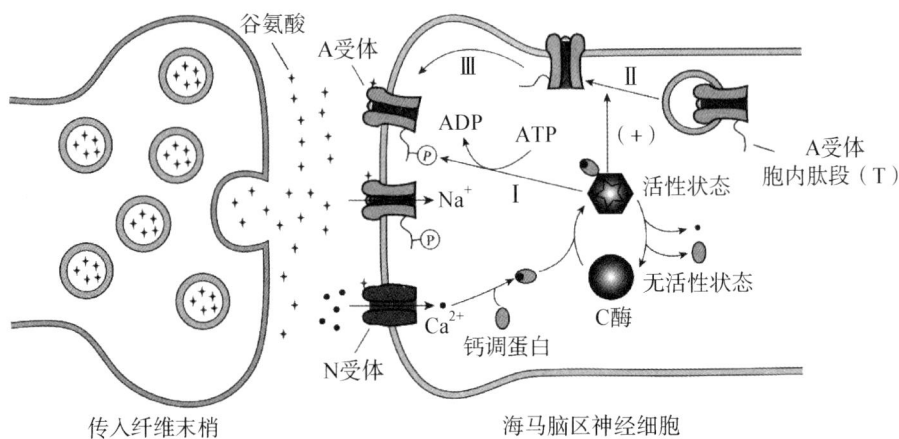

图 3-9

② 图中 A 受体胞内肽段(T)被 C 酶磷酸化后,A 受体活性增强。为证实 A 受体的磷酸化位点位于 T 上,需将一种短肽导入 H 区神经细胞内,以干扰 C 酶对 T 的磷酸化。其中,实验组和对照组所用短肽分别应与 T 的氨基酸 _____。

A. 数目不同序列不同　　B. 数目相同序列相反　　C. 数目相同序列相同

③ 为验证 T 的磷酸化能增强神经细胞对刺激的"记忆"这一假设,将 T 的磷酸化位点发生突变的一组小鼠,用 HFS 处理 H 区传入纤维,30 分钟后检测 H 区神经细胞突触后膜 A 受体能否磷酸化。请评价该实验方案并加以完善。

(4) 图中内容从_____水平揭示了学习、记忆的一种可能机制,为后续研究提供了理论基础。

参考答案:

(1) 神经递质　(2) 协助扩散　钙调蛋白　空间结构

(3) ① Ⅱ　② C、B　③ 该实验方案存在两处缺陷。第一,应补充一组对未突变小鼠同样处理的对照实验。第二,应补充施加 HFS 后检测和比较以上两组小鼠突触后膜电位变化的实验。　(4) 细胞和分子

本题考查学生的多种能力。第(2)问主要考查获取信息的能力,Ca^{2+} 的运输方式、C 酶的空间结构改变,都可以从图中获得相关信息并进行分析而得出答案;第(3)问要求学生指出实验存在的问题并加以完善,主要考查实验的设计和对实验方案的评价;第(4)问要求学生能从具体的实验图示中概括研究对

象的层次,考查分析和概括能力。

考查实验的设计

例4 果蝇的长翅(A)对残翅(a)为显性,现有长翅♂、长翅♀、残翅♂、残翅♀四种果蝇若干只,可选做亲本进行杂交实验。回答下列问题。

(1)若四种果蝇均为纯合子,要通过一次杂交实验确定 A、a 基因是位于常染色体上还是 X 染色体上,请设计实验,预测实验结果,得出实验结论。

(2)若已确定 A、a 基因属于伴 X 染色体遗传,为进一步探究上述四种果蝇是否为纯合子,请设计实验,预测实验结果,得出实验结论。

参考答案:

(1)用长翅♂与残翅♀杂交,如果后代中无论雌雄均为长翅,则 A、a 基因位于常染色体上;如果后代中雌性均为长翅,雄性均为残翅,则 A、a 基因位于 X 染色体上。

(2)将长翅♀与残翅♂杂交,如果后代中无论雌雄均为长翅,则为纯合子;如果后代中长翅与残翅的比为 1∶1,则长翅♀为杂合子。

本题考查设计实验的思路和方法、预测实验结果、得出实验结论等科学思维水平和科学探究能力。需要学生具有较强的实验设计能力和逻辑推理能力,以及语言表达能力。

三、获取信息的能力

获取信息的能力是学习和生活中的一种基本能力,也是综合能力的重要表现之一。获取信息的能力包括:搜集和整理信息的能力,分析和识别信息的能力,运用和发展信息的能力。在当前网络时代,识别真信息,用好有用信息,是一种信息核心素养;在学生的学习过程中,面对复杂的事物和现象,从中发现本质信息,抽象和概括形成概念、规律,是一种重要的学习能力;在科学研究中,从众多材料中寻找并发现重要的信息,是一种科研能力。可以这样说,获取信息的能力是核心素养的重要组成部分。

获取信息的能力包括以下两点。

(1)能从提供的材料中获取相关的生物学信息,并能运用这些信息,结合所学知识解决相关的生物学问题。

(2)关注对科学、技术和社会发展有重大影响的、与生命科学相关的突出成就及热点问题。

例 研究植物激素作用机制常使用突变体作为实验材料。通过化学方法处理萌动的拟南芥种子可获得大量突变体。

(1) 若诱变后某植株出现一个新性状,可通过_____交判断该性状是否可以遗传。如果子代仍出现该突变性状,则说明该植株可能携带_____性突变基因,根据子代_____,可判断该突变是否为单基因突变。

(2) 经大量研究,探明了野生型拟南芥中乙烯的作用途径,简图如下。

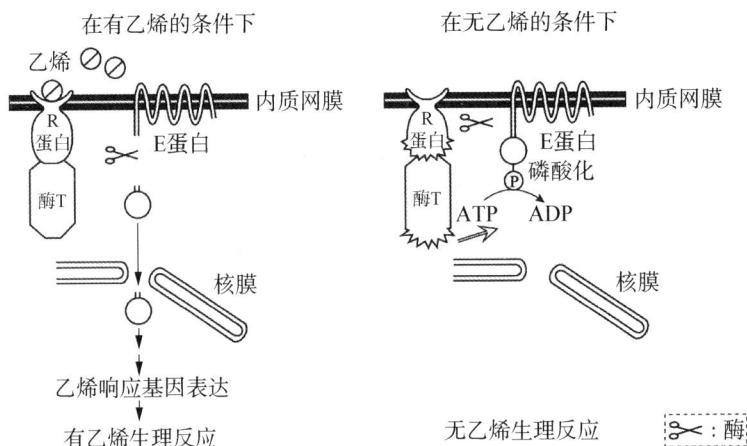

图 3-10

由图可知,R蛋白具有结合乙烯和调节酶T活性两种功能。乙烯与_____结合后,酶T的活性_____,不能催化E蛋白磷酸化,导致E蛋白被剪切。剪切产物进入细胞核,调节乙烯响应基因的表达,植株表现有乙烯生理反应。

(3) 酶T活性丧失的纯合突变体(1#)在无乙烯的条件下出现_____(填"有"或"无")乙烯生理反应的表现型。1#与野生型杂交,在无乙烯的条件下,F_1的表型与野生型相同。请结合上图从分子水平解释F_1出现这种表型的原因:_____。

(4) R蛋白上乙烯结合位点突变的纯合个体(2#)仅丧失了与乙烯结合的功能。请判断在有乙烯的条件下,该突变基因相对于野生型基因的显隐性,并结合乙烯作用途径陈述理由:_____

_____。

（5）番茄中也存在与拟南芥相似的乙烯作用途径。若番茄 R 蛋白发生了与 2♯相同的突变，则这种植株的果实成熟期会_____。

参考答案：

（1）自　显　表型的分离比　（2）R 蛋白　被抑制　（3）有　杂合子有野生型基因，可产生有活性的酶 T，最终阻断乙烯作用途径　（4）与野生型杂交，F_1 中突变基因表达的 R 蛋白不能与乙烯结合，导致酶 T 持续有活性，阻断乙烯作用途径，表现为无乙烯生理反应，其表型与 2♯一致，因此突变基因为显性　（5）推迟

本题构建了一个"野生型拟南芥中乙烯的作用途径"模型，依据这个模型能知道在有或无乙烯的条件下，拟南芥细胞中所发生的生理机制。本题第（2）问是直接读图获取信息，第（3）、第（4）问需要在读图获取信息的基础上进行分析和推理，这也是获取信息能力的表现。

四、综合运用能力

在学习和实践的过程中，解决某一具体问题时，不可能只用到某一方面的知识，一般情况下是多种知识综合运用的过程，同时也是多种能力综合运用的过程。如需要获取信息，对信息进行评估和分析的能力；需要作出判断、进行推理的能力；需要科学设计实验、实施实验，得出结论的能力，这些能力综合在一起，就表现为分析问题和解决问题的能力。

综合运用能力即理论联系实际，综合运用所学知识解决自然界和社会生活中的一些生物学问题。

例　人感染埃博拉病毒（EV）会引起致命的出血热。为了寻找治疗 EV 病的有效方法，中外科学家进行了系列研究。

（1）EV 表面的糖蛋白（EV-GP）作为_____刺激机体产生_____性免疫反应。

（2）科学家采集了多年前感染 EV 并已康复的甲、乙两人的血液，检测抗 EV-GP 抗体的水平。据图 3-11，应选取_____的血液分离记忆 B 细胞用以制备单克隆抗体（单抗）。

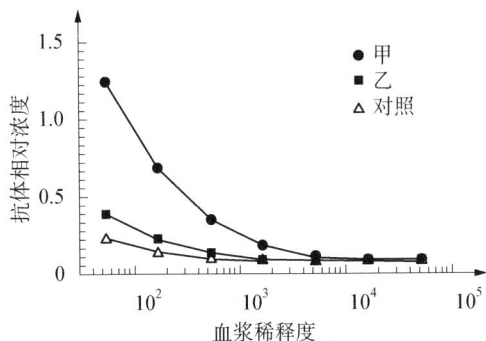

图 3-11

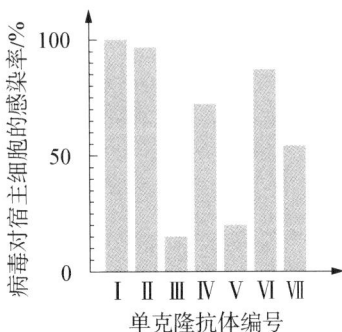

图 3-12

（3）将制备的多种单抗与病毒混合，然后检测病毒对宿主细胞的感染率。根据图 3-12,抑制效果最好的两种单抗是_____。

（4）EV-GP 具有多个与抗体结合的位点。为了研究上述两种单抗(分别称为 A、B)与 EV-GP 结合的位点是否相同,可按图 3-13 所示简要流程进行实验。

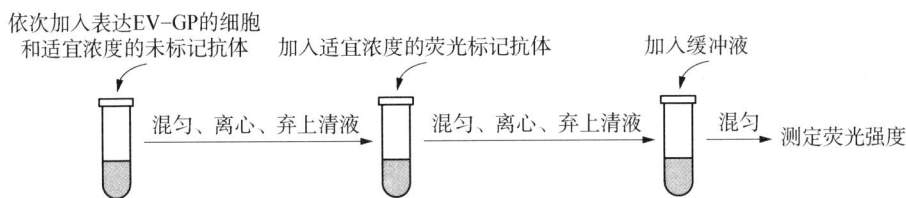

图 3-13

① 请将图 3-13 中应使用的抗体填入下表(填"A""B"或"无关抗体"),完成实验方案(一种即可)。

表 3-4

组别	未标记抗体	荧光标记抗体
实验组	Ⅰ_____	Ⅱ_____
对照组1	Ⅲ_____	Ⅳ_____
对照组2	同Ⅲ	同Ⅱ

② 若 A、B 与 EV-GP 结合的位点不同,与 1、2 两对照组分别比较,实验组的荧光值应_____。

(5) 中国科学家用分子结构成像技术证实了 A、B 与 EV-GP 结合的位点不同。基于上述系列研究,请你为治疗 EV 病提供两种思路:_____
_____。

参考答案:

(1) 抗原　特异　(2) 甲　(3) Ⅲ 和 Ⅴ

(4) ① 方案一:Ⅰ. B　Ⅱ. A　Ⅲ. 无关抗体　Ⅳ. A

方案二:Ⅰ. A　Ⅱ. B　Ⅲ. 无关抗体　Ⅳ. B

② 与对照组 1 基本相同,且明显高于对照组 2

(5) 思路一:单独或共同使用 A、B 进行治疗

思路二:利用单抗制成靶向药物

思路三:针对 EV-GP 与抗体结合位点的结构研制新型药物

本题是一道优质的试题,层层递进地考查学生的多种能力,其中既有基础的理解能力和获取信息的能力,也有难度较高的实验与探究能力,最后还考查了学生综合运用已有知识和研究结果,设计新的思路以解决实际问题的能力。表 3-5 是该题的能力体现和生物学学科核心素养考核点。

表 3-5

题号	能力体现	生物学学科核心素养考核点
(1)	理解能力	基本概念
(2)	获取信息的能力	科学思维和科学探究
(3)	获取信息的能力	科学思维
(4)	实验与探究能力	科学思维和科学探究
(5)	综合运用能力	科学思维和社会责任

第三节　社会责任的测评

在《中国学生发展核心素养》框架体系中,社会责任素养主要包括家庭责

任、集体责任、国家责任和人类可持续发展等多个方面,是个体针对这些责任的认知、情感和行为的综合表现。

在生物学课程标准中,"社会责任"是指基于生物学的认识,参与个人与社会事务的讨论,作出理性解释和判断,解决生产生活问题的担当和能力。这种担当和能力主要体现在参与意识、解决问题和实践行动三个层面。

参与意识:学生应能够以造福人类的态度和价值观,积极运用生物学的知识和方法,关注社会议题,参与讨论并作出理性解释,辨别迷信和伪科学。

解决问题:结合本地资源开展科学实践,尝试解决现实生活问题。

实践行动:树立和践行"绿水青山就是金山银山"的理念,形成生态意识,参与环境保护实践;主动向他人宣传关爱生命的观念和知识,崇尚健康文明的生活方式,成为健康中国的促进者和实践者。

在纸笔测试中,想要全面落实这三个层面社会责任的考查,显然是非常困难的,因为这三个层面中的"实践行动"是外显行为,只能通过观察外在表现进行定量或定性的考查,纸笔测试无法提供实践活动场景,因而不能方便地进行观察考查。但是,外显行为都有内在的逻辑基础,也就是说,内在逻辑是外显行为的根本支撑。因此,考查内在逻辑就是纸笔测试的落脚点。

概念是内在逻辑的支撑,思维是逻辑的本质。因此,考查社会责任,应该以概念为载体、思维为表现,即运用概念在分析健康、安全、生态、发展等社会问题和解决这些问题过程中所表现出的思维能力。

考查相关概念的理解

例1 下列关于毒品危害的叙述中,不正确的是 ( )

A. 毒品主要包括鸦片、海洛因、吗啡等及其制品如冰毒、摇头丸等

B. 吸毒一两次不易成瘾,问题不大

C. 毒品有极强的成瘾性,且对人的身心健康危害极大

D. 我国法律规定,严禁吸毒,我们应该珍爱生命,远离毒品

参考答案:B

对毒品的认知就是概念,建立关于毒品认知的正确概念,有助于形成一种健康的责任意识,有了这种责任意识才会有相应的行为,以避免吸毒、贩毒等违法犯罪行为。

考查相关概念的运用

例 2 在严查偷猎野生动物的行动中,执法部门发现某餐馆出售的一种烤肉比较可疑,餐馆工作人员说是"山羊肉",经实验室检验,执法部门确定这种"山羊肉"来自国家二级保护动物斑羚。你认为执法部门最可能采取哪种检测方法?为什么?(本题来源于人教版《遗传与进化》模块教材第 59 页。)

要准确检测是不是"山羊肉",当然需要检测 DNA,因为不同物种 DNA 的碱基序列是不同的,每个特定的物种具有独特的 DNA。这就是对物种 DNA 概念的理解,并将这种理解应用在新的情境之中,这就是一种能力。在展现这种能力的时候,就会形成相应的社会责任意识。

正确的认知是参与意识、解决问题和实践行动的前提,因此,考查对相关概念的理解是考查社会责任的落脚点。

考查思维能力和实践行动

例 3 随着生活水平的提高,人们对营养保健食品日益关注。一些厂家在核酸保健品的广告中用到类似的宣传语:一切疾病都与基因受损有关;基因是核酸片段;补充某些特定的核酸,可增强基因的修复能力。

(1) 请对上述三段宣传语作出评析,指出其中的逻辑漏洞。

(2) 如果有人向你推销核酸保健品,你将如何回应?

参考答案:

(1)"一切疾病都与基因受损有关"过于绝对,有的疾病是基因受损导致的,还有很多疾病是受到细菌等病原体侵染导致的。

"基因是核酸片段"属于概念有误,核酸包括 DNA 和 RNA,除少数病毒外,生物的基因是有遗传效应的 DNA 片段。

"补充某些特定的核酸,可增强基因的修复能力",这是混淆概念关系以误导消费者。人们吃的食物中已经含有很多核酸,不需要额外补充核酸,核酸也不是人体需要的营养物质;人体内不缺乏合成核酸的原料;人体细胞不会直接利用外来核酸,无论是食物中的核酸,还是补充特定的核酸,都不能直接被细胞利用,都要被消化系统内的酶分解后才能被人体细胞利用;细胞内的基因修复有复杂的机制,补充核酸不会增强基因修复能力。

(2) 提示:向推销人员询问该核酸保健品的成分、功效,以及如何起到保健作用的原理;运用已学习的核酸知识与推销员交流,传递正确的营养保健知识;表明不会购买核酸保健品的态度。

这是人教版《分子与细胞》模块教材中的一道习题。完成此题需要对基因结构的认知和对食物消化与吸收的理解,这些都是对相关概念的理解。第(1)问考查的是推理的逻辑思维,理解概念是推理的前提,应用概念是推理的过程;第(2)问考查的是实践行动,作出正确的实践行动依赖于对概念的理解和严密的逻辑推理。

考查解决问题的思路和办法

例4 生物的有些性状受单基因控制,有些性状受多基因控制。回答下列问题。

(1) 假设某作物的 A 性状(如小麦的有芒/无芒)受单基因控制,B 性状(如小麦的产量)受多基因控制,则性状＿＿＿＿＿＿＿＿更容易受到环境的影响。

(2) 若要通过实验探究 B 性状的表现与环境的关系,则该实验的自变量应该是＿＿＿＿＿,在设置自变量时,应该注意的事项有＿＿＿＿＿＿＿＿＿＿＿＿＿＿＿＿＿＿＿＿＿＿＿＿＿＿＿＿＿＿(答出两点即可)。

(3) 根据上述两类性状的遗传特点,对于人类白化病的控制来说,一般应设法降低人群中＿＿＿＿＿＿＿＿;对于哮喘病的预防来说,一般可从改善其所处的＿＿＿＿＿入手。

参考答案:

(1) B

(2) 环境 不同组间环境有足够的差异;同一组内的环境尽量保持一致

(3) 致病基因的基因频率 环境

这道遗传题渗透了社会责任意识的考查。第(3)问是在前两问的基础上,要求学生进一步分析白化病的控制和哮喘病的预防措施。将所学的知识应用于社会,关注公民的健康,并提出科学的解决办法,这就是一种重要的社会责任意识和能力。

社会责任的考查离不开情境的创设,离开试题情境考查社会责任,对生物学科而言往往就是说教,只有在真实的情境中,才能检测出学生与生物学有关的社会责任意识的建立。情境可以来源于生活、生产和科学研究等。

以我国科学家的研究成果、过程和方法为情境,在考查重要概念、思维和探究过程的同时,还渗透考查了学生社会责任意识的发展状况。例如,以我国科学家"世界上第一个人工合成蛋白质的诞生"的成果为情境,考查蛋白质的相关知识,引导学生关注、认同我国科学家的成果,建立民族自豪感的认知心理;以世界上第一例克隆猴"中中""华华"的诞生为情境,考查体细胞克隆的相关原理和技术,让学生真实了解我国科学研究的重大成就及世界领先地位,在提高学生民族自豪感和国家认同的同时,也激发了学生刻苦学习、立志为国家的科技发展作出贡献的使命感。

以科学研究的过程和结果为情境,考查重要概念的理解和运用,渗透关爱生命、关爱他人、健康生活的责任意识。例如,以糖尿病的发病机制为情境,考查激素调节和物质代谢的相关知识,同时渗透关爱糖尿病病人、健康生活的责任意识。

习近平总书记在党的十九大报告中指出,要"加快生态文明体制改革,建设美丽中国"。生态文明建设是我国政治、经济、文化、社会、生态文明建设总体布局的重要组成部分。因此,设置与生态有关的情境,要求学生运用已学的生态学原理解释或解决生产生活中的实际问题,既考查了学生的生命观念,又有利于学生建立正确的生态观,形成爱护自然、保护生态的社会责任意识。

第四节　生物学学科核心素养的综合测评

本章第一至第三节分别阐述了生命观念、科学思维和科学探究、社会责任的考查,是从侧重考查某一项素养方面进行阐述的。从中可以看出,考查生命观念,以考查概念的理解和应用为主;考查概念的理解和应用,离不开科学思维和科学探究;社会责任意识也需要建立在理解概念和进行逻辑分析、推理和判断的基础上,才具有更强的说服力。在考查概念理解和应用的过程中,科学思维、科学探究和社会责任都能得到考查。可见,对概念的考查是评价生物学学科核心素养的重点之一,这也充分说明,对生物学学科核心素养的测评是一种综合的考查。如何对生物学学科核心素养进行综合测评呢?

从试题呈现的形式来看,一般分为选择题和非选择题。选择题既可以侧重考查某一项生物学学科核心素养,又可以综合考查。而非选择题通常是一种综合性考查,这种综合性体现在两个方面,一是设计的问题涉及生物学学科核心素养的多个方面,需要多种能力才能完成;二是测评的每个问题的侧重点各有不同,分别涉及概念(生命观念)、科学思维、科学探究、社会责任的考查。

主要考查科学思维和科学探究

例 1　2 型糖尿病患者多以胰岛素抵抗为主,即靶器官对胰岛素的反应性降低,并与肥胖高度相关。研究小组进行了如下实验:对照组大鼠一直饲喂普通饲料,实验组以高糖高脂饲料饲喂大鼠,制造胰岛素抵抗的糖尿病模型。然后再将其分为模型组与模型运动组(即加强运动)。经过 6 周训练后,各组体重、血糖指标和脂肪细胞瘦素受体蛋白的表达情况如下表所示。

表 3 - 6

	体重/g	瘦素/ $ng \cdot mL^{-1}$	胰岛素/ $mIU \cdot L^{-1}$	血糖/ $mmol \cdot L^{-1}$	瘦素受体 蛋白/OD
对照组	361.75	1.28	13.61	5.06	0.48
模型组	436.60	7.95	33.57	7.49	0.10
模型运动组	348.70	4.62	25.69	5.77	0.28

回答下列问题。

(1) 表中的血糖浓度和胰岛素水平的关系是＿＿＿＿＿＿(填"正相关"或"负相关")。

(2) 瘦素是脂肪细胞分泌的一种激素,可以调节摄食中枢的活动,促进脂肪分解成葡萄糖。在模型组中可以明显看出,大鼠的瘦素水平高于对照组,但大鼠体重并没有降低,影响脂肪分解的主要原因是＿＿＿＿＿＿＿＿＿＿＿＿。

(3) 从表中的数据分析,运动是从哪两个方面来达到缓解糖尿病的目的的?

＿＿＿＿＿＿＿＿＿＿＿＿＿＿＿＿＿＿＿＿＿＿＿＿＿＿＿＿＿＿＿＿＿＿

(4) 设置对照组的目的是什么? 模型组和模型运动组是什么关系?

＿＿＿＿＿＿＿＿＿＿＿＿＿＿＿＿＿＿＿＿＿＿＿＿＿＿＿＿＿＿＿＿＿＿

(5) 从上述实验的结论中,你对糖尿病病人能提出哪些好的保健意见?

＿＿＿＿＿＿＿＿＿＿＿＿＿＿＿＿＿＿＿＿＿＿＿＿＿＿＿＿＿＿＿＿＿＿

参考答案:

(1) 正相关

(2) (脂肪细胞)瘦素受体蛋白的数量过少

(3) 运动可以缓解糖尿病的原因有增加了胰岛素的敏感性(可以加快葡

萄糖在组织细胞中的氧化分解)、降低瘦素的浓度等两个方面。

（4）设置对照组的目的主要是排除其他因素对实验结果的干扰。模型组和模型运动组的关系是互相对照,研究运动对体重、血糖指标和脂肪细胞瘦素受体蛋白表达情况的影响。

（5）合理膳食,减少高糖高脂食物的摄入,加强体育运动。

本题侧重综合科学思维和科学探究的考查,而对概念的考查难度较小。本题涉及的生物学学科核心素养的表现如表3-7。

表3-7

题号	考查的生物学学科核心素养	生物学学科核心素养的表现
（1）	生命观念	血糖浓度的稳定是胰岛素等激素分子进行调节的结果
（2）	科学思维	比较对照组和模型组中瘦素、胰岛素和瘦素受体蛋白的水平,能够作出准确的判断
（3）	科学思维	依据题干中的数据分析运动两个方面的作用:可以促进瘦素或瘦素受体蛋白水平的提高,以加强脂肪的分解,减轻体重;可以增加胰岛素的敏感性,从而加快葡萄糖的分解
（4）	科学探究	明确对照组、模型组和模型运动组的作用,理解设置对照组和实验组的必要性
（5）	社会责任	关注饮食和运动对糖尿病病人的影响

综合考查生物学学科核心素养的四个方面

例2　某海岛生活着一种称为黑尾鸥的海鸟,因为人为的环境破坏,导致黑尾鸥的数量急剧下降。为了保护黑尾鸥,人们将该岛设为自然保护区并进行了科研调查,下表为黑尾鸥14年间的种群增长速率。

表3-8

时间/年	2	4	6	8	10	12	14
增长速率/(个/年)	0.6	1.46	2.3	3.0	2.3	0.6	0

回答下列问题。

（1）除了建立自然保护区保护黑尾鸥这一措施外,有人认为还可以采取

异地保护，你认为可行吗？你的理由是＿＿＿＿＿＿＿＿＿＿＿＿＿＿＿＿＿

＿＿＿＿＿＿＿＿＿＿＿＿＿＿＿＿＿＿＿＿＿＿＿＿＿＿＿＿＿＿＿＿＿＿。

（2）为了调查黑尾鸥的种群数量变化，采取最合理的调查方法是＿＿＿＿＿＿；原因是＿＿＿＿＿＿＿＿＿＿＿＿＿＿＿＿＿＿＿＿＿＿＿＿＿＿＿＿＿＿＿＿＿。

（3）14年间，黑尾鸥的种群数量的增长呈现＿＿＿＿＿＿形曲线，黑尾鸥在第＿＿＿＿年的数量达到了最大值，这是海岛所能维持的种群最大数量，称为＿＿＿＿＿量。

（4）岛上有一种专吃黑尾鸥的蝮蛇，为了更好地保护海岛的生态系统，有人认为应该在14年以后开始捕杀蝮蛇，你的观点和理由是＿＿＿＿＿＿＿＿＿＿

＿＿＿＿＿＿＿＿＿＿＿＿＿＿＿＿＿＿＿＿＿＿＿＿＿＿＿＿＿＿＿＿＿＿。

参考答案：

（1）不可行　异地保护是为即将灭绝的物种提供最后的生存机会，而该海岛的自然环境适宜黑尾鸥的生存，应该减少人为的干扰

（2）标志重捕法　黑尾鸥的活动能力强，活动范围广

（3）S　14　环境容纳

（4）不应该捕杀蝮蛇；蝮蛇与黑尾鸥存在捕食关系，通过自我调节，能维持海岛生态系统的稳定性

本题的考查体现综合性，整道试题依次考查了生物学学科核心素养的四个方面，具体分析如表3-9所示。

表3-9

题号	考查的生物学学科核心素养	生物学学科核心素养的表现
（1）	生命观念	理解保护生物多样性的两种措施：异地保护和就地保护（建立自然保护区）；分析黑尾鸥的生活和活动特点，选用恰当的保护措施
（2）	科学探究	分析黑尾鸥的活动特点，采取适宜的标记重捕法进行调查
（3）	科学思维	分析题干中提供的数据，绘制直观的曲线图，得出相应的结论
（4）	社会责任	认同保护生物多样性需要遵循自然规律，蝮蛇有利于维持海岛生态系统的稳定性

第三章

考查生物学学科核心素养的技术手段

依据生物学学科核心素养的考查目标,选择合适的情境素材,依托情境素材提出相应的问题供学生回答。在设计问题时,应该注意两个方面,一是确立侧重考查哪一项或哪几项学科核心素养;二是划分所考查的学科核心素养的等级水平,让素养发展状况不同的学生真实表现。

第一节　情境的选择和使用

在第二篇《指向生物学学科核心素养的教学》中,详细阐述了情境的选择对于发展学生的生物学学科核心素养的重要性,以及情境的类型和作用。实际上,不仅在教学中要创设情境,在测评学生生物学学科核心素养的发展状况时,同样需要设置情境。

核心素养的本质是个体的内在品质或特征。有些品质或特征具有潜在性,是很难直接测量的。[①] 个体所具有的核心素养及其水平,必须借助于他们在具体任务(即问题情境)中的实际表现加以推测。这也是选择情境以及使用情境的原因。

如同测评一个人的驾驶素养一样,只有在社会情境中才能真实地考查驾驶员的驾驶素养。同样,只有在真实的情境中才能考查学生生物学学科核心素养的发展状况。真实的情境呈现真实可靠的问题任务,学生的观念、能力和社会责任意识都可以得到真实的体现(图3-14)。

---

① 杨向东. 核心素养测评的十大要点[J]. 人民教育,2017(03):42.

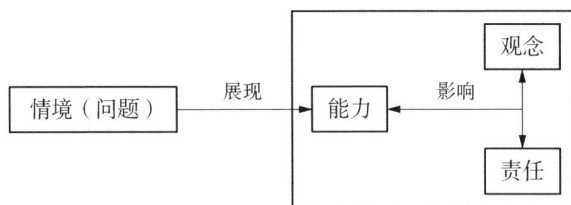

图 3-14　素养要素在情境中的展现

下面选用一些重要的情境案例,阐明这些情境的作用。

以科学实验为情境

科学实验是生物学的重要组成部分。科学实验包括教材中的学生实验,科学家的研究过程、方法和成果,科学研究热点及进展等。科学实验由科学原理、方法、过程、现象和结果组成。以这些为素材,都可以设置相应的情境考查学生的科学思维和科学探究。

例　为探究运动对海马脑区发育和学习记忆能力的影响,研究者将实验动物分为运动组和对照组,运动组每天进行适量的有氧运动(跑步或游泳)。数周后,研究人员发现运动组海马脑区的发育水平比对照组提高了 1.5 倍,靠学习记忆找到特定目标的时间缩短了约 40%。根据该研究结果可以得出

（　　）

A. 有氧运动不利于海马脑区的发育

B. 规律且适量的运动促进学习记忆

C. 有氧运动会减少神经元间的联系

D. 不运动利于海马脑区神经元兴奋

参考答案:B

本题提供探究运动对海马脑区发育和学习记忆能力影响的实验过程,让学生对比、推理、判断实验结果,考查学生的科学探究和科学思维素养水平,同时向学生传递积极参与锻炼的健康生活意识。

以健康生活为情境

了解人体的调节机制,学会健康地生活,是学习生物学的重要目标之一。与自身健康有关的试题情境,可以最大限度地激发学生解释生理现象、过程和结果的潜能,考查对概念的理解与应用,既做到了学以致用,也提高了能力和素养。与健康生活有关的任务情境,也能考查学生社会责任意识的建立情况。

例　HA 和 NA 是流感病毒表面的两种糖蛋白,甲型流感病毒的 HA、NA 氨基酸序列的变异频率非常高,导致每年流行的病毒毒株可能不同。每年要根据流行预测进行预防接种。研究者通过实验观察 NA 抗体对病毒侵染细胞的抑制作用。主要实验材料包括:感染流感病毒后 63 天、21 天两位康复者的 NA 抗体(分别为 D63、D21)、对照抗体、流感病毒和易感细胞。

(1) 实验的主要步骤依次为:培养易感细胞、_____(选择并排序)等。

a. 将抗体分别与流感病毒混合

b. 将各混合物加入同一细胞培养瓶

c. 将各混合物分别加入不同的细胞培养瓶

d. 检测 NA 抗体与易感细胞的结合率

e. 检测培养物中病毒的增殖量

f. 检测细胞对病毒的损伤程度

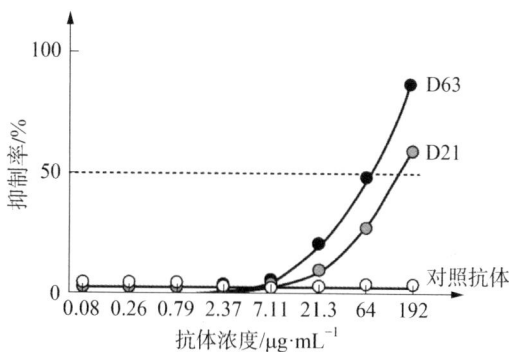

图 3-15

(2) 图中实验结果表明,两位康复者均产生了抗 NA 的抗体,其中对流感病毒抑制效果较好的抗体是_____。选用的对照抗体应不能与_____特异性结合。

(3) 依据本实验结果提出研制疫苗的思路。

(4) 若你已被确诊为流感患者,请列举具体的应对措施。

参考答案:

(1) a、c、e　(2) D63　流感病毒　(3) 可选用 NA 制备流感疫苗。

(4) 如包括遵医嘱治疗和避免病毒传播等方面。(合理即可)

甲型流感危害人类健康,本题让学生从试题提供的实验步骤中选出合理步骤并排序,分析实验结果,依据实验结果提出研制疫苗的思路,进而针对自己患流感的情况提出应对措施。让学生展示在应对自身健康问题、关爱他人健康问题中表现出来的素养水平,让学生崇尚健康的生活方式,学会健康地生活。

以农业生产为情境

光合作用可以将太阳能转化为化学能并储存在糖类等有机物中,是地球上所有生物得以生存和发展的基础;呼吸作用与光合作用相对应,为生物的生命活动提供能量。因此,光合作用和呼吸作用是生命活动的两大基础代谢,是生物学的重要概念。光合作用、呼吸作用与农业生产关系密切,利用其中的原理可以分析和解决农业生产中的问题,激发学生运用科学知识解决生产实践问题的兴趣,考查科学思维和科学探究,培养热爱劳动的情感。

例 为探究影响光合作用强度的因素,将同一品种玉米苗置于 25 ℃条件下培养,实验结果如图所示,回答下列问题。

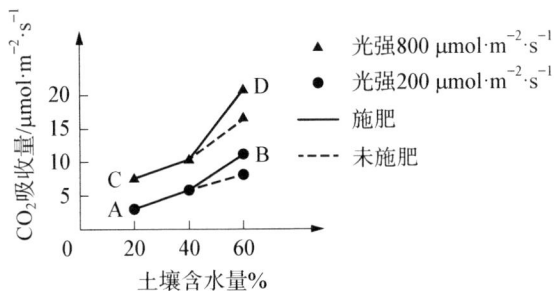

图 3 - 16

(1) 与 D 点相比,B 点条件下限制玉米 CO_2 吸收量的主要因素是_____,C 点条件下限制玉米 CO_2 吸收量的主要因素是_____。

(2) 实验结果表明,在_____的条件下施肥效果明显,除本实验所涉及的因素外,从增加光合面积的角度考虑,采取_____措施能提高玉米的光能利用率。

参考答案:(1) 光照强度　水分　(2) 土壤含水量 40%～60%　合理密植

光照强度、土壤含水量、施肥等环境因素,都会影响玉米植株的光合作用速率。试题呈现真实的实验数据,让学生真正理解这些因素的作用效果,以及如何利用这些因素来提高玉米植株的光合作用速率。这样的试题,其优点是学习与生产实践相联系,让学生学有所用,提高了学习的获得感。

以遗传现象为情境

遗传学内容是高中生物学中逻辑思维水平最高的内容。遗传规律及其形成过程是科学思维的产物,也是科学探究的结果。考查学生是否真正理解、运用遗传规律形成过程中的思路、方法,进而考查学生进行逻辑推理、设计实验方案、预测实验结果的科学探究能力和科学思维水平。

孟德尔采用豌豆进行杂交实验,发现了基因的分离定律和自由组合定律,摩尔根利用果蝇进行杂交实验,证明了遗传定律的正确性,同时还发现了伴性遗传规律。孟德尔和摩尔根进行杂交实验时都采用了假说—演绎法,即根据实验现象进行分析和推理,提出相应的假说,为验证假说而设计实验进行证明。这其中有着严密的逻辑思维,是考查学生科学思维和科学探究的极好素材。

例　已知果蝇的刚毛和截毛受一对等位基因控制,但这对相对性状的显隐性关系和该对等位基因所在的染色体是未知的。某人用刚毛♀果蝇和刚毛♂果蝇杂交,F_1 中出现的性状表现及比例为刚毛♀∶刚毛♂∶截毛♂＝2∶1∶1。

回答下列问题。

(1) 根据以上杂交实验能否判断控制果蝇的刚毛和截毛基因位于 X 染色体上? 你判断的依据是什么?

(2) 如果将 F_1 的截毛雄果蝇与同代的刚毛雌果蝇进行杂交实验,请预测后代可能出现的结果。

(3) 如果想得到截毛雌果蝇,请以上述题干中的果蝇为材料设计一个最简单的实验。

参考答案:

(1) 能判断控制截毛的基因位于 X 染色体上,因为 F_1 中截毛只出现在雄性个体之中。

(2) 会出现两种情况:一种情况是杂交后代无论雌雄均为刚毛果蝇,另一种情况是刚毛♀∶刚毛♂∶截毛♀∶截毛♂＝1∶1∶1∶1。

(3) 将截毛♂与亲代刚毛♀果蝇进行杂交实验。

本题的考查思路是对摩尔根果蝇杂交实验的迁移。由"刚毛♀果蝇和刚毛♂果蝇杂交,F_1 中出现的性状表现及比例为刚毛♀∶刚毛♂∶截毛♂＝2∶1∶1"类比,可以联想到"红眼♀果蝇和白眼♂果蝇杂交,F_1 中出现的性状表现及比例为红眼♀：红眼♂：白眼♂＝2：1：1"，由此判断推理："刚毛"相当于"红眼"，"截毛"相当于"白眼"，由于控制白眼的基因位于 X 染色体上，由此可推出控制截毛的基因也是位于 X 染色体上。当然这是解题的快捷方式，是情境和思维的迁移。真正理解和解答此题，还得从性别与性状的联系上进行分析。

在命制试题的过程中，有两种情况选择和使用情境：一是依据评价目标整合已有的情境状况来命制相应的试题，以实现评价目标；二是依据评价目标来寻找和选择相应的情境。这两种情况并不是完全分开的，在命制成套的试题时，两种情况都用到。但是，不管是哪种情况，都需要在命制试题时注意以下问题。

1. 从立意来看，试题要体现立德树人的方向性，要服务于学生的发展，要考查学生的生物学学科核心素养。

2. 从情境的选择来看，情境要科学，表述要简洁，尽量去掉无关信息。

3. 从问题的设计来看，表达要准确，问题的指向性要明确、恰当，不能泛泛而问。如果是非选择题，问题的设计要有层次性，能体现出递进关系，简单的问题在前，难度大的问题在后。

4. 从思维的考查来看，要适当控制思维量，试题的背景材料与问题链的信息量要相当，以保证试题的难易程度。

第二节　考查的层次和要求

2020 年 1 月，教育部发布的《中国高考评价体系》中提出了"一核四层四翼"的高考评价体系(图 3－17)[①]，从高考的核心功能、考查内容、考查要求三个方面回答了"为什么考、考什么、怎么考"的考试本源性问题。"一核四层四翼"的高考评价体系中的"一核"指的是"为什么考"，明确了高考的考查目的：立德树人，服务选才，引导教学；"四层"指的是"考什么"，明确了考查内容：必备知识，关键能力，学科素养，核心价值；"四翼"指的是"怎么考"，明确考查要求：基础性，综合性，应用性，创新性。

---

① 教育部考试中心. 中国高考评价体系[M]. 北京：人民教育出版社，2019：6.

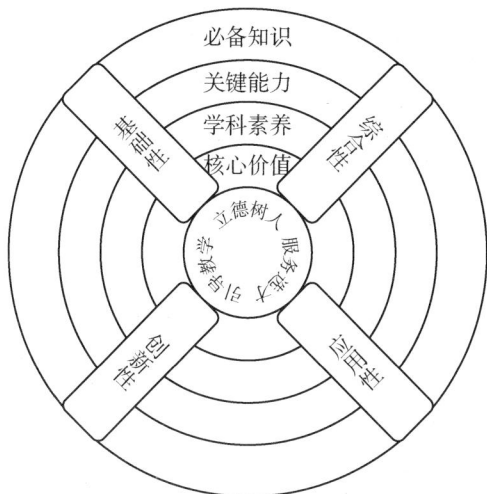

图 3-17 "一核四层四翼"的高考评价体系

尽管"一核四层四翼"的高考评价体系是针对高考的目的、内容和要求作出的说明，但显然具有广泛的影响力。其中的四翼"基础性、综合性、应用性、创新性"反映了"怎么考"的问题，也给试题的命制指明了方向。本处以这"四翼"为基础展开，阐述生物学学科如何实现试题命制。

一、基础性

各个阶段的考试，如期中测试、期末测试、学业水平考试、高考考试，都需要一定比例的基础题。

基础性试题指的是考查基础知识、基本能力和基本素养，包括合理的知识结构、扎实灵活的能力要求，以及健康健全的人格素养。这部分内容是学生生活、学习和工作所必需具备、不可或缺的知识、能力和素养。

生物学科中的基本概念、原理、规律，基本的实验与探究方法和技能，基本的分析问题的思维能力，以及基本的社会责任，都是命题和测评的对象。

试题的基础性在某种程度上反映了教育的基础性，是对学生学习状况的一种正面评价。基础题还能避免教学和评价走向艰、深、繁、难的极端方面，是对素质教育强有力的支持。

二、综合性

综合性表现在两个方面：一是知识的综合，即考查的不是单一知识，而是具有内在联系的网络结构中的知识；二是能力的综合，即在解答这类问题时，需要获取信息的能力、理解能力、实验与探究能力等多种能力的综合。

例 回答下列与蛋白质相关的问题。

（1）生物体中组成蛋白质的基本单位是_____，在细胞中合成蛋白质时，肽键是在_____这一细胞器上形成的。合成的蛋白质中有些是分泌蛋白，如_____（填"胃蛋白酶""逆转录酶"或"酪氨酸酶"）。分泌蛋白从合成至分泌到细胞外需要经过高尔基体，此过程中高尔基体的功能是_____
_____。

（2）通常，细胞内具有正常生物学功能的蛋白质需要有正确的氨基酸序列和_____结构，某些物理或化学因素可以导致蛋白质变性，通常，变性的蛋白质容易被蛋白酶水解，原因是_____。

（3）如果 DNA 发生突变，导致编码正常血红蛋白肽链的 mRNA 序列中一个碱基被另一个碱基替换，但未引起血红蛋白中氨基酸序列的改变，其原因可能是_____。

参考答案：

（1）氨基酸 核糖体 胃蛋白酶 对来自内质网的分泌蛋白进行加工、分类、包装和运输

（2）空间 变性蛋白质的空间结构变得伸展、松散，更容易被水解

（3）突变前后 mRNA 上相应的密码子对应同一种氨基酸（密码子的简并性）

本题对蛋白质知识内容的考查是一种综合性的体现，这些知识内容分别来自《分子与细胞》《遗传与进化》等模块教材，涉及蛋白质的结构、功能和特性。这类试题适合毕业会考、学业水平考试或高考考试。

对于学生来说，综合性需要学生具有完整的知识结构和能力结构，在面对相对复杂的情境任务时，能够运用科学的思维方法，合理地组织、调动相关的知识去解决问题，完成任务。

三、应用性

学生将来进入社会,在生活、工作中会面临各种各样的实际问题,这些问题需要直面解决,而解决这些问题又需要知识、能力和素养,更需要正确价值观的引领。因此,学以致用,将学习的知识和技能应用于生活、生产,是学习的高阶层次。

应用性要求试题一定要与生活、生产、科学技术的发展等相联系。通过试题应用的导向,鼓励学生运用知识、能力解决实际问题,从而提升社会生活和工作的能力。

生物学中的知识来源于生活、生产,应用这些知识解决生活、生产中的问题,可以有效地激发学习的兴趣,获得相应的成就感。光合作用和呼吸作用、遗传学在医学和农业生产中的应用、人体稳态的调节作用、种群的调查和数量变化等,这些内容既是学生学习的重点,也是应用其知识、原理解决问题的重点。

例　将玉米的 PEPC 酶基因导入水稻后,测得光照强度对转基因水稻和原种水稻的气孔导度及光合速率的影响结果如图 3-18 所示(注:气孔导度越大,气孔开放程度越高)。

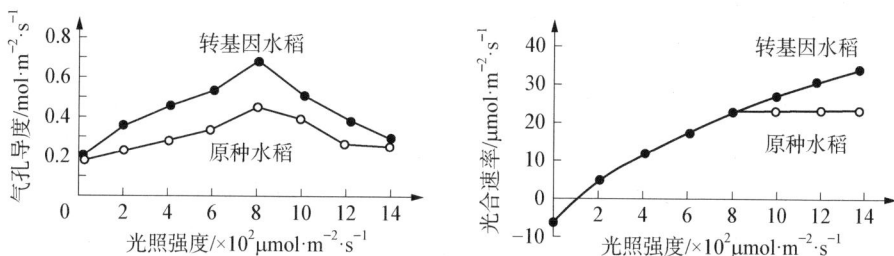

图 3-18

(1) 水稻叶肉细胞进行光合作用的场所是_____,捕获光能的色素中含量最多的是_____。

(2) CO_2 通过气孔进入叶肉细胞后,首先与_____结合而被固定,固定产物的还原需要光反应提供_____。

(3) 光照强度低于 $8 \times 10^2\ \mu mol \cdot m^{-2} \cdot s^{-1}$ 时,影响原种水稻光合速率的主要因素是_____。

（4）分析图中信息，PEPC 酶所起的作用是＿＿＿＿＿＿＿＿＿＿＿＿＿＿＿＿＿
＿＿＿＿＿＿＿＿＿＿＿＿＿＿＿＿＿＿＿＿＿＿＿＿＿＿＿；转基因水稻更适宜栽种在＿＿＿＿＿＿＿＿＿＿＿＿＿＿＿＿环境中。

参考答案：

（1）叶绿体　叶绿素 a　（2）C_5　［H］和 ATP　（3）光照强度　（4）提高气孔导度和提高水稻在强光下的光合速率　光照强度较强

要提高水稻的光合速率，通过转基因技术将 PEPC 酶基因导入水稻，然后通过观察和测量，判断 PEPC 酶基因是否能达到实验目的，这是典型的应用性试题。用真实具体的研究过程和结果，考查学生的科学思维和科学探究，提升学生分析和解决实际问题的能力。

四、创新性

考查创新思维和创新能力是命制试题的重要方面。通常，试题在考查创新能力时有两种思路：一是从试题本身来看，要着重考查发散思维、逆向思维以及独立思考的能力，这就要求试题设计的问题具有一定的开放性，开放性能体现学生创新思维的发展；二是从试题的答案来看，不应具有唯一性，只要做到了观点与论证过程的逻辑统一，就能体现学生的创新思维特点。

一般来说，考查学生的实验设计能力的试题，具有一定的开放性，能体现学生思维的开放性和逻辑性，这类试题能考查学生的创新能力。

例　癌症是严重危害人类健康的重大疾病。研究人员利用与癌细胞在某些方面具有相似性的诱导多能干细胞（iPSC）进行了抗肿瘤的免疫学研究。

（1）癌细胞具有无限＿＿＿＿＿＿＿的特点。当体内出现癌细胞时，可激发机体的＿＿＿＿＿＿系统发挥清除作用。

（2）研究人员进行的系列实验如下。

免疫组小鼠：每周注射 1 次含有失去增殖活性的 iPSC 的细胞悬液，连续 4 周；空白组小鼠：每周注射 1 次不含失去增殖活性的 iPSC 的缓冲液，连续 4 周。

实验一：取免疫组和空白组小鼠的血清分别与 iPSC、DB7（一种癌细胞）和 MEF（一种正常体细胞）混合，检测 3 种细胞与血清中抗体的结合率，结果见下表。

表 3 - 10

血清	细胞与抗体的结合率/%		
	iPSC	DB7	MEF
免疫组	77	82	8
空白组	10	8	9

① 比较表中 iPSC 与两组小鼠血清作用的结果可知,免疫组的数值明显_____(填"高于"或"低于")空白组的数值,说明 iPSC 刺激小鼠产生了特异性抗体。

② 表中 DB7 和 iPSC 与免疫组小鼠血清作用后的检测数据无明显差异,说明 DB7 有_____。

③ 综合表中全部数据,实验结果表明_____。

实验二:给免疫组和空白组小鼠皮下注射 DB7,一周后皮下形成肿瘤。随后空白组小鼠肿瘤体积逐渐增大,免疫组小鼠肿瘤体积逐渐缩小。由此推测:iPSC 还能刺激机体产生特异性抗肿瘤的_____免疫。

(3) 研究人员另取小鼠进行实验,验证了上述推测。下图为实验组的实验过程及结果示意图。请在下图中选择 A 或 B 填入④处,从 C~F 中选择字母填入①~③处。

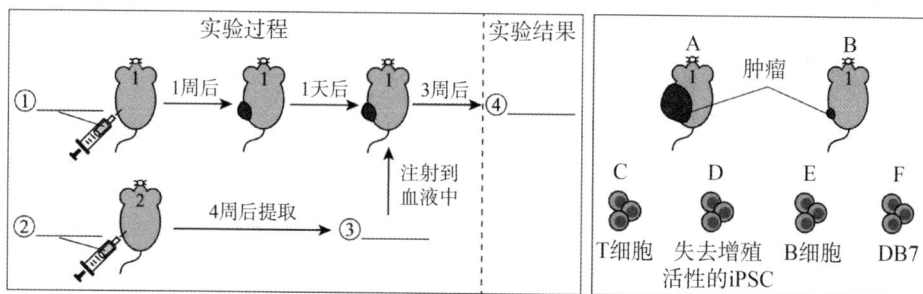

图 3 - 19

(4) 该系列研究潜在的应用前景是 iPSC 可以用于_____。

参考答案:

(1) 分裂/增殖 免疫

（2）实验一：① 高于　② 可以与抗 iPSC 的抗体结合的抗原　③ 抗 iPSC 的抗体可以与 DB7 细胞膜上的抗原特异性结合,而不能与 MEF 细胞膜上的抗原结合(或 iPSC 与 DB7 有共同的抗原,与 MEF 无共同的抗原)　实验二：细胞

（3）① F　② D　③ C　④ B　（4）预防和治疗癌症

本题以国际权威期刊最新发表的癌症防治研究成果作为试题背景,所选内容本身就是创新性的研究成果,渗透了创新思维和创新精神的培养。学生在解答本题时需要对关键信息进行提炼,作出科学假设,设计实验进行验证,并展望该研究成果潜在的应用价值,这正是创新思维和创新能力的充分体现。本题第(1)问考查基础性的知识内容,第(2)问和第(3)问考查的问题需要综合能力才能完成解答,如获取信息的能力、分析和推理的能力、实验和探究的能力等;第(4)问体现了试题的应用性,将研究成果应用于实践,是学习和研究中不可缺少的一种品质,也是创新的一种表现。

第四章

优质生物学试题的特质及分析

要做到公正客观地评价学生的学业水平,命制优质的试题是必然要求。不同学科对优质试题的评价和判断有所差异,对于生物学教学来说,探讨优质生物学试题的特质是教学的重要环节。

第一节　优质生物学试题的特质

优质生物学试题不仅能检测学生的素养水平,让学生了解自己素养的发展状况,还能让教师对自己的教学效果有一个相对客观的评价。试题所反映的测评方向,对教学具有明显的导向和推动作用,让课堂教学保持正确的方向。

近几年全国生物学科高考试题,北京、天津、江苏等分省命制的生物学科高考试题以及上海、浙江两省市的等级考生物学科试题,都在努力朝着测评生物学学科核心素养的方向发展。通过分析这些试题,可以概括出优质试题的特征。在所有的特征中,科学性是基础性特征,生物学科试题的科学性反映在试题所创设的情境真实可靠,科学的过程和结论经得起检验,试题题干和设问表述清晰、准确,试题的答案正确无误。科学性是遴选优质试题的基础条件。

对于选择题和非选择题,是否是优质试题可以有不同的标准。

杨帆、徐连清、于梅老师在《基于能力维度的生物学优质高考单项选择题的标准》一文中,分别从首要标准、测量学方面的标准和经验方面的标准三个维度,提出了优质选择题的标准(表 3 - 11)。[1]

---

① 杨帆,徐连清,于梅.基于能力维度的生物学优质高考单项选择题的标准[J].中学生物教学,2015 (9):48.

表 3-11 生物学优质高考单项选择题的标准

一、首要标准	(一)基于能力维度命制			
	(二)侧重考查批判性思维能力、科学探究能力和创新思维能力			
二、测量学方面的标准	(一)题干的标准	1. 测量目标明确具体		
		2. 题干表述清晰、严谨	(1)试题涉及的内容是学科的主干知识和重点内容	
			(2)试题的内容要符合考试大纲的规定,不能超纲	
			(3)题干表述清晰、严谨,不能产生歧义	
			(4)避免试题纯粹以个人知识为基础	
			(5)题干本身有意义,并以明确的问题形式呈现	
			(6)不要包括无关信息,选项中相同的内容尽可能置于题干中	
		3. 题干中情境材料的设置科学、合理	(1)情境材料与考试的测量目标以及试题欲测量的行为目标相关	
			(2)情境材料提供的信息的复杂度与考生的学科知识与认知能力的发展水平相适应	
			(3)情境材料与学生学习经历过的材料有类似性但并不相同,或是全新的材料	
			(4)情境材料具有真实性	
			(5)情境材料的呈现方式多样化	
		4. 试题设问恰当,指向性明确		
		5. 应答的思维过程不要过于复杂,避免过于复杂的推理和计算		
	(二)选项的标准	1. 选项表述精练、科学,让考生一目了然		
		2. 正确的备选答案具有唯一性,不能模棱两可、含糊不清		
		3. 所有选项在长度、结构和内容复杂程度上具有同质性和相同的迷惑性		
		4. 所有选择题的正确项随机排列、均匀分布		
	(三)情境材料、设问、选项之间在语言、内容上搭配严谨,符合逻辑,无歧义,具有原创性			
	(四)试题没有政治性、公平性和规范性问题			
	(五)答案是唯一的或是最佳的			
	(六)试题实考效果好,符合教育测量学方面的优质指标			

续　表

三、经验方面的标准	（一）实验题所给的实验条件具有简约性	
	（二）试题所给的信息具有充分性	
	（三）试题素材具有适合性	
	（四）选项设置具有合理性	
	（五）题材、设问和答案之间相匹配	
	（六）试题考查角度新颖	1. 试题设计思路打破常规
		2. 注重对生物科学史的考查
		3. 注重对批判性思维能力的考查
	（七）试题设计严密、逻辑性强	

　　徐连清、杨帆、王健在《基于能力维度的生物学优质高考非选择题的标准》一文中，也是从首要标准、测量学方面的标准和经验方面的标准三个维度，提出了优质非选择题的标准（表 3-12）。[①]

表 3-12　生物学优质高考非选择题的标准

一、首要标准			（一）基于能力维度命制
			（二）侧重考查批判性思维能力、科学探究能力和创新思维能力
二、测量学方面的标准	（一）题干的标准	1. 测量目标明确具体，充分发挥不同题型的测试功能	
		2. 题干表述清晰、明确、科学严谨	
		3. 题干中情境材料的设置科学、合理	（1）情境材料与考试的测量目标以及试题欲测量的行为目标相关
			（2）情境材料提供的信息的复杂度与考生的学科知识与认知能力的发展水平相适应
			（3）情境材料与学生学习经历过的材料有类似性但并不相同，或是全新的材料
			（4）情境材料的呈现方式多样化
			（5）架设符合考生认知水平的桥梁

① 徐连清,杨帆,王健. 基于能力维度的生物学优质高考非选择题的标准[J]. 中学生物教学,2016(5)：65.

		1. 设问与试题考查的认知技能或测量的行为目标保持一致
	（二）设问的标准	2. 用与测量的行为目标或认知技能要求相一致的动词进行设问
		3. 用清晰、明确的语言表述设问
		4. 设问与材料保持一致
		5. 设问的开放性适中
		6. 设计与题型相匹配的设问
		7. 设计的试题数与背景材料的长度相匹配
		8. 对每个问题给以适当的完成时间
	（三）优质非选择题对试题的赋分合理，分值一般与应答的思维量、时间、书写量成正比	
	（四）试题答案科学，评分标准合理、可操作性强	
	（五）试题没有政治性、公平性和规范性问题	
	（六）试题实考效果好，符合教育测量学方面的优质指标	
三、经验方面的标准	（一）实验题所给的实验条件具有简约性	
	（二）试题所给的信息具有充分性	
	（三）试题素材具有适合性	
	（四）题材、设问与答案之间相匹配，试题设问和答案层次一致	
	（五）试题考查角度新颖	1. 试题设计思路打破常规
		2. 注重对生物科学史的考查
	（六）试题设计严密、逻辑性强	

这两个标准有着明确的观察和测量指标，具有很强的借鉴意义，可以说如果试题达到上述标准，则一定能说明该试题是优质的。

基于测评的生物学学科核心素养的方向性，本人化繁为简，列出 5 条优质试题的标准。

一、从考查目标看：指向生物学学科核心素养

以生物学学科核心素养为主要考查目标，这是优质试题的首要特征。无论是阶段性考试、学业水平考试还是高考考试，都需要将生物学学科核心素养作为考查目标。如果舍弃这个目标而去考查概念、原理、规律的背诵和记忆，

都不能认为是优质的试题。

二、从考查内容看：聚焦重要概念，检测核心素养的发展水平

聚焦重要概念，考查概念的理解和应用。概念是形成生命观念的基石，是科学思维和科学探究的着力点，也是建立社会责任的逻辑基础。考查重要概念，能反映学生生命观念的形成和发展状况；在概念的理解和应用过程中，反映学生分析问题和解决问题的科学思维和科学探究能力，也能反映学生社会责任意识的建立情况。

三、从呈现形式看：需要有情境创设

试题没有情境，就是考查学生对知识的识记，这不是核心素养考查的反映。在一个新的情境中，可以考查学生对于所学概念的理解程度，也可以考查运用概念解决实际问题的能力，这些都是科学思维和科学探究的体现。试题的情境可以是生命科学的研究成果，让学生了解生命科学发展的新成果，激发学生学习科学知识的动力；情境也可以是与生活、生产密切相关的素材，能够很好地考查学生运用已有的知识和技能解决现实问题的能力；情境素材还可以与身体健康密切相关，在解答试题的过程中，体现健康生活观念的建立状况。

情境应具有一定的新颖度，过于熟悉或过于陌生的情境，都不利于考查学生分析问题和解决问题的能力。新颖的情境应该具备以下特点：与学生所学的内容密切相关；内容具体，表述明确；具备一定的知识结构。由此，可形成一系列的问题任务。

四、从命题技术看：要有逐步加深的问题链

非选择题通常有多个问题，以便综合考查学生的素养水平。多个问题就构成了问题链，问题链要精心设计考查的维度，可以按素养的层次顺序来设计。例如，第1问可以考查对概念的理解，第2问考查获取信息的能力，第3问考查科学思维和科学探究，第4问则回归研究目的或价值的讨论，考查学生的社会责任意识。问题链也可以从能力的维度来设计，如从理解、应用、思辨、创新的角度，依托情境素材逐问增加难度。在设计的系列问题中，前面的问题是铺垫，后面的问题可能需要前一问的答案作为基础，这样就构成了一个逻辑

层层递进的问题链,给不同层次的学生搭建了展示空间,从而将学生的素养水平真实地展现出来。

五、从测量效度看:能有效测量素养水平

对于试题的测量结果有一个预期的判断,即测量的结果能真实地反映想要考查的素养水平,测量的结果与要考查的素养水平越接近,则效度越高;反之,效度就越低。因此,试题命制的难易程度要符合课程标准的要求,这就要求对课程标准中的"内容要求"进行深入解读,对生命观念、科学思维、科学探究和社会责任的素养水平进行准确划分,厘清四级水平的考查难度,将之反映在试题设问的角度上。当然在命制试题时也要考虑学生的实际情况,使评价具有积极意义。

第二节　优质生物学高考试题精选及分析

高考是一项权威的考试,高考的方向引导中学教师的教学方向,高考试题的质量直接关系到评价学生学业状况的准确性,关系到选拔人才的质量。因此,将优质的生物学高考试题精选呈现,对于生物学学科核心素养的评价具有很强的指导作用。

本节按照专题的方式,将近几年全国Ⅰ卷、Ⅱ卷、Ⅲ卷的部分优质生物学高考试题精选出来,并予以简单的评析,侧重评析该题优质的特点,以启发读者思考。

专题的顺序是组成细胞的化合物、细胞的结构和功能、细胞代谢、生命活动的调节、植物激素的调节、遗传、生态、实验与探究、微生物实验、基因工程。

一、组成细胞的化合物

1. 同一物种的两类细胞各产生一种分泌蛋白,组成这两种蛋白质的各种氨基酸含量相同,但排列顺序不同,其原因是参与这两种蛋白质合成的(　　)

　　A. tRNA 种类不同

　　B. mRNA 碱基序列不同

　　C. 核糖体成分不同

D. 同一密码子所决定的氨基酸不同

参考答案：B

评析：本题考查对蛋白质种类多样性形成原因的理解。考查的是重要概念，同时在题干中设置了相应的情境，通过情境利用所学的概念进行判断，是一种对重要概念的理解和运用能力的考查。从生物学学科核心素养的角度看，本题考查了对生命本质观的理解。

mRNA、tRNA 是核 DNA 上相应基因的转录产物，tRNA 有多种，但不携带遗传信息，承担识别、转运特定种类氨基酸的工作，不决定蛋白质的特异性。mRNA 是翻译的模板，其上 3 个相邻的决定氨基酸的碱基称为遗传密码。mRNA 决定蛋白质中氨基酸的种类、数目和排列顺序，是蛋白质具有多样性和特异性的决定因素。核糖体是翻译场所，由 rRNA 和蛋白质构成，不具有多样性。密码子具有通用性，同种生物的同一密码子决定的氨基酸相同（因为线粒体及原核生物的密码子编码的氨基酸有差异，因此题干中用了"同一物种的两类细胞"加以限制）。

2. 离子泵是一种具有 ATP 水解酶活性的载体蛋白，能利用水解 ATP 释放的能量跨膜运输离子。下列叙述中正确的是　　　　　　　　（　　）

A. 离子通过离子泵的跨膜运输属于协助扩散

B. 离子通过离子泵的跨膜运输是顺浓度梯度进行的

C. 动物一氧化碳中毒会降低离子泵跨膜运输离子的速率

D. 加入蛋白质变性剂会提高离子泵跨膜运输离子的速率

参考答案：C

评析：本题以离子的跨膜运输为载体，考查学生获取信息和进行逻辑推理的能力，以及对概念的理解和应用能力，同时考查了物质运输的能量观以及蛋白质的结构与功能观。

题干中的关键信息有两个：一是离子泵"具有 ATP 水解酶活性"，由此可以分析得出离子泵能水解 ATP，释放能量；二是离子泵还是离子的"载体蛋白"。学生容易综合这两个方面，得出由离子泵参与的离子运输是主动运输的结论。影响主动运输的因素有哪些呢？有能量（C 选项）和载体数量（D 选项）两个方面。一氧化碳中毒后细胞的呼吸强度下降，供能减少，蛋白质变性剂会使离子泵蛋白变性失活。

3. 某种物质可插入 DNA 分子两条链的碱基对之间,使 DNA 双链不能解开。若在细胞正常生长的培养液中加入适量的该物质,下列相关叙述中错误的是 （　　）

A. 随后细胞中的 DNA 复制发生障碍

B. 随后细胞中的 RNA 转录发生障碍

C. 该物质可将细胞周期阻断在分裂中期

D. 可推测该物质对癌细胞的增殖有抑制作用

参考答案: C

评析: 本题以 DNA 双链能否解开为载体,从分子水平考查结构与功能观,即一定的结构决定相应的功能,结构受到破坏,功能也就无法表达的观点。

某种物质插入 DNA 分子后 DNA 双链不能解开,因此会使需要 DNA 解旋的生理过程发生障碍。需要 DNA 解旋的过程有 DNA 复制(A 选项)、转录(B 选项),因此该物质能抑制细胞分裂(分裂前的间期发生 DNA 复制)和细胞正常的生理功能(如转录)。本题构建了一个"DNA 双链不能解开"的模型,有利于培养学生的结构与功能观。学生利用此模型对 DNA 参与的生命活动进行演绎推理,才能得出正确结论。

4. 某染料(氧化型为无色,还原型为红色)可用于种子活力的鉴定。某同学将吸胀的小麦种子平均分成甲、乙两组,并进行染色实验来了解种子的活力,结果如表所示。下列叙述中错误的是 （　　）

表 3 - 13

分组	甲组	乙组
处理	种子与染料混合保温	种子煮沸后与染料混合保温
结果	种子中的胚呈红色	种子中的胚未呈红色

A. 甲组的胚发生了氧化还原反应

B. 呼吸作用产生的 NADH 使染料变成红色

C. 乙组胚细胞膜上的载体蛋白能将染料运出细胞

D. 种子中胚细胞代谢活动的强弱会影响染色效果

参考答案: C

评析：本题设置用某染液鉴定种子活力的情境，考查学生获取信息的能力，以及对实验现象和结果进行分析、解释和推理的能力。

甲组种子的胚能被染色，说明能发生氧化还原反应，为活种子；乙组种子的胚不能被染色，说明不能发生氧化还原反应，为死种子。该染料的还原型为红色，因此呼吸作用产生的 NADH 能使该染料变红，呼吸强度越大，产生的 NADH 越多，种子染色越深。本题也考查了学生的科学探究和科学思维素养。

5. 在有关 DNA 分子的研究中，常用 ^{32}P 来标记 DNA 分子。用 α、β 和 γ 表示 ATP 或 dATP(d 表示脱氧)上三个磷酸基团所处的位置（A-$P_\alpha \sim P_\beta \sim P_\gamma$ 或 dA-$P_\alpha \sim P_\beta \sim P_\gamma$）。回答下列问题。

（1）某种酶可以催化 ATP 的一个磷酸基团转移到 DNA 末端，同时产生 ADP。若要用该酶把 ^{32}P 标记到 DNA 末端，那么带有 ^{32}P 的磷酸基团应在 ATP 的_____（填"α""β"或 γ"）位上。

（2）若用带有 ^{32}P 标记的 dATP 作为 DNA 生物合成的原料，将 ^{32}P 标记到新合成的 DNA 分子上，则带有 ^{32}P 的磷酸基团应在 dATP 的_____（填"α""β"或 γ"）位上。

（3）将一个带有某种噬菌体 DNA 分子的两条链用 ^{32}P 进行标记，并使其感染大肠杆菌，在不含 ^{32}P 的培养基中培养一段时间。若得到的所有噬菌体双链 DNA 分子都装配成噬菌体(n 个)并释放，则其中含有 ^{32}P 的噬菌体所占的比例为 $2/n$，原因是：_____。

参考答案：

（1）γ （2）α

（3）DNA 为半保留复制，形成的 n 个 DNA 分子中只有两个 DNA 分子中的一条链含有原来的 DNA 分子的一条链

评析：本题考查学生获取信息的能力、演绎推理的能力和知识的迁移应用能力。从设问难易梯度来看，设问从易到难；从考查生物学学科核心素养的角度来看，本题很好地考查了结构与功能观和科学思维。

ATP 是细胞内重要的分子，ATP 的结构及其水解与合成是重要概念。由"ATP 的一个磷酸基团转移到 DNA 末端，同时产生 ADP"可以推知，转移到 DNA 末端的 ^{32}P 位于 ATP 的 γ 位上。

学生没有学习过 dATP，但可通过比较 dATP(结构简式：dA-$P_\alpha \sim P_\beta \sim$

P_γ)和 ATP(结构简式：$A-P_\alpha \sim P_\beta \sim P_\gamma$)结构的区别与联系,并对 ATP 的结构简式加以演绎进行了解。第(1)问磷酸化过程中转移的"主体"是 ^{32}P,第(2)问中转移的"主体"是什么呢？我们知道脱氧核苷酸是组成 DNA 的基本单位,由此推知转移的"主体"应是 ^{32}P 标记的脱氧核苷酸,它只含有一个 P,这个 P 应位于 dATP 的 α 位上。

第(3)问考查 DNA 的半保留复制,命题思路是"由果求因"。"若得到的所有噬菌体双链 DNA 分子都装配成噬菌体(n 个)并释放"的描述非常精准科学,因为如果复制后含有 ^{32}P 的 DNA 没有全部装配到噬菌体中并释放,可能会出现含有 ^{32}P 的噬菌体所占的比例不是 $2/n$。

二、细胞的结构和功能

1. 某种 H^+-ATPase 是一种位于膜上的载体蛋白,具有 ATP 水解酶活性,能够利用水解 ATP 释放的能量逆浓度梯度跨膜转运 H^+。①将某植物气孔的保卫细胞悬浮在一定 pH 的溶液中(假设细胞内的 pH 高于细胞外),置于黑暗中一段时间后,溶液的 pH 不变。②再将含有保卫细胞的该溶液分成两组,一组照射蓝光后溶液的 pH 明显降低;另一组先在溶液中加入 H^+-ATPase 的抑制剂(抑制 ATP 水解),再用蓝光照射,溶液的 pH 不变。根据上述实验结果,下列推测中不合理的是 （　　）

A. H^+-ATPase 位于保卫细胞质膜上,蓝光能够引起细胞内的 H^+ 转运到细胞外

B. 蓝光通过保卫细胞质膜上的 H^+-ATPase 发挥作用,导致 H^+ 逆浓度梯度跨膜运输

C. H^+-ATPase 逆浓度梯度跨膜转运 H^+ 所需的能量可由蓝光直接提供

D. 溶液中的 H^+ 不能通过自由扩散的方式透过细胞质膜进入保卫细胞

参考答案： C

评析： 本题并没有直接考查几种运输方式的定义,而是呈现新的情境,考生需要根据新的情境来分析和判断物质的运输方式,既考查获取信息的能力和对重要概念的理解和应用能力,也考查分析和推理能力。本题渗透考查了生命的结构观、能量观,也考查了科学思维。

从第①问获取的信息是细胞内的 H^+ 浓度高于细胞外;从第②问获取信息

并分析可知,蓝光照射后溶液的 pH 明显降低,表明 H^+ 从细胞外转运到了细胞内。结合第①问进行比较可以看出,此时 H^+ 的运输是一种逆浓度梯度的运输,而且这种运输需要在蓝光下进行,由此可以推断蓝光为 H^+ 的运输提供了能量。但这种能量并不是直接提供的,因为当加入 $H^+-ATPase$ 的抑制剂,以此抑制 ATP 水解时,再用蓝光照射,溶液的 pH 不变,表明直接提供能量的是 ATP,而蓝光的作用是为合成 ATP 供能。

2. 用体外实验的方法可合成多肽链。已知苯丙氨酸的密码子是 UUU,若要在体外合成同位素标记的多肽链,所需的材料组合是　　　　(　　)

① 同位素标记的 tRNA

② 蛋白质合成所需的酶

③ 同位素标记的苯丙氨酸

④ 人工合成的多聚尿嘧啶核苷酸

⑤ 除去了 DNA 和 mRNA 的细胞裂解液　　　　　　　　　(　　)

A. ①②④　　　　　　　　　　　　B. ②③④

C. ③④⑤　　　　　　　　　　　　D. ①③⑤

参考答案: C

评析: 本题考查"遗传信息的翻译"的相关知识。考查的是对重要概念的理解能力,同时也考查了科学思维和科学探究。

学生需要真正理解翻译的场所、在体内进行时所需要的条件,由此类推在体外进行时需要相同的条件,从而准确判断"除去了 DNA 和 mRNA 的细胞裂解液"中含有核糖体、相关的酶、ATP 和 tRNA,这是翻译必不可少的场所和条件。

三、细胞代谢

1. 甲、乙两种酶用同一种蛋白酶处理,酶活性与处理时间之间的关系如图所示。下列分析中错误的是　　　(　　)

A. 甲酶能够抗该种蛋白酶降解

B. 甲酶不可能是具有催化功能的 RNA

C. 乙酶的化学本质为蛋白质

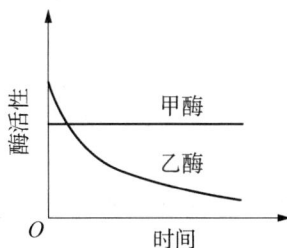

图 3-20

D. 乙酶活性的改变是因为其分子结构的改变

参考答案：B

评析：本题考查对酶的化学本质及其作用专一性的理解，同时还考查了解读实验数据、获取关键信息的能力，还考查了生命观念和科学思维。

本题并没有直接考查酶的定义，而是创设了一个实验结果的情境，让学生从图中读出甲酶的活性不随时间的变化而变化，这说明加入的蛋白酶对甲酶没有作用效果，由此推测甲酶一定不是蛋白质，那会是什么呢？根据酶的化学本质判断甲酶一定是 RNA。本题的 D 选项考查了酶活性的改变与分子结构改变之间的关系，渗透考查了结构与功能观。

2. 细胞内有些 tRNA 分子的反密码子中含有稀有碱基次黄嘌呤（I）。含有 I 的反密码子在与 mRNA 中的密码子互补配对时，存在如图所示的配对方式（Gly 表示甘氨酸）。下列说法中错误的是 （　　）

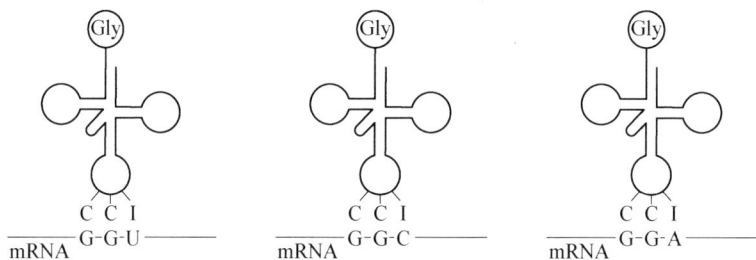

图 3－21

A. 一种反密码子可以识别不同的密码子

B. 密码子与反密码子的碱基之间通过氢键结合

C. tRNA 分子由两条链组成，mRNA 分子由单链组成

D. mRNA 中的碱基改变不一定造成所编码氨基酸的改变

参考答案：C

评析：本题考查学生获取信息进行逻辑推理的能力。从题干信息中可知：反密码子 CCI 对应的密码子有 GGU、GGC 和 GGA，所转运的氨基酸均为甘氨酸，从而可以判断选项 A 和选项 D 是正确的。从图示中推理判断密码子与反密码子的碱基之间通过氢键结合，选项 B 正确。从图示中可以看出 tRNA 由一条链组成，选项 C 错误。

本题考查的内容是对学生已有知识的一种拓展,学生无法依靠死记硬背而获取答案,只能根据已学知识和题干所给的信息进行推理和判断。本题在让学生理解生命运行机制严谨性的同时,渗透了生命能通过有效的机制维护其稳定的特性,以保证在复杂变化的环境中能够稳定生存。本题让学生认识和体会了生命的神奇。

3. 某油料植物的种子中脂肪含量为种子干重的 70%。为探究该植物种子萌发过程中干重及脂肪含量的变化,某研究小组将种子置于温度、水分(蒸馏水)、通气等条件适宜的黑暗环境中培养,定期检测萌发种子(含幼苗)的脂肪含量和干重。结果表明:脂肪含量逐渐减少,到第 11 天时减少了 90%,干重变化如图所示。

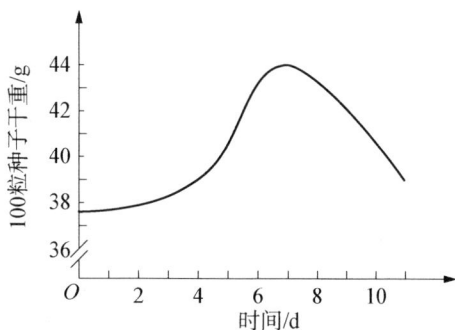

图 3 - 22

回答下列问题。

(1) 为了观察胚乳中的脂肪,常用_____染液对种子胚乳切片染色,然后在显微镜下观察,可见_____色的脂肪颗粒。

(2) 实验过程中,导致萌发种子干重增加的主要元素是_____(填"C""N"或"O")。

(3) 实验第 11 天后,如果要使萌发种子(含幼苗)的干重增加,必须提供的条件是_____和_____。

参考答案:

(1) 苏丹Ⅲ(Ⅳ)　橘黄(红)

(2) O

(3) 光照　所需的矿质元素

评析:本题考查学生获取信息和进行逻辑推理的能力。从生物学学科核心素养的角度看,主要考查的是科学思维。

从题干中我们得知,油料植物种子中主要的有机物为脂肪。在种子萌发过程中,脂肪减少,但种子的干重却增加。是什么原因导致了萌发种子干重的增加呢? 是光合作用吗? 因为在黑暗环境中培养,萌发种子不可能进行光合作用固定空气中的 CO_2,因此萌发种子干重的增加不可能来自碳(C)元素。是来自矿质元素吗? 因为培养所用的水为蒸馏水,蒸馏水中不含有矿质元素,因此萌发种子干重的增加不可能来自水中的矿质元素(如 N、P、K 等)。通过排除,可以得出萌发种子干重的增加只能来自水的结论。那么水又是怎样掺入有机物中的呢? 联系有机物的水解过程,知道脂肪在水解时每断裂 1 个化学键就需要 1 分子 H_2O 参与反应。考虑到 H_2O 中 2 个 H 原子的分子量为 2,1 个 O 原子的分子量为 16,我们得出萌发种子干重的增加主要来自 O 的结论。

本题的 3 问有递进的关系,第(1)问是实验原理的考查,是基础知识;第(2)问是第(3)问的基础,由第(2)问不能选 C 和 N,可以推测要增加 C 和 N,增加 C 代表进行了光合作用,从本题的实验条件来看,就必须增加光照;N 代表植物所需的矿质元素。

4. 将玉米种子置于 25 ℃、黑暗、水分适宜的条件下萌发,每天定时取相同数量的萌发种子,一半直接烘干称重,另一半切取胚乳烘干称重,计算每粒的平均干重,结果如图所示。若只考虑种子萌发所需的营养物质来源于胚乳,据图回答下列问题。

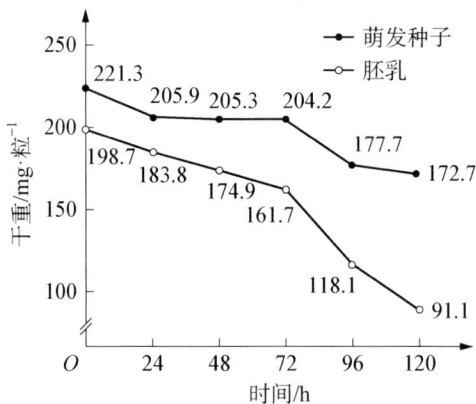

图 3-23

(1) 萌发过程中胚乳组织中的淀粉被水解成_____,再通过____作用为种子萌发提供能量。

(2) 萌发过程中在_____h 之间种子的呼吸速率最大,在该时间段内每粒种子呼吸消耗的平均干重为_____mg。

（3）萌发过程中胚乳的部分营养物质转化成幼苗的组成物质,其最大转化速率为_____mg·粒$^{-1}$·d^{-1}。

（4）若保持实验条件不变,120 h后萌发种子干重的变化趋势是_____,原因是_____。

参考答案:

（1）葡萄糖　呼吸

（2）72～96　26.5

（3）22

（4）下降　幼苗的呼吸作用消耗种子储存的有机物,且不能进行光合作用

评析: 本题考查种子萌发过程中的物质转化和细胞呼吸。考查学生获取信息、对实验数据进行分析处理和解释的能力,还考查了学生思维的深刻性。从命题技术上看,本题第(1)问考查的是基本概念;第(2)问主要考查获取信息、进行分析和推理的能力;第(3)问承接第(2)问,更深层次地考查了学生的科学思维。

本实验有两个测量指标,一是烘干后种子的干重,反映的是种子的有机物总量;一个是烘干后胚乳的干重,反映的是胚乳的有机物量。玉米胚乳的成分主要是淀粉,淀粉水解成葡萄糖,一方面可用于种子的呼吸作用,为种子的萌发提供能量;另一方面可用于胚细胞的构建,用于胚的生长。实验结果表明,在玉米种子萌发过程中,玉米种子的干重和胚乳的干重均在减小。玉米种子干重减小的原因是种子的呼吸作用消耗了有机物,某段时间内种子干重的变化(差值)与时间的比值代表了种子的呼吸速率,72～96 h每粒玉米种子干重减少26.5 mg,减少幅度最大;胚乳干重的减小是因为玉米胚乳中的淀粉转化成葡萄糖后,用于呼吸作用和胚的生长,某段时间内胚乳干重的变化(差值)与时间的比值代表了胚乳的利用速率。种子干重与胚乳干重的差值又有什么意义呢？它反映了种子中胚的有机物积累状况,某段时间内胚乳干重的变化(差值)与种子干重的变化(差值)的差值与时间的比值,反映了这段时间内种子中胚的有机物积累速率,即胚乳营养物质转化成幼苗组成物质的速率,在96～120 h每粒玉米种子胚乳营养物质转化成幼苗组成物质的速率为[(172.7 —

91.1) $-$ (177.7 $-$ 118.1)]mg·粒$^{-1}$÷24 h$=$22 mg·粒$^{-1}$·d^{-1},在 72~96 h 每粒玉米种子胚乳营养物质转化成幼苗组成物质的速率为[(177.7 $-$ 118.1) $-$ (204.2 $-$ 161.7)]mg·粒$^{-1}$÷24 h$=$17.1 mg·粒$^{-1}$·d^{-1}。解答第(3) 问时,还应仔细审题,注意题目已经给出单位 mg·粒$^{-1}$·d^{-1},不要因思维定式, 想当然地认为是 mg·粒$^{-1}$·h^{-1}。

5. 已知大麦种子在萌发过程中可以产生 α-淀粉酶,用 GA(赤霉素)溶液 处理大麦种子可使其不用发芽就产生 α-淀粉酶。为验证这一结论,某同学做 了如下实验。

表 3 - 14

试管号	GA溶液	缓冲液	水	半粒种子10个	实验步骤		实验结果
					步骤1	步骤2	
1	0	1	1	带胚	25 ℃保温 24 h 后去除种子,在各试管中分别加入 1 mL 淀粉溶液	25 ℃保温 10 min 后向各试管中分别加入 1 mL 碘液,混匀后观察溶液颜色的深浅	+ +
2	0	1	1	去胚			+ + + +
3	0.2	1	0.8	去胚			+ +
4	0.4	1	0.6	去胚			+
5	0.4	1	0.6	不加种子			+ + + +

注:实验结果中"+"越多表示颜色越深;表中液体量的单位均为 mL。

回答下列问题。

(1) α-淀粉酶催化_____水解可生成二糖,该二糖是_____。

(2) 综合分析 1 和 2 两试管的实验结果,可以判断反应后试管 1 中的淀粉 量比试管 2 中的_____,这两支试管中淀粉量不同的原因是_____ _____。

(3) 综合分析 2、3 和 5 三试管的实验结果,说明在该实验中 GA 的作 用是

_____。

(4) 综合分析 2、3 和 4 三试管的实验结果,说明_____

_____。

参考答案:

(1) 淀粉　麦芽糖

（2）少　带胚的种子保温后能产生 α-淀粉酶,使淀粉水解

（3）诱导种子生成 α-淀粉酶

（4）GA 浓度高对 α-淀粉酶的诱导效果好

评析：本题以酶的实验为载体,主要考查的是科学探究和科学思维。

解答此题需要明确以下问题：①半粒种子：将大麦种子用刀片横切为等长的两半,带胚的一半含胚和胚乳,去胚的一半只含胚乳；②GA 具有淀粉酶的催化作用吗？试管 5 的实验结果表明 GA 本身不具有水解淀粉的作用；③带胚的种子和去胚的种子都能产生 α-淀粉酶吗？1、2 两试管的自变量为种子带胚和去胚,试管 1 的颜色变浅而试管 2 的颜色不变,说明试管 1 中有 α-淀粉酶,试管 2 中没有,即带胚的种子保温后能产生 α-淀粉酶；④去胚的种子一定不能产生 α-淀粉酶吗？比较 2、3 和 4 三试管可以看出,去胚的半粒种子在 GA 的诱导下也能产生 α-淀粉酶,且 GA 浓度高时,产生的 α-淀粉酶多；⑤拓展延伸：带胚的半粒种子含胚和胚乳,去胚的半粒种子只含胚乳。本题的实验结果表明 α-淀粉酶的产生部位为胚乳,GA 能促进胚乳产生 α-淀粉酶,由此我们可以将胚与 GA 联系起来,提出一个假说:萌发种子的胚能产生 GA,促进胚乳产生 α-淀粉酶。

6. BTB 是一种酸碱指示剂,BTB 的弱碱性溶液颜色可随其中 CO_2 浓度的增高而由蓝变绿再变黄。某同学为研究某种水草的光合作用和呼吸作用,进行了如下实验：用少量的 $NaHCO_3$ 和 BTB 加水配制成蓝色溶液,并向溶液中通入一定量的 CO_2 使溶液变成浅绿色,之后将等量的绿色溶液分别加入 7 支试管中,其中 6 支加入生长状况一致的等量水草,另一支不加水草,密闭所有试管。各试管的实验处理和结果见下表。

表 3-15

试管编号	1	2	3	4	5	6	7
水草	无	有	有	有	有	有	有
距日光灯的距离/cm	20	*遮光	100	80	60	40	20
50 min 后试管中溶液的颜色	浅绿色	X	浅黄色	黄绿色	浅绿色	浅蓝色	蓝色

注：*遮光是指用黑纸将试管包裹起来,并放在距日光灯 100 cm 的地方。

若不考虑其他生物因素对实验结果的影响,回答下列问题。

(1) 在本实验中,50 min 后 1 号试管中的溶液是浅绿色,则说明 2 号~7 号试管的实验结果是由_____引起的;若 1 号试管中的溶液是蓝色,则说明 2 号~7 号试管的实验结果是_____(填"可靠的"或"不可靠的")。

(2) 表中 X 代表的颜色应为_____(填"浅绿色""黄色"或"蓝色"),判断依据是_____。

(3) 5 号试管中的溶液颜色在照光前后没有变化,说明在此条件下水草__

_____。

参考答案:

(1) 光合作用与呼吸作用　不可靠的

(2) 黄色　水草不能进行光合作用,只能进行呼吸作用,溶液中的 CO_2 浓度高于 3 号试管

(3) 光合作用强度等于呼吸作用强度,吸收与释放的 CO_2 量相等

评析: 本题设置真实的实验情境,以光照强度对光合速率的影响为载体,考查学生获取信息进行分析和逻辑推理的能力。从生物学学科核心素养的角度讲,本题考查了科学探究和科学思维。

解答本题首先要清楚实验原理:BTB 是一种酸碱指示剂,BTB 的弱碱性溶液的颜色可随其中 CO_2 浓度的增高而由蓝变绿再变黄。当水草的光合作用强度大于呼吸作用强度时,水草从溶液中吸收 CO_2,反之向溶液中释放 CO_2。

本实验的对照设计有:无光组(2 号试管)和有光组(3 号~7 号试管)形成条件对照;无水草组(1 号试管)和有水草组(2 号~7 号试管)形成空白对照,其中无水草组(1 号试管)为对照组。对实验现象的分析是建立在无水草组(1 号试管)没有发生颜色变化的前提下,1 号试管中的溶液颜色没有发生变化,说明其他试管中的溶液颜色变化是可信的、真实有效的;否则,实验结果是不可靠的。

在遮光条件下,2 号试管中的水草只进行呼吸作用,释放 CO_2,溶液中 CO_2 浓度最高;随光照强度的增大(距日光灯的距离渐近),3 号~7 号试管中水草的光合作用强度逐渐增大,吸收的 CO_2 逐渐增多,溶液中 CO_2 浓度逐渐降低;其中 5 号试管是一个"分水岭",5 号试管的颜色没有发生变化,仍为浅绿

色,说明 5 号试管中水草的光合作用速率等于呼吸作用速率。3 号和 4 号试管中的溶液颜色分别为浅黄色和黄绿色,说明水草释放 CO_2,即光合作用速率小于呼吸作用速率。6 号和 7 号试管的颜色分别为浅蓝色和蓝色,说明水草吸收 CO_2,光合作用速率大于呼吸作用速率。

在遮光条件下,2 号试管中的水草只进行呼吸作用释放 CO_2,所以试管中的 CO_2 浓度应该比 3 号试管高。3 号试管中的溶液为浅黄色,推测 X 代表的颜色应为黄色。

四、生命活动的调节

1. 某同学将一定量的某种动物的提取液(A)注射到实验小鼠体内,注射后若干天,未见小鼠出现明显的异常表现。将小鼠分成两组,一组注射少量的 A,小鼠很快发生了呼吸困难等症状;另一组注射生理盐水,未见小鼠有异常表现。对实验小鼠在第一次注射 A 后的表现,下列解释中合理的是 　　(　　)

　　A. 提取液中含有胰岛素,导致小鼠血糖浓度降低

　　B. 提取液中含有乙酰胆碱,使小鼠骨骼肌活动减弱

　　C. 提取液中含有过敏原,引起小鼠发生过敏反应

　　D. 提取液中含有呼吸抑制剂,可快速作用于小鼠呼吸系统

参考答案: C

评析: 本题通过实验重现了过敏的发生过程。考查学生对重要概念的理解,对实验现象及结果进行分析、推理、判断并得出正确结论的能力。

解答本题需要深入理解二次免疫,过敏就是二次免疫的表现。从实验过程看,第一次注射 A 后,没有出现明显异常现象;第二次注射 A 后,小鼠才出现呼吸困难等症状,这显然只能从二次免疫进行解释。

2. 肾上腺素和迷走神经都参与兔血压的调节,回答下列相关问题。

(1)给实验兔静脉注射 0.01% 的肾上腺素 2 mL 后,肾上腺素作用于心脏,心脏活动加强加快使血压升高。在这个过程中,肾上腺素作为激素起作用,心脏是肾上腺素作用的_____。肾上腺素对心脏起作用后被_____,血压恢复。肾上腺素的作用是_____(填"催化""供能"或"传递信息")。

(2)剪断实验兔的迷走神经后刺激其靠近心脏的一端,迷走神经末梢释放乙酰胆碱,使心脏活动减弱减慢、血压降低。在此过程中,心脏活动的调节

属于_____调节。乙酰胆碱属于_____(填"酶""神经递质"或"激素"),需要与细胞膜上的_____结合才能发挥作用。

(3) 肾上腺素和乙酰胆碱在作用于心脏、调节血压的过程中所具有的共同特点是_____(答出一个特点即可)。

参考答案:

(1) 靶器官　分解　传递信息

(2) 神经　神经递质　(相应的)受体

(3) 微量高效(或通过体液运输)

评析: 本题考点为激素调节和神经调节的重要概念,考查学生的理解能力及科学思维。本题的第(3)问是对第(2)问的概括和延伸。

注射肾上腺素后血压升高,一段时间后血压恢复,说明肾上腺素起作用后很快被分解。像其他激素一样,肾上腺素不是细胞结构的组成成分,不能像ATP一样提供能量,不能像酶一样起催化作用。激素只是一类信号分子,在人体内起调节作用。刺激实验兔的迷走神经后,心脏活动减弱减慢、血压降低,此调节过程为神经调节。乙酰胆碱是神经调节中的信号分子,为神经递质,需要与突触后膜上的神经递质受体结合才能发挥作用。体液调节时激素通过体液运输,具有微量和高效的特点。

3. 为研究胰岛素的生理作用,某同学将禁食一段时间的实验小鼠随机分为A、B、C、D四组,A组腹腔注射生理盐水,B、C、D三组均腹腔注射等量的胰岛素溶液,一段时间后,B、C、D三组出现反应迟钝、嗜睡等症状,而A组未出现这些症状。回答下列问题。

(1) B、C、D三组出现上述症状的原因是_____。

(2) B、C、D三组出现上述症状后进行第二次注射,给B组腹腔注射生理盐水;为尽快缓解上述症状给C组注射某种激素,给D组注射某种营养物质。那么C组注射的激素是_____,D组注射的营养物质是_____。

(3) 第二次注射后,C、D两组的症状得到缓解,缓解的机理分别是_____
_____。

参考答案:(1) 血糖低于正常水平

(2) 胰高血糖素　葡萄糖

(3) C组:胰高血糖素能促进肝糖原分解和非糖物质转化为葡萄糖,使血

糖水平升高;D组:葡萄糖直接使血糖水平升高

评析:本题以胰岛素和胰高血糖素在血糖调节中的作用为载体,考查科学思维和科学探究,同时也渗透考查了稳态与调节的生命观念。

本题中,A组注射生理盐水,B、C、D三组注射等量的胰岛素溶液,因此,前者为空白对照组,后者为实验组。实验结果为B、C、D三组均出现反应迟钝、嗜睡等症状,这些都是低血糖症状,由此推测出现这些症状的原因可能是注射胰岛素后血糖过低。

继续实验时,B组腹腔注射生理盐水,为对照组,C、D两组为实验组。为了尽快缓解实验鼠出现的反应迟钝、嗜睡等低血糖症状,最合理的方式是直接注射葡萄糖(题目中限定为"营养物质"),升高血糖。另外,考虑到胰高血糖素具有促进肝糖原分解、加速非糖类物质转化为葡萄糖、升高血糖的作用,因此,间接升高血糖的方法是注射胰高血糖素(题目中限定为"激素")。

本题对实验过程的描述使用了"随机""等量",用于描述无关变量,用"腹腔注射""一段时间""尽快"等精准地描述了实验过程,体现了试题命制的科学性原则。

五、植物激素的调节

1. 通常,叶片中叶绿素含量下降可作为其衰老的检测指标。为研究激素对叶片衰老的影响,将某植物离体叶片分组,并分别置于蒸馏水、细胞分裂素(CTK)、脱落酸(ABA)、CTK与ABA混合(CTK + ABA)溶液中,再将各组置于光下。一段时间内叶片中叶绿素含量的变化趋势如图所示,据图判断,下列叙述中错误的是　　(　　)

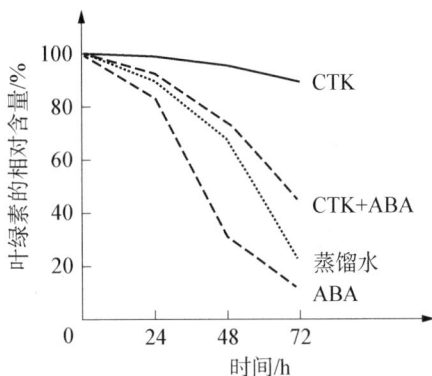

图3 - 24

A. 细胞分裂素能延缓该植物离体叶片的衰老

B. 本实验中CTK对该植物离体叶片的作用可被ABA削弱

C. 可推测ABA组叶绿体中NADPH合成速率大于CTK组

D. 可推测施用ABA能加速秋天银杏树叶由绿变黄的过程

参考答案: C

评析：本题考查的是科学探究和科学思维,即通过对实验结果的分析,考查学生获取信息、对实验结果进行分析和推理的能力。

题干定义了衰老的检测指标(因变量的检测指标)为叶片中叶绿素含量的变化。自变量有两个,一个是时间,另一个是不同的激素处理[蒸馏水组、细胞分裂素(CTK)处理组、脱落酸(ABA)处理组和CTK与ABA混合(CTK+ABA)处理组],它们之间形成条件对照。本题中蒸馏水组为空白对照组,其他组为实验组。实验组与蒸馏水组的对照,说明细胞分裂素(CTK)处理、脱落酸(ABA)处理和CTK与ABA混合(CTK+ABA)处理,对叶片中叶绿素含量变化的影响是显著和确切的。ABA处理使叶片中叶绿素含量下降,而CTK处理则使叶绿素含量升高,由此可推测,在光反应过程中CTK组的叶片吸收光能多,叶绿体中NADPH合成速率大于ABA组。从图中可以看出,(CTK+ABA)处理组的叶绿素含量高于ABA组,但低于CTK组,说明CTK能延缓或削弱ABA的作用。既然ABA具有降低叶片中叶绿素含量的作用,施用ABA就会加速秋天银杏树叶由绿变黄的过程。

2. 干旱可促进植物体内脱落酸(ABA)的合成。取正常水分条件下生长的某种植物的野生型和ABA缺失突变体幼苗,进行适度干旱处理,测定一定时间内茎、叶和根的生长量,结果如图所示。

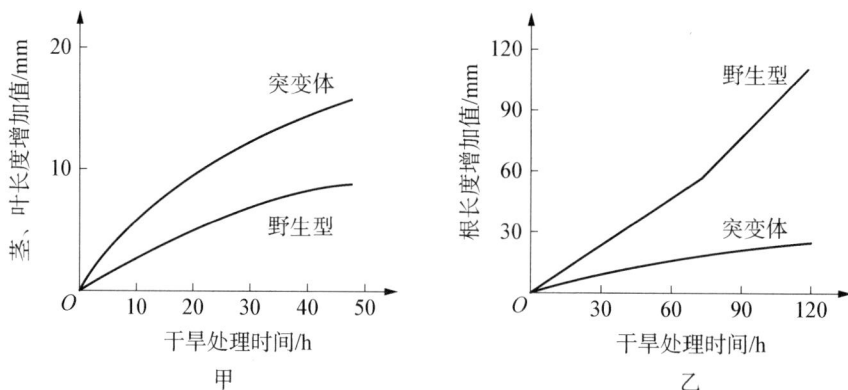

图 3-25

回答下列问题。

(1) 综合分析上图可知,在干旱条件下,ABA对野生型幼苗的作用是____

＿＿＿＿＿＿＿＿＿＿＿＿＿＿＿＿＿＿＿＿＿＿＿＿＿＿＿＿＿＿＿＿＿。

　　(2) 若给干旱处理的突变体幼苗施加适量的 ABA,推测植物叶片的蒸腾速率会＿＿＿＿＿＿,以对环境的变化作出反应。

　　(3) ABA 有"逆境激素"之称,其在植物体中的主要合成部位有＿＿＿＿＿＿＿
＿＿＿＿＿＿＿＿＿＿(答出两点即可)。

　　(4) 根系是植物吸收水分的主要器官。根细胞内水分的主要作用有＿＿＿＿＿＿
＿＿＿＿＿＿＿＿＿＿＿＿＿＿＿＿＿＿＿＿＿＿＿＿＿(答出两点即可)。

参考答案:

(1) 促进根的生长,抑制茎、叶的生长

(2) 降低

(3) 根冠、萎蔫叶片

(4) 水是根细胞的重要组成成分,水参与根细胞内的化学反应

评析: 本题主要通过对实验结果的分析,考查学生获取信息、对实验结果进行分析和推理的能力。本题凸显了生物学理论联系生产实际的特点,在应用中考查了学生的科学思维、科学探究等生物学学科核心素养。

　　首先要明确 ABA 缺失突变体不能合成或合成 ABA 的能力较弱。在茎和根的两组实验中,野生型和 ABA 缺失突变体形成对照。甲图中 ABA 突变体茎、叶的增长长度大于野生型,表明 ABA 突变体的茎、叶对干旱的耐受力大于野生型;乙图中 ABA 突变体根的增长长度小于野生型,表明 ABA 突变体的根对干旱的耐受力小于野生型,由此可以得出干旱条件下 ABA 对野生型幼苗的作用是抑制茎叶生长、促进根生长的结论。从实验结果可以看出,ABA 能提高植物的抗干旱能力,推测 ABA 可能通过促进气孔关闭、减少叶面蒸腾,从而提高了植物的抗干旱能力。

六、遗传

1. 若用玉米为实验材料验证孟德尔的分离定律,下列因素中对得出正确实验结论影响最小的是　　　　　　　　　　　　　　　　　　(　　)

　　A. 所选的实验材料是否为纯合子

　　B. 所选的相对性状的显隐性是否易于区分

　　C. 所选的相对性状是否受一对等位基因控制

D. 是否严格遵守实验操作程序和统计分析方法

参考答案： A

评析： 本题考查学生对孟德尔分离定律形成过程的深入理解，是对科学探究和科学思维的考查。

孟德尔分离定律的研究对象是一对等位基因，这对等位基因在减数分裂形成配子时，等位基因分离并进入不同的配子中。验证基因分离的模型有 2 种，一种是自交后代的性状分离比为 3∶1，说明亲本为 Aa，形成配子时 A 和 a 分离，A∶a=1∶1。另一个模型是杂交后代的性状分离比为 1∶1，说明两亲本的基因型为 Aa 和 aa，Aa 形成配子时 A 和 a 分离，A∶a=1∶1。玉米为异花传粉植物，可进行杂交和自交。杂合子自交后代的性状分离比为 3∶1。显性纯合子可与隐性亲本杂交，再自交（或测交），后代出现 3∶1（1∶1）的分离比。因此，所选的实验材料是否为纯合子对本实验影响不大。

孟德尔在发现分离定律的过程中，选用的相对性状都是显隐性易于区分的性状，这些相对性状是否易于区分将直接影响数学统计结果，影响到分离比。如果性状不易区分就得不出确定和相似的分离比。如果一对相对性状不受一对等位基因控制，而受多对等位基因控制，则可能存在基因互作，后代得不出 1∶1 或 3∶1 的分离比，也就不能验证分离规律了。因此，在题干的 4 个选项中，B、C 和 D 三选项对得出正确实验结论的影响非常大，选项 A 的影响较小。

2. 下图为某单基因常染色体隐性遗传病的系谱图（深色代表的个体是该遗传病患者，其余为表型正常的个体）。近亲结婚时该遗传病的发病率较高，假定图中第Ⅳ代的两个个体婚配，生出一个患该遗传病的子代的概率为 1/48，那么，得出此概率需要的限定条件是　　　　　　　　　　　（　　）

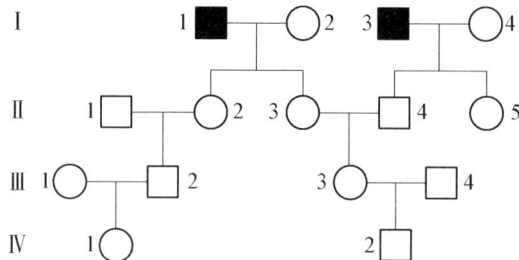

图 3 - 26

A．Ⅰ-2和Ⅰ-4必须是纯合子

B．Ⅱ-1、Ⅲ-1和Ⅲ-4必须是纯合子

C．Ⅱ-2、Ⅱ-3、Ⅲ-2和Ⅲ-3必须是杂合子

D．Ⅱ-4、Ⅱ-5、Ⅳ-1和Ⅳ-2必须是杂合子

参考答案：B

评析：本题考查学生进行分析和推理的科学思维，是一道特别有思维力度的优质试题。

本题可以采取逆推：Ⅳ-1和Ⅳ-2婚配，生出一个患该遗传病的子代的概率为1/48，意味着Ⅳ-1和Ⅳ-2的基因型必须可以推理并确定下来，而从Ⅲ代来看，Ⅲ-1和Ⅲ-4的基因型无法确定，因此，无法推出Ⅳ-1和Ⅳ-2的基因型，所以，要对Ⅲ-1和Ⅲ-4的基因型进行限定。由A、B、C、D四个选项可以看出，只有B选项对Ⅲ-1和Ⅲ-4的基因型进行了限定，因此答案选B。

不少学生将此题看成了计算题，因而出现了错误判断。

3. 某种二倍体高等植物的性别决定类型为XY型。该植物有宽叶和窄叶两种叶形，宽叶对窄叶为显性。控制这对相对性状的基因（B/b）位于X染色体上，含有b基因的花粉不育。下列叙述中错误的是　　　　　　（　　）

A．窄叶性状只能出现在雄株中，不可能出现在雌株中

B．宽叶雌株与宽叶雄株杂交，子代中可能出现窄叶雄株

C．宽叶雌株与窄叶雄株杂交，子代中既有雌株又有雄株

D．若亲本杂交后子代雄株均为宽叶，则亲本雌株是纯合子

参考答案：B

评析：本题以某种二倍体高等植物的伴性遗传为载体，考查学生进行分析和推理的科学思维。

宽叶对窄叶为显性；控制宽叶和窄叶性状的基因（B/b）位于X染色体上；含有b基因的花粉不育。由这3条信息可以推理得出，不存在X^bY的雄性个体，因而子代中不可能出现窄叶雄株。

4. 某种植物的羽裂叶和全缘叶是一对相对性状。某同学用全缘叶植株（植株甲）进行了下列四个实验。

① 让植株甲进行自花传粉，子代出现性状分离；

② 用植株甲给另一全缘叶植株授粉，子代均为全缘叶；

③ 用植株甲给羽裂叶植株授粉,子代中全缘叶与羽裂叶的比例为 1∶1;

④ 用植株甲给另一全缘叶植株授粉,子代中全缘叶与羽裂叶的比例为 3∶1。

其中能够判定植株甲为杂合子的实验是 （　　）

A. ①或②　　　　　 B. ①或④　　　　　 C. ②或③　　　　　 D. ③或④

参考答案: B

评析: 本题基于分离定律形成过程中的事实和规律,考查学生在新情境下进行分析和推理的科学思维。

"让植株甲进行自花传粉,子代出现性状分离",由分离定律的形成过程可推知子代出现性状分离,亲本一定是杂合子。"用植株甲给另一全缘叶植株授粉,子代均为全缘叶",两全缘叶可能一个为纯种,一个为杂种;或两个全为纯种,不可能出现全为杂种,因此无法判断植株甲一定是杂合子。在③中,因为"全缘叶与羽裂叶的比例为 1∶1",可推理为测交,即一个是杂合子,一个是隐性纯合子,但仅限于题干的信息,无法确定全缘叶是杂合子还是纯合子,即无法确定全缘叶是显性还是隐性。由④中的"全缘叶与羽裂叶的比例为 3∶1"可知,两个亲本一定都是杂合子。

5. 一对相对性状可受多对等位基因控制,如某种植物花的紫色(显性)和白色(隐性)这对相对性状就受多对等位基因控制。科学家已从该种植物的一个紫花品系中选育出 5 个基因型不同的白花品系,且这 5 个白花品系与该紫花品系都只有一对等位基因存在差异。某同学在大量种植该紫花品系时,偶然发现了 1 株白花植株,将其自交,后代均表现为白花。

回答下列问题。

(1) 假设上述植物花的紫色(显性)和白色(隐性)这对相对性状受 8 对等位基因控制,显性基因分别用 A、B、C、D、E、F、G、H 表示,则紫花品系的基因型为_____;上述 5 个白花品系之一的基因型可能为_____(写出其中一种基因型即可)。

(2) 假设该白花植株与紫花品系也只有一对等位基因存在差异,若要通过杂交实验来确定该白花植株是一个新等位基因突变造成的,还是属于上述 5 个白花品系中的一个,则设计该实验的思路为:_____

_____。

预期实验结果和结论：_____

_____。

参考答案：

（1）AABBCCDDEEFFGGHH　aaBBCCDDEEFFGGHH

（2）用该白花植株的后代分别与5个白花品系杂交,观察子代的花色

在5个杂交组合中,如果子代全部为紫花,说明该白花植株是新等位基因突变造成的;在5个杂交组合中,如果4个组合的子代为紫花,1个组合的子代为白花,说明该白花植株属于这5个白花品系之一

评析：本题考查基因分离定律的应用。从考查的能力看,本题考查了学生获取信息、进行逻辑推理和综合分析以及实验探究的能力。

一个品系中的植株一般能稳定遗传,为纯合子,紫花和5个基因型不同的白花品系均为纯合子。5个白花品系为紫花的隐性突变体,与紫花品系相比只有一对等位基因存在差异,因此,紫花品系的基因型为AABBCCDDEEFFGGHH,5个白花品系的基因型为aaBBCCDDEEFFGGHH、AAbbCCDDEEFFGGHH、AABBccDDEEFFGGHH、AABBCCddEEFFGGHH、AABBCCDDeeFFGGHH。

新白花植株也是由一对等位基因突变而来的,若此突变基因与5个白花品系中的一个相同,在与上述5个白花品系杂交后,有1个杂交组合形成的是纯种,会开白花;其余4个杂交组合形成的都是杂合子,全开紫花。若此突变基因是不同于5个白花品系的新等位基因,则该白花突变在与上述5个白花品系杂交后,5个杂交组合全开紫花。

6. 现有两个纯合的某作物品种：抗病高秆（易倒伏）和感病矮秆（抗倒伏）品种,已知抗病对感病为显性,高秆对矮秆为显性,但对于控制这两对相对性状的基因所知甚少。回答下列问题。

（1）在育种实践中,若利用这两个品种进行杂交育种,一般来说,育种目的是获得具有_____优良性状的新品种。

（2）杂交育种前,为了确定F_2代的种植规模,需要正确预测杂交结果,若按照孟德尔遗传规律来预测杂交结果,需要满足3个条件：条件之一是抗病与感病这对相对性状受一对等位基因控制,且符合分离定律;其余两个条件是___

_____。

（3）为了确定控制这两对性状的基因是否满足上述3个条件,可用测交实

验来进行检验,请简要写出该测交实验的过程:_____

_____。

参考答案:

(1) 抗病矮秆

(2) 高秆和矮秆这对相对性状受一对等位基因控制,且符合分离定律;控制这两对性状的基因位于非同源染色体上

(3) 将纯合的抗病高秆与感病矮秆杂交,产生 F_1,让 F_1 与感病矮秆杂交

评析:本题考查孟德尔遗传规律的适用条件以及自由组合规律在育种上的应用。本题还考查了学生运用遗传定律进行科学探究的能力。

作物倒伏(高秆易倒伏)及抗病能力差会造成作物减产,因此培育矮秆抗病(ddTT)作物是我们的育种目标。在亲本为纯合的抗病高秆(DDTT)和感病矮秆(ddtt)的情况下,要实现育种目标的前提是控制这两对相对性状的基因位于两对同源染色体上,遗传符合自由组合定律,能将矮秆和抗病组合到一起;若位于一对同源染色体上,则不能实现基因重组(此处不考虑互换)。在确定 F_2 的种植规模时,需要按分离比进行计算,而出现确定的分离比是有前提的,如高秆对矮秆为完全显性,表现为质量性状,后代中高秆与矮秆、抗病与感病的存活率一致等。

通过测交实验可推测亲本产生配子的情况,常用于检测亲本的基因型及验证基因的遗传规律。将纯合抗病高秆与纯合感病矮秆杂交,产生 F_1,让 F_1 与感病矮秆杂交,若 F_2 中高秆抗病:高秆感病:矮秆抗病:矮秆感病 $=1:1:1:1$,则能验证控制这两对相对性状的基因的遗传符合自由组合定律。

7. 果蝇的某对相对性状由等位基因 G、g 控制,且对于这对性状的表型而言,G 对 g 为完全显性。受精卵中不存在 G、g 中的某个特定基因时会致死。用一对表型不同的果蝇进行交配,得到的子一代果蝇中雌:雄 $=2:1$,且雌蝇有两种表型。据此可推测:雌蝇中   (   )

A. 这对等位基因位于常染色体上,G 基因纯合时致死

B. 这对等位基因位于常染色体上,g 基因纯合时致死

C. 这对等位基因位于 X 染色体上,g 基因纯合时致死

D. 这对等位基因位于 X 染色体上,G 基因纯合时致死

参考答案:D

评析:本题考查致死情境下果蝇的伴性遗传,考查了学生获取信息、进行

逻辑推理的科学思维能力。

从"受精卵中不存在 G、g 中的某个特定基因时会致死""一对表型不同的果蝇进行交配,得到的子一代果蝇中雌:雄＝2:1",发现致死的个体是雄蝇,由此推测,基因(G、g)位于 X 染色体上。写出正常雌蝇可能的基因型是 $X^G X^G$、$X^G X^g$、$X^g X^g$,由"雌蝇有两种表型"可推知必须是 $X^G X^G$ 死亡,才会出现"雌蝇有两种表型"的事实。

8. 已知果蝇的灰体和黄体受一对等位基因控制,但这对相对性状的显隐性关系和该等位基因所在的染色体是未知的。同学甲用一只灰体雌蝇与一只黄体雄蝇杂交,子代中♀灰体:♀黄体:♂灰体:♂黄体为 1:1:1:1。同学乙用两种不同的杂交实验都证实了控制黄体的基因位于 X 染色体上,并表现为隐性。请根据上述结果,回答下列问题。

(1) 仅根据同学甲的实验,能不能证明控制黄体的基因位于 X 染色体上,并表现为隐性?

(2) 请用同学甲得到的子代果蝇为材料设计两个不同的实验,这两个实验都能独立证明同学乙的结论。(要求:每个实验只用一个杂交组合,并指出支持同学乙结论的预期实验结果)

参考答案:

(1) 不能

(2) 实验 1:

杂交组合:雌黄体×雄灰体

预期结果:子一代中所有的雌性都表现为灰体,雄性都表现为黄体

实验 2:

杂交组合:雌灰体×雄灰体

预期结果:子一代中所有的雌性都表现为灰体,雄性中一半表现为灰体,另一半表现为黄体

评析:本题考查分离定律和伴性遗传,考查学生的逻辑思维和实验设计能力(科学思维和科学探究)。

（1）由"一只灰体雌蝇与一只黄体雄蝇杂交，子代中♀灰体∶♀黄体∶♂灰体∶♂黄体＝1∶1∶1∶1"可知，雄性个体和雌性个体的比例为1∶1，后代的性状遗传与性别没有明显的关系，无法判断控制黄体的基因是位于X染色体上还是位于常染色体上。

（2）甲同学得到的果蝇有4种，分别是♀灰体、♀黄体、♂灰体和♂黄体，若控制黄体的基因位于常染色体上，且黄体为隐性，乙同学利用这些果蝇可进行的杂交实验有：

情况1：灰体×灰体→3灰体∶1黄体

情况2：灰体×黄体→1灰体∶1黄体

情况3：黄体×黄体→黄体

若控制黄体的基因位于X染色体上，且黄体为隐性，则这4种果蝇的基因型分别为♀灰体（X^AX^a）∶♀黄体（X^aX^a）∶♂灰体（X^AY）∶♂黄体（X^aY）。乙同学利用这些果蝇可进行的杂交实验有：

组合1：♀黄体（X^aX^a）×♂灰体（X^AY）→X^AX^a（♀灰体）、X^aY（♂黄体）

组合2：♀灰体（X^AX^a）×♂灰体（X^AY）→X^AX^A（♀灰体）、X^AX^a（♀灰体）、X^AY（♂灰体）、X^aY（♂黄体）

组合3：♀灰体（X^AX^a）×♂黄体（X^aY）→X^AX^a（♀灰体）、X^aX^a（♀黄体）、X^AY（♂灰体）、X^aY（♂黄体）

组合4：♀黄体（X^aX^a）×♂黄体（X^aY）→X^aX^a（♀黄体）、X^aY（♂黄体）

由此可以看出，组合3与情况2的杂交结果相同，两者都与甲同学的实验结果相同，是重复了甲同学的实验，不能区分基因是位于常染色体上还是X染色体上，故组合3方案不可采用。组合4的后代只有1种表型，和情况3相同，也不可采用。组合1、组合2的杂交结果与1～3三情况不同，故采用这2个杂交方案。

9. 某实验室保存有野生型和一些突变型果蝇。果蝇的部分隐性突变基因及其在染色体上的位置如图所示。回答下列问题。

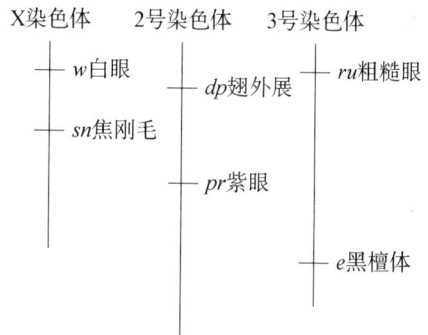

图 3－27

（1）甲同学用翅外展粗糙眼果蝇与野生型（正常翅正常眼）纯合子果蝇进行杂交，F_2 中翅外展正常眼个体出现的概率为＿＿＿＿＿＿＿＿。图中所列基因中，不能与翅外展基因进行自由组合的是＿＿＿＿＿＿＿＿。

（2）乙同学用焦刚毛白眼雄蝇与野生型（直刚毛红眼）纯合子雌蝇进行杂交（正交），则子代雄蝇中焦刚毛个体出现的概率为＿＿＿＿＿＿＿＿；若进行反交，子代中白眼个体出现的概率为＿＿＿＿＿＿＿＿。

（3）为了验证遗传规律，丙同学让白眼黑檀体雄蝇与野生型（红眼灰体）纯合子雌蝇进行杂交得到 F_1，F_1 相互交配得到 F_2。那么，在所得实验结果中，能够验证自由组合定律的 F_1 的表型是＿＿＿＿＿＿＿＿，F_2 表型及其分离比是＿＿＿＿＿＿＿＿＿＿＿＿＿＿＿＿＿＿；验证伴性遗传时应分析的相对性状是＿＿＿＿＿＿＿＿，能够验证伴性遗传的 F_2 的表型及其分离比是＿＿＿。

参考答案：

（1）3/16　紫眼基因

（2）0　1/2

（3）红眼灰体　红眼灰体∶红眼黑檀体∶白眼灰体∶白眼黑檀体＝9∶3∶3∶1　红眼/白眼　红眼雌蝇∶红眼雄蝇∶白眼雄蝇＝2∶1∶1

评析：本题考查运用遗传规律分析和解决遗传现象的科学思维和科学探究能力。

本题最大的特点是设置了一个全新的情境，即将果蝇的一些隐性突变基因标记在不同的染色体上，需要学生理解其等位基因（即野生型显性基因）并没有标记出来，但实际存在。

本题的第（1）问是一个常规分析，只需要知道遗传实验中的亲本性状和基因型，以及子二代性状和基因型的比例就能准确作答。本问考查的是对重要概念的理解与掌握能力。第（2）问与第（1）问类似，只需要依据题意将两个亲本的基因型写出来，就很容易回答两个设问，尽管题干呈现的是两对等位基因，但问题中问的是一对等位基因，因此只需要看一对等位基因就可以作答。

本题的第（3）问则从验证自由组合定律和伴性遗传的角度，考查学生对两大遗传定律和现象的理解和运用。对于自由组合定律来说，其精髓是 F_2 所表现出来的9∶3∶3∶1，只需要依据情境中提供的性状分析，即可得到答案，有部分学生可能会写出带有性别的比例，如6∶3∶3∶2∶1∶1，也是可以的，也能验证自由组合定律。

10. 玉米是一种二倍体异花传粉作物,可作为研究遗传规律的实验材料。玉米子粒的饱满与凹陷是一对相对性状,受一对等位基因控制。回答下列问题。

(1) 在一对等位基因控制的相对性状中,杂合子通常表现的性状是_____。

(2) 现有在自然条件下获得的一些饱满的玉米子粒和一些凹陷的玉米子粒,若要用这两种玉米子粒为材料验证分离定律,写出两种验证思路及预期结果。

_____

_____

_____

参考答案:

(1) 显性性状

(2) 思路及预期结果

① 两种玉米分别自交;若某些玉米自交后,子代出现3∶1的性状分离比,则可验证分离定律。

② 两种玉米分别自交;在子代中选择两种纯合子进行杂交,F_1自交,得到F_2,若F_2中出现3∶1的性状分离比,则可验证分离定律。

③ 让子粒饱满的玉米和子粒凹陷的玉米杂交;如果F_1都表现为一种性状,则用F_1自交,得到F_2,若F_2中出现3∶1的性状分离比,则可验证分离定律。

④ 让子粒饱满的玉米和子粒凹陷的玉米杂交;如果F_1表现出两种性状,且表现为1∶1的性状分离比,则可验证分离定律。

评析: 本题以验证分离定律为载体,考查了学生的科学思维和科学探究能力。

解答此题的关键是对分离定律的形成过程有深入的理解。在豌豆一对相对性状的杂交实验中,亲代杂交,F_1表现为显性性状,是杂合子,F_1自交,得到的F_2的性状分离比为3∶1。由于此题并没有说明子粒饱满的玉米和子粒凹陷的玉米谁是显性,是否为杂合子,因此,需要对各种情况进行分析和推理,总体来说,可以分为两种情况:自交和杂交。针对两种玉米是否为纯种或杂种(只有显性才能为杂种,隐性只能是纯种)进行演绎推理。

七、生态

1. 在某一农田生态系统中,大面积单一种植某种农作物(甲)可导致害虫A的爆发,改成条带状合理间作当地另一种农作物(乙)后,乙生长良好,害虫A的爆发也受到了抑制。对此,下列解释中不合理的是　　　　　(　　)

A. 新的种间关系不利于害虫A

B. 新的群落空间结构不利于害虫A

C. 乙的出现使害虫A的环境容纳量下降

D. 乙和害虫A存在互相抑制的竞争关系

参考答案: D

评析: 本题考查种群和群落的结构特征,有利于生态观的建立。考查了学生应用生态学原理分析和解决农业生产中的实际问题的能力。

农作物(甲)和农作物(乙)间作种植后,"乙生长良好",害虫A受抑制,说明害虫A与农作物(乙)不存在捕食关系。又由于农作物(甲)的种植面积减少,使得害虫A的环境容纳量下降。因此,新的种间关系和新的群落空间结构不利于害虫A的生存。

2. 在漫长的历史时期内,我们的祖先通过自身的生产和生活实践,积累了对生态方面的感性认识和经验,并形成了一些生态学思想,如人与自然和谐统一的思想。根据这一思想和生态学知识,下列说法中错误的是　　　(　　)

A. 生态系统的物质循环和能量流动有其自身的运行规律

B. 若人与自然和谐统一,生产者固定的能量便可反复利用

C. "退耕还林、还草"是体现人与自然和谐统一思想的实例

D. 人类应以保持生态系统相对稳定为原则,确定自己的消耗标准

参考答案: B

评析: 本题主要考查了生态观,即对"人与自然和谐统一的思想"的理解。

人与自然和谐统一的思想是生态观中最为重要的思想观念。A选项体现了生态观中对生态系统基本运行规律的认知;C选项和D选项是生态观中人的行为,是实现生态文明的具体行动;B选项显然违背了自然生态系统的运行

法则。

3. 现有一未受人类干扰的自然湖泊,某研究小组考察了湖泊中处于食物链最高营养级的某鱼种群的年龄组成,结果如下表。

表 3-16

年龄	0+	1+	2+	3+	4+	5+	6+	7+	8+	9+	10+	11+	≥12
个体数	92	187	121	70	69	62	63	72	64	55	42	39	264

注:表中的"1+"表示鱼的年龄大于等于1,小于2,其他以此类推。

回答下列问题。

(1) 通常,种群的年龄结构大致可以分为三种类型,分别是_____。研究表明:该鱼在3+时达到性成熟(进入成年),9+时丧失繁殖能力(进入老年)。根据表中数据可知,幼年、成年、老年三个年龄组个体数的比例为_____,由此可推测该鱼种群数量的变化趋势是_____。

(2) 如果要调查这一湖泊中该鱼的种群密度,常用的调查方法是标志重捕法。标志重捕法常用于调查_____强、活动范围广的动物的种群密度。

(3) 在该湖泊中,能量沿食物链流动时,所具有的两个特点是_____。

参考答案:

(1) 增长型、稳定型、衰退型　1:1:1　保持稳定

(2) 活动能力

(3) 单向流动;逐级递减

评析: 本题考查种群特征(年龄组成、种群密度)及生态系统的能量流动特点,考查了学生获取信息、分析处理数据的能力(科学思维)。

本题的背景材料贴近自然,同时设置了"离岛效应",保证了题目无争议。语言叙述简洁,信息指向明确。对表格数据进行整理发现,该生态系统中该鱼的繁殖前期、繁殖期和繁殖后期个体数相等,说明该种群的年龄组成为稳定型,在一段时间内,种群数量将保持相对稳定。

4. 下图是某农业生态系统模式图。

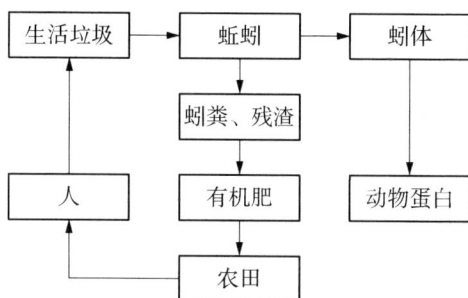

图 3 - 28

（1）蚯蚓生命活动所需的能量来自于生活垃圾中的_____（填"有机物"或"无机物"）。生活垃圾中的细菌和真菌属于分解者,在生态系统中分解者的作用是_____。

（2）根据生态系统中分解者的作用,若要采用生物方法处理生活垃圾,在确定处理生活垃圾的方案时,通常需要考虑的因素可概括为 3 个方面,即_____

_____。

（3）有机肥在土壤中经分解、转化可产生 NO_3^-,通常植物根系对 NO_3^- 的吸收是通过_____运输完成的。

参考答案:

（1）有机物　将动植物遗体及动物排遗物中的有机物分解为无机物

（2）分解者的分解效率,生活垃圾的成分,分解者的培养条件

（3）主动

评析:本题以生态农业为背景,考查分解者在处理生活垃圾过程中的作用,从物质循环的角度,考查设计处理生活垃圾的方案时需要考虑的因素,试题的开放度大,对学生的思维品质要求较高。学生在运用生态学原理解决生活中的实际问题时,可以形成生态文明意识,同时培养学生减少生活垃圾、正确分类和处理生活垃圾、保护环境的社会责任。

土壤中的分解者主要是营腐生生活的微生物,蚯蚓也是分解者,能将动植物遗体及动物排遗物中的有机物分解为无机物,以维持物质循环。生活垃圾的处理需要考虑 3 个方面的因素:一是垃圾的性质,也就是这些垃圾能否被分

解者分解；二是分解者的种类，不同类型的分解者对不同种类垃圾的分解效率不同；三是处理垃圾时的环境条件，如温度、湿度等环境因子是否有利于分解者的生长繁殖。

5. 大型肉食性动物对低营养级肉食性动物与植食性动物有捕食和驱赶作用。这一建立在"威慑"与"恐惧"基础上的种间关系会对群落或生态系统产生影响，此方面的研究属于"恐惧生态学"范畴。回答下列问题。

（1）当某种大型肉食性动物迁至一个新的生态系统时，原有食物链的营养级有可能增加，生态系统中食物链的营养级数量一般不会太多，原因是_____

_____。

（2）如果将顶级肉食性动物引入食物网只有三个营养级的某生态系统中，使得甲、乙两种植食性动物间的竞争结果发生了反转，即该生态系统中甲的数量优势地位丧失。假定该反转不是由于顶级肉食性动物的直接捕食造成的，那么根据上述"恐惧生态学"知识推测，甲的数量优势地位丧失可能的原因是_____（答出一点即可）。

（3）若某种大型肉食性动物在某地区的森林中重新出现，会减轻该地区野猪对农作物的破坏程度。根据上述"恐惧生态学"的知识推测，产生这一结果可能的原因有_____（答出两点即可）。

参考答案：

（1）生产者固定的能量在沿食物链流动的过程中大部分都损失了，传递到下一营养级的能量较少

（2）甲对顶级肉食性动物的恐惧程度比乙高，顶级肉食性动物引入后甲逃离该生态系统的数量比乙多

（3）大型肉食性动物捕食野猪；野猪因恐惧减少了采食

评析：本题是依据"恐惧生态学"的原理设计的一道生态学综合试题，试题立意新颖，考查学生获取信息的能力、对新概念和原理的即时学习与应用能力，考查了学生思维的灵活性。

大型肉食性动物特别是顶级肉食性动物，一般通过捕食和"威慑"实现对低营养级动物的控制和"管理"。捕食可造成低营养级动物的种群数量下降。"威慑"可使低营养级动物产生"恐惧"，影响低营养级动物的觅食、繁殖等生命活动，或产生驱赶作用造成低营养级动物的迁出，最终导致种群密度下降。

顶级肉食性动物对甲、乙两种植食性动物的影响可从以下两个方面分析。一是直接影响,是对甲、乙两种植食性动物的直接驱赶。二是间接影响,可能通过对第三营养级动物的捕食、驱赶进而影响甲、乙两种植食性动物的竞争而实现。如果甲、乙两种植食性动物分别由不同的次级消费者控制,顶级肉食性动物对次级消费者捕食、驱赶程度的差异,可使次级消费者对甲、乙两种植食性动物的捕食程度发生相应的改变,从而导致甲的数量优势地位丧失。在这两种影响因素中,导致甲、乙两种植食性动物发生"反转"最可能的原因是直接影响,即由于甲、乙两种植食性动物对顶级肉食性动物的恐惧程度不同造成的。

试题最后要求应用"恐惧生态学"理论解释某种大型肉食性动物出现后,该地区野猪对农作物破坏程度减轻的原因。大型肉食性动物的出现增加了对野猪的直接捕食,同时使野猪产生恐惧,降低了对农作物的采食频率,缩短了采食时间,造成采食量下降,或者恐惧导致野猪逃离。还可能是大型肉食性动物通过影响野猪的消费者,间接影响野猪的种群数量、活动频次或采食时间。这些因素减轻了野猪对农作物的破坏程度。

八、实验与探究

1. 已知药物 X 对细胞增殖有促进作用,药物 D 可抑制药物 X 的作用。某同学将同一瓶小鼠皮肤细胞平均分为甲、乙、丙三组,分别置于培养液中培养,培养过程中进行不同的处理(其中甲组未加药物),每隔一段时间测定各组细胞数,结果如图所示。据图分析,下列相关叙述中不合理的是(　　)

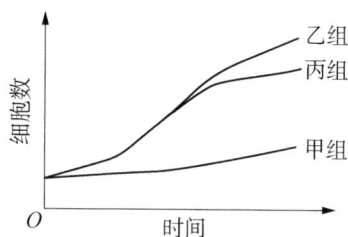

图 3-29

A. 乙组加入药物 X 后再进行培养

B. 丙组先加入药物 X,培养一段时间后加入药物 D,继续培养

C. 乙组先加入药物 D,培养一段时间后加入药物 X,继续培养

D. 若药物 X 为蛋白质,则药物 D 可能改变了药物 X 的空间结构

参考答案: C

评析: 本题考查学生从题干及题图中获取信息的能力、对实验现象和结

果的分析处理能力、对实验设计的对照原则和单一变量原则的理解和应用能力。从生物学学科核心素养的角度来看,本题考查了科学探究和科学思维。

在甲、乙、丙三组不同处理中,甲组为对照组。在培养前期,与甲组相比,乙组和丙组的细胞数目同步增加,说明在开始培养时乙组和丙组加入了对细胞增殖具有促进作用的药物 X。从培养中期开始,丙组细胞的增殖速度比乙组慢,说明乙组可能加入了对药物 X 具有抑制作用的药物 D。蛋白质的活性与其空间结构密切相关,药物 D 改变了 X(蛋白质)的空间结构后,X 会变性失活(渗透考查了结构与功能观)。

2. 根据遗传物质的化学组成,可将病毒分为 RNA 病毒和 DNA 病毒两种类型,有些病毒对人类健康会造成很大危害,通常,一种新病毒出现后需要确定该病毒的类型。

假设在宿主细胞内不发生碱基之间的相互转换,请利用放射性同位素标记的方法,以体外培养的宿主细胞等为材料,设计实验以确定一种新病毒的类型,简要写出(1)实验思路,(2)预期实验结果及结论。(要求:实验包含可相互印证的甲、乙两个组)

参考答案:

(1)实验思路

甲组:将宿主细胞培养在含有放射性标记尿嘧啶的培养基中,之后接种新病毒,培养一段时间后收集病毒并检测其放射性。

乙组:将宿主细胞培养在含有放射性标记胸腺嘧啶的培养基中,之后接种新病毒,培养一段时间后收集病毒并检测其放射性。

(2)预期实验结果及结论

若甲组收集的病毒有放射性,乙组无,即为 RNA 病毒;反之为 DNA 病毒。

评析:本题的背景来自噬菌体侵染细菌的实验,是对该实验原理的再应用。本题考查了科学探究和科学思维,即对知识迁移的能力,设计评估实验方案和预期实验结果的能力、解决实际问题的综合应用能力。

解答本题需要明确以下问题。

实验目的:探究某种病毒的遗传物质是 DNA 还是 RNA。

实验原理:病毒在侵染宿主细胞时,将其遗传物质(DNA 或 RNA)注入宿主细胞内,并在宿主细胞内完成遗传物质(DNA 或 RNA)的复制和相关蛋白质的合成,组装成子代噬菌体后释放。在碱基组成上,组成 DNA 和 RNA 的特有碱基分别是 T 和 U。

实验步骤是对噬菌体侵染细菌实验的摹写。

1. 先培养细胞:分别用放射性标记的 T 或 U 培养宿主细胞,培养多代至几乎全部细胞的 DNA 和 RNA 被放射性标记的 T 或 U 完全标记;

2. 甲组用一种新病毒侵染放射性标记的 T 标记的宿主细胞,乙组用该种新病毒侵染放射性标记的 U 标记的宿主细胞;

3. 经保温、搅拌和离心,得到子代噬菌体并检测其放射性。

预期实验结果及结论:

若甲组的子代噬菌体有放射性,乙组的没有,说明该病毒为 DNA 病毒;若甲组的子代噬菌体无放射性,乙组的有放射性,说明该病毒为 RNA 病毒。

解答本题时可从题干信息获得思路和方法,如"假设在宿主细胞内不发生碱基之间的相互转换",告诉考生需要分析 DNA 和 RNA 碱基的不同,然后根据"请利用放射性同位素标记的方法"提示分别标记碱基,至于具体怎样标记碱基,是技术手段,可以不用考虑。

3. 为研究垂体对机体生长发育的作用,某同学用垂体切除法进行实验。在实验过程中,用幼龄大鼠为材料,以体重变化作为生长发育的检测指标。回答下列问题。

(1) 请完善下面的实验步骤。

① 将若干只大鼠随机分为 A、B 两组后进行处理,A 组(对照组)的处理是_____,B 组的处理是_____。

② 将上述两组大鼠置于相同的适宜条件下饲养。

③ _____。

④ 对所得数据进行统计处理与分析。

(2) 实验结果与分析。

B 组大鼠生长发育的状况不如 A 组,出现这种差异的原因是 B 组的处理使大鼠缺失了来源于垂体的_____激素和_____激素。

参考答案:

(1) ① 手术但不切除垂体　切除垂体　③ 每隔一定时间,测定并记录两组大鼠的体重

(2) 生长　促甲状腺

评析：本题以研究垂体分泌的激素的种类及作用为载体,考查学生设计实验的能力和对实验步骤进行评估的能力。从生物学学科核心素养的角度来看,本题考查的是科学探究和科学思维。

本题的实验目的是研究垂体对机体生长发育的作用,检测指标为体重的变化。为了使实验结果更显著,实验材料选择了幼龄大鼠,材料的选择科学合理。本实验的自变量是切除幼龄大鼠的垂体,为避免手术本身对大鼠生理的影响,应对对照组大鼠进行手术,但不切除垂体,也称为"假手术"。在相同的适宜条件下饲养一段时间后,对大鼠称重并取平均值,获得大鼠体重变化的数据。

垂体分泌的激素有多种,其中影响大鼠生长发育的激素主要是生长激素和促甲状腺激素。生长激素主要通过促进蛋白质的合成来促进幼年动物生长,促甲状腺激素可促进甲状腺激素的合成和分泌,甲状腺激素能促进幼年动物的生长和发育。

4. 将生长在水分正常土壤中的某植物通过减少浇水进行干旱处理,该植物根细胞中溶质浓度增大,叶片中的脱落酸(ABA)含量增高,叶片气孔开度减小。回答下列问题。

(1) 经干旱处理后,该植物根细胞的吸水能力_____。

(2) 与干旱处理前相比,干旱处理后该植物的光合速率会_____,出现这种变化的主要原因是_____。

(3) 有研究表明：干旱条件下气孔开度减小不是由缺水直接引起的,而是由 ABA 引起的。请以该种植物的 ABA 缺失突变体(不能合成 ABA)植株为材料,设计实验来验证这一结论。要求简要写出实验思路和预期结果。_____

_____

_____

参考答案：

(1) 增强

(2) 降低　气孔开度减小使供应给光合作用所需的 CO_2 减少

(3) 取 ABA 缺失突变体植株在正常条件下测定气孔开度,经干旱处理后,再测定气孔开度。预期结果是干旱处理前后气孔开度不变。

　　将上述干旱处理的 ABA 缺失突变体植株分成两组,在干旱条件下,一组进行 ABA 处理,另一组作为对照组,一段时间后,分别测定两组的气孔开度。预期结果是 ABA 处理组气孔开度减小,对照组气孔开度不变。

　　评析:本题考查学生的科学探究和科学思维。

　　本题的第(1)问考查的是基础知识,第(2)问考查分析和推理的逻辑思维能力,第(3)问是在第(2)问的基础上,要求学生验证题干中的结论。回答第(3)问时,要确认是验证而不是探究,验证就意味着实验后所获得的结果,是题干中所述的"干旱条件下气孔开度减小不是由缺水直接引起的,而是由 ABA 引起的",由此对 ABA 缺失突变体植株进行 ABA 处理,气孔开度应该减小。据此进行实验设计,就需要对突变体进行 ABA 处理,一段时间后,分别测定两组的气孔开度。依据对照原则,还需要设计一组实验进行对照,对照组当然也要进行 ABA 处理,但气孔开度不变。

　　5. 氮元素是植物生长的必需元素,合理施用氮肥可提高农作物的产量。回答下列问题。

　　(1) 植物细胞内,在核糖体上合成的含氮有机物是_____,在细胞核中合成的含氮有机物是_____,叶绿体中含氮的光合色素是_____。

　　(2) 农作物吸收氮元素的主要形式有铵态氮(NH_4^+)和硝态氮(NO_3^-)。已知作物甲对同一种营养液(以硝酸铵为唯一氮源)中 NH_4^+ 和 NO_3^- 的吸收具有偏好性(NH_4^+ 和 NO_3^- 同时存在时,对一种离子的吸收量大于另一种)。请设计实验对这种偏好性进行验证,要求简要写出实验思路、预期结果和结论。_____

　　参考答案:

　　(1) 蛋白质　核酸　叶绿素

　　(2) 实验思路:配制营养液(以硝酸铵为唯一氮源),用该营养液培养作物甲,一段时间后,检测营养液中 NH_4^+ 和 NO_3^- 剩余量。

　　预期结果和结论:若营养液中 NO_3^- 剩余量小于 NH_4^+ 剩余量,则说明作物甲偏好吸收 NO_3^-;若营养液中 NH_4^+ 剩余量小于 NO_3^- 剩余量,则说明作物甲偏好吸收 NH_4^+。

　　评析:本题考查学生的科学探究和科学思维。同时渗透了劳动意识,即运用科学知识分析和解决农业生产中的实际问题、提高劳动生产率的意识。

本题的第(1)问考查的是对重要概念的理解,考查的方式是在情境中运用概念作出判断的能力。第(2)问考查的是科学探究,即设计实验以验证"农作物对铵态氮(NH_4^+)和硝态氮(NO_3^-)的吸收具有偏好性"这一结论,因此,需要设计实验并作出预期。预期一定要体现在如何"偏好"上,即实验结果是真实存在的,而不是模棱两可的。

九、微生物实验

1. 已知一种有机物 X(仅含有 C、H 两种元素)不易降解,会造成环境污染。某小组用三种培养基筛选土壤中能高效降解 X 的细菌(目标菌)。

Ⅰ号培养基:在牛肉膏蛋白胨培养基中加入 X(5 g/L)。

Ⅱ号培养基:氯化钠(5 g/L),硝酸铵(3 g/L),其他无机盐(适量),X(15 g/L)。

Ⅲ号培养基:氯化钠(5 g/L),硝酸铵(3 g/L),其他无机盐(适量),X(45 g/L)。

回答下列问题。

(1) 在Ⅰ号培养基中,为微生物提供氮源的是_____。Ⅱ号、Ⅲ号培养基中为微生物提供碳源的有机物是_____。

(2) 若将土壤悬浮液接种在Ⅱ号液体培养基中,培养一段时间后,不能降解 X 的细菌比例会_____,其原因是_____。

(3) 在Ⅱ号培养基中加入琼脂后可以制成固体培养基,若要以该固体培养基培养目标菌并对菌落进行计数,接种时,应采用的方法是_____。

(4) 假设从Ⅲ号培养基中得到了能高效降解 X 的细菌,且该菌能将 X 代谢为丙酮酸,则在有氧条件下,丙酮酸可为该菌的生长提供_____和_____。

参考答案:

(1) 牛肉膏、蛋白胨　X

(2) 下降　不能降解 X 的细菌因缺乏碳源不能增殖,而能降解 X 的细菌能够增殖

(3) 稀释涂布平板法

(4) 能量　合成其他物质的原料

评析：本题以微生物筛选实验为载体，考查微生物实验的基础知识，以及在科学探究中表现出的分析问题和进行逻辑推理的科学思维。本题还渗透了运用科学知识解决生产实践中产生的环境污染的意识，帮助学生树立保护环境的生态观念。

2. 物质 W 是一种含氮有机物，会污染土壤。W 在培养基中达到一定量时培养基表现为不透明。某研究小组欲从土壤中筛选出能降解 W 的细菌（目标菌）。回答下列问题。

（1）要从土壤中分离目标菌，选用培养基中的氮源应该是_____。

（2）在从土壤中分离目标菌的过程中，发现培养基上甲、乙两种细菌都能生长并形成菌落（如图所示）。如果要得到目标菌，应该选择_____菌落进一步纯化，选择的依据是_____

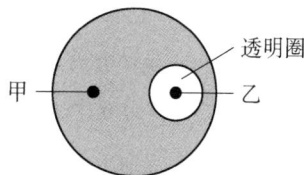

_____。

图 3 - 30

（3）土壤中的某些微生物可以利用空气中的氮气作为氮源。若要设计实验进一步确定甲、乙两种细菌能否利用空气中的氮气作为氮源，请简要写出实验思路、预期结果和结论。_____

_____。

（4）该小组将人工合成的一段 DNA 转入大肠杆菌，使大肠杆菌产生能降解 W 的酶（酶 E）。为了比较酶 E 与天然酶降解 W 能力的差异，该小组拟进行如下实验，请完善相关内容。

① 在含有一定浓度 W 的固体培养基上，A 处滴加含有酶 E 的缓冲液，B 处滴加含有相同浓度天然酶的缓冲液，C 处滴加_____，三处滴加量相同。

② 一段时间后，测量透明圈的直径。若 C 处没有出现透明圈，说明_____

_____；若 A、B 两处形成的透明圈直径大小相近，说明

_____。

参考答案：

（1）W

（2）乙　乙菌落周围出现透明圈，说明乙菌能降解 W

（3）将甲、乙两种细菌分别接种在无氮源培养基上，若细菌能生长，则说明该细菌能利用空气中的氮气作为氮源；否则，不能利用氮气作为氮源

（4）① 缓冲液　② 缓冲液不能降解 W　酶 E 与天然酶降解 W 的能力相近

评析：本题考查微生物实验的基础知识，以及科学探究的能力。本题还渗透了运用科学知识解决生产实践中产生的环境污染的意识，帮助学生树立保护环境的生态观念。

3. 回答下列与细菌培养相关的问题。

（1）在细菌培养时，培养基中能同时提供碳源、氮源的成分是_____（填"蛋白胨""葡萄糖"或"$NaNO_3$"）。通常，制备培养基时要根据所培养细菌的不同来调节培养基的 pH，其原因是_____。硝化细菌在没有碳源的培养基上_____（填"能够"或"不能"）生长，原因是

_____。

（2）用平板培养细菌时一般需要将平板_____（填"倒置"或"正置"）。

（3）单个细菌在平板上会形成菌落，研究人员通常可根据菌落的形状、大小、颜色等特征来初步区分不同种的微生物，原因是_____。

（4）有些使用后的培养基在丢弃前需要经过_____处理，这种处理可以杀死丢弃物中所有的微生物。

参考答案：

（1）蛋白胨　不同细菌生长繁殖所需的最适 pH 不同　能够　硝化细菌可以利用空气中的 CO_2 作为碳源

（2）倒置

（3）在一定的培养条件下，不同种微生物表现出各自稳定的菌落特征

（4）灭菌

评析：本题考查微生物实验的基础知识，特别是对微生物培养时一些操作环节所依据原理的分析。本题的第（4）问还渗透了微生物实验中的材料在丢弃前要进行灭菌处理的环境安全意识。

十、基因工程

1. 植物甲具有极强的耐旱性，其耐旱性与某个基因有关。若从该植物中

获得该耐旱基因,并将其转移到耐旱性低的植物乙中,有可能提高后者的耐旱性。回答下列问题。

（1）理论上,基因组文库中含有生物的_____基因;而 cDNA 文库中含有生物的_____基因。

（2）若要从植物甲中获得耐旱基因,可首先建立该植物的基因组文库,再从中_____出所需的耐旱基因。

（3）将耐旱基因导入农杆菌,并通过农杆菌转化法将其导入植物_____的体细胞中,经过一系列的过程得到再生植株。要确认该耐旱基因是否在再生植株中正确表达,应检测此再生植株中该基因的_____,如果检测结果呈阳性,再在田间试验中检测植株的_____是否得到提高。

（4）假如用得到的二倍体转基因耐旱植株自交,子代中耐旱与不耐旱植株的数量比为 3∶1 时,则可推测该耐旱基因整合到了_____(填"同源染色体的一条上"或"同源染色体的两条上")。

参考答案:

（1）全部　部分

（2）筛选

（3）乙　表达产物　耐旱性

（4）同源染色体的一条上

评析:本题并没有大量考查基因工程的基础知识,而是考查了运用基因工程的基本原理及操作技能解决生产实践中实际问题的能力。解答本题需要学生结合具体的任务要求进行操作分析,并能准确预测实验结果。

2. 真核生物基因中通常有内含子,而原核生物基因中没有,原核生物没有真核生物所具有的切除内含子对应的 RNA 序列的机制。已知在人体中基因 A(有内含子)可以表达出某种特定蛋白(简称蛋白 A)。回答下列问题。

（1）某同学从人的基因组文库中获得了基因 A,以大肠杆菌作为受体细胞却未得到蛋白 A,其原因是_____。

（2）若用家蚕作为表达基因 A 的受体,在噬菌体和昆虫病毒两种载体中,不选用_____作为载体,其原因是_____。

（3）若要高效地获得蛋白 A,可选用大肠杆菌作为受体。因为与家蚕相比,大肠杆菌具有_____(答出两点即可)等优点。

(4) 若要检测基因 A 是否翻译出蛋白 A,可用的检测物质是_____ _____(填"蛋白 A 的基因"或"蛋白 A 的抗体")。

(5) 艾弗里等人的肺炎双球菌转化实验为证明 DNA 是遗传物质作出了重要贡献,也可以说是基因工程的先导,如果说他们的工作为基因工程理论的建立提供了启示,那么,这一启示是_____。

参考答案:

(1) 基因 A 有内含子,在大肠杆菌中,其初始转录产物中与内含子对应的 RNA 序列不能被切除,无法表达出蛋白 A

(2) 噬菌体 噬菌体的宿主是细菌,而不是家蚕

(3) 繁殖快、容易培养 (4) 蛋白 A 的抗体

(5) DNA 可以从一种生物个体转移到另一种生物个体

评析:本题设置了一个新的情境,考查了学生综合运用知识分析问题的能力。解答本题需要清楚转录和翻译的过程、噬菌体侵染细菌、动物病毒侵染动物细胞的原理,还需要知道具体操作时选用大肠杆菌的原因。本题的第(5)问则考查了科学史,让学生铭记科学家的重大贡献。本题具有一定的综合性。